杭州市发展研究中心／编

生活时空中的『我们』

——2011（杭州）生活与发展国际会议、生活品质全国论坛文集

社会科学文献出版社
SOCIAL SCIENCES ACADEMIC PRESS (CHINA)

目　录

关于"我们"

——2011（杭州）生活与发展国际会议文集

1

"我们的价值"

——2011 生活品质全国论坛文集

"我们"讨论会

附 录

关于 "我们"

——2011（杭州）生活与发展国际会议文集

探寻"我们"的哲学和现实意义

杜维明

要理解"我们"这个概念,一个共同体意义上的"我们"概念,需要把它放在一个更广阔的历史背景之下进行讨论。人类历史上最重要的意识之一就是启蒙主义思想,它孕育了人类的基本价值观,这些价值观不仅适用于西方也适用于东方,如自由、理性、法律的正当程序、权利意识、个人主义等。这些价值观已经成为了全球的价值观,中国如果要融入全球化的社会,也需要吸纳这些价值观以完善我们的经济体制、健全法律制度,以及尊重自由、创新、人权、个人尊严等。但是,从某种程度上来讲,这种全球性的理念和"我们"并不完全一致。

在中国的传统思想中,"我们"的范畴很宽泛。程颢有句话叫"仁者以天地万物为一体",也就是说一个能够充分体现仁德、仁爱的人可以和宇宙形成一个整体。"你"和"我"可以形成"我们",我们三个人也可以形成"我们",一个家庭也是"我们",一个社区也是"我们",一个国家也是"我们",天底下的万事万物都是"我们",整个宇宙都属于"我们"。这样一个大的"我们"的概念,体现了人类的完整性。

这样一个宽泛意义上的"我们",和现代以个人为中心的价值观是明显相悖的,而这些价值观也确实有一些局限。西方的认知观里更关注对自然的探索,把人类作为一个今天的"我们",而不是昨天和未来的"我们"。这种今天的"我们"过度开采资源让自己受益,而没有为"我们"

3

的后代考虑，因为我们觉得科学会让子孙后代解决自己的问题，所以我们不对过去负责，不对祖先负责，也不对后代负责。非洲有一个非常奇妙的理念，他们认为地球并不是祖先给我们的礼物，而是子孙后代托付到我们手中的一个宝藏。但是，在我们今天的主流价值观当中，这样的理念却是缺失的。正是由于在广度上和深度上对"我们"理念认知的缺失，才迫切需要我们从全球的角度上找回"我们"这一理念。

我们现在正处在21世纪的开端，正是一个重新审视人类的好时机。人是有感情的、政治性的、历史性的以及超越性的，也就是说人是有多种意义的一种动物。我非常感动的是，杭州市和各界的公共知识分子一起努力探索"我们"概念背后的深刻哲学意义，并将其应用于实际。在这一过程中，参与方不仅包括学术界，还包括政府、媒体、行业界、广大市民等。每一个"我"成为这个过程中的重要一员，"我"也重新来审视（同情地理解和批判地认识）"我们"的概念。杭州有一个公共知识分子的群体，所谓"公共知识分子"就是随时关心政治，积极参与社会，而且重视文化的公民，类似传统文化中"士人"的概念。他们不仅是杭州的公民，也是浙江的公民、中国的公民，他们甚至可以成为世界公民、全球的公民。他们所代表的是一种扎根于地方而又具有普遍意义的现代精神。

整个世界充满了各种各样的关系，人处于各种关系的中心，因此我们不能从单独个体的角度来理解一个人，我们还要了解个体之间的种种关系。儒家说修身齐家，"修身"是"齐家"的基础，也是"天人合一"的基础，而不仅仅是一个社会性的定义。我觉得儒家其实也强调了人类的尊严，这个理念不仅中国人能够理解，古希腊等其他古代国家也能够理解。人需要培养自己，人类有了尊严才能有一些基本的权利。我们要从一个连接的整体的角度来考虑个人，而这个关于个人的关系整体包含了"自身、社会、自然、上天"四个互相连接的维度。

第一个维度是自身。如何把个人的身体、心智在一个美好宽松的氛围中融入社会？当前中国的城市普遍面临很多问题，因此我们所面对的个人与社会整合的问题就显得非常关键。

第二个维度是作为整体的社会。社会当中最重要的一个关系就是家庭，在一个复杂的社会集体当中，作为一个单位的家庭是非常重要的。就算是家庭当中只有三个人，只要其中有一个人不愿意合作，这个家庭就要解体了，就算是一个 6 岁的孩子，也可能造成这个后果，更别说是一个不负责的父亲或者母亲了。因此，如何使家庭和谐也是我们面临的一个很大挑战。

第三个维度就是自然。自然不是一组客体，而是主体的集合体。人类如何与自然形成一个持续的长期关系，并作为一个整体实现可持续的发展，这需要我们重新考量自己与自然的关系。

最后一个重要的维度是上天。我相信在探索人生的意义当中，宗教也是非常重要的一环，像伊斯兰教、印度教、佛教、基督教这样的一些宗教。人们要成为更大世界的一部分，而不是孤立地存在于这个世界上的感觉，都会直接决定人类与未来的关系。

杭州有美丽的风景，有优良的社会环境，有完善的公共设施，同时还有深厚的历史记忆和文化积淀。近来杭州市在鼓励市民积极参与日常生活中的各种活动上非常成功。当然，多半是如何面对棘手问题，解决紧迫困难。我希望杭州市在鼓励市民参与的同时，还鼓励大家一起来讨论杭州的文化，分享杭州人特别珍惜的文化价值。我想起一位杰出的中国文学家曾在一次由我主持的哈佛大学演讲会上说，在他的小说里，"你、我、他、你们、他们"都常出现，但他想尽办法不用"我们"因为"我们"总是带了排斥他者（差异性）的含义。杭州到处曲径通幽，人文景观多，选择性大，可以满足各种需求。"和而不同"是儒家的基本信念。和谐的前提就是异（不同），就是我们要容忍不同，尊重差异。我相信杭州现在正是走了一条和而不同的大路。杭州所要凝聚的"我们"是可以"与天地为叁"的大我。

（作者系美国人文社会科学院院士、北京大学教授）

"我们"的回归与重建

罗卫东

对"我们"进行多视角、多维度的探讨交流，不仅是杭州地方实践在推动，更是因为我们每一个学者都有自己关心的、关于美好社会的设想，这些设想可以从政治的、经济的、哲学的、文化的各个层面来加以论证。

一　为什么"我们"是一个存在

在我看来，"我们"是一种天性，是一种天赋。关于这个问题，古代学者和思想家讨论很多。中国伟大的思想家孔子，特别突出了"仁"，"仁者，爱人也"，是一个将心比心的概念，是一个由己及人的概念，通过个人情感的认知来对社会进行认知。墨子强调的是人们之间的团结，他是一个普遍仁爱主义者，强调兼爱非攻，从人最本源的角度来展开探讨。孟子则讨论了人的社会行为中的心理基础本源——恻隐之心，人皆有之，进行了很多关于人的本源的心理基础的思考。

从西方的传统看，苏格兰的哲学学派特别强调道德情感，因此人们在道德的判断中能够形成一种主体实践。亚当·斯密作出了关于从同情共感到社会秩序，再到道德的完整阐述。卡尔·马克思则在《1844年经济学哲学手稿》中讨论了"类"的概念，他把人类作为一家人，作为一个和自然相对的概念，作为一个整体来讨论。并且他希望分析为什么人类会迷失自我，怎么会发生异化这样的问题。这些都是很重要的哲学资源。

同时，经济学的实验和实践告诉我们，人类的天性之中，也有一个关于公平的认识。作为人类来讲，他天然具有一些禀赋，具有人类的共通情感。因此我相信"我们"这个概念是天然的概念，只是制度设计过程中的千差万别把"我们"割裂与扭曲了，这也让我们重新在我们的教育文化中不再强调差异，而是强调共通性，让我们去了解我们共同的生活，让我们的社会更和谐。

二 为什么"我们"会被遮蔽

"我们"是一个自然存在，任何时候都应该作为一个本体展现出来，但从古到今，征战、杀戮、巨大的冲突和某些特别严重的扭曲，使"我们"这个观念，或者对"我们"的认识消失了或者被遮蔽掉了。第一，"我"是有形的，"我们"常常是无形的，我能够最强烈地感知自己的苦乐，但我要感受一个其他的个体的苦乐，肯定是打了折扣的，所以一般来讲，我们对自己的感受能力总是强于我们对别人利害的感受能力。第二，在现实制度运行中，某种分散占有的方式，家庭的形成和私有制、国家的出现，强化了个体的感觉，马克思和恩格斯《家庭、私有制和国家的起源》，强调了家庭形成和国家形成的逻辑过程，而这个过程正是"我们"解体的过程，这个解体一方面是效率的必然，另一方面又破坏了人类的团结，是一个辩证的、内在对立的过程，需要人类去进行取舍。第三，社会分工和劳动分工隔离了并且弱化了共通感，因为不再分享共同劳动过程中的知识。因此如果我们人类没有发展出一种彼此参与的实践，他们各自的苦乐在这样的职业分化、分工的体系当中，没有产生共同的认知，共通感丧失了，隔行如隔山的情况出现。第四，竞争强化了个人和分裂的意识。竞争一定是和财产的分立、权利的分立联系在一起的，是和个人对整体的感知联系在一起的，我们没有看到一种强大的机理保持个人可以为了集体努力工作、为了自己努力工作，所以集体的成果分到个人的比重如何，造成了两个互相刺激的过程——越是竞争越造成个人主义，越是个人主义越认同竞争，这也是在现在的市场经济过程中常常碰到的困境。第五，某些政治的派系、宗教和宗派的意识等，形成了虚幻的排斥性的"我们"的意识。"我们"的观念就被以上这样的东西遮蔽了。

三 怎样重建"我们"

我认为教育和社会实践是形成"我们"的最重要途径，因为提高个体感知"我们"的能力是需要训练的。当然，组织的重新设计也已经成为当务之急，一是经济组织的设计，我们要重新思考合作与组织的经济制度应该怎么设计。这是摆在经济学家和政治学家面前最重要的任务。二是社会组织的设计和建设，我们怎么来重新设计这样一种人类交往的机制，使其在人的社会生活中具有不可替代的作用，从而在整个社会运行过程中凸显"我们"，将无形的"我们"、不能被发现的"我们"转化成为有形的"我们"。三是政治组织的设计，我们怎么样能形成真正的共有、共治、共享的政治设计。四是法律体制的设计，怎样形成民意和法律公正裁决的一致性，让法律裁决离常识更近、离生活更近。五是个体超越和德性的培养。我相信我们的传统资源会给我们很多指导。

杭州构建"我们"的实践，是一种非常具有开拓性的工作，参与2011（杭州）生活与发展国际会议的很多专家，都从各个方面介入了杭州的实践。杭州在"我们"的构建中，一直致力于把"我们"放在现实的生活中来解决，而不是在一个超越性的理念当中解决，为什么这样做才是最有根基的？因为我们的身体意识需要生活来构建一个"我们"，所以这是一个很重要的方面。杭州提出了"和谐创业"，我们可以通过团结和合作来完成原来的竞争所不能完成的任务，这是杭州正在做的一件事；还有综合性社会组织建设，就是让"我们"变成一个真正的主语，从社会组织层面来完成"我们"的构建。这些重要的杭州实践，补充了一个传统或者一种文明，怎么能够真正地纠正我们的片面认识造成的一种实践上的错误，我们在探索。

所以我想，告别革命，拥抱"我们"，这是杭州实践的一个本意，也是一个理想主义的实验。这是一批抱着理想主义态度的官员、学者，在我们这个时代提出的重建"我们"的希望，我觉得就是回归到世俗和日常的情感推理中来发展人的伦理。在这方面杭州实践要做的就是把人的常识引向生活实践，探索一个和谐的生活空间。和解而不是仇恨，合作而不是竞争，平等而不是歧视，共享而不是独占，各美其美，美美与共，天下大同，这是杭州的实践体现的一种基本精神。

（作者系浙江大学副校长、教授）

生活时空中的“我们”

胡征宇

　　我想以这次“生活与发展国际会议”为例，阐释一下我对“我们”、“生活”和“更好”的理解。这次会议上，与会专家都能主动参与，积极发表自己的观点，充分表达自己的意见，同时又能倾听他人的见解，互相尊重，平等交流，彼此的见解既有差异也有互补，我想这就是“我们”；会议中，我们有参观体验，有分组讨论，也有主题演讲，新颖独特的观点表现出创造性的活力。同时与会专家又能遵守会议的各项规范，做到讨论主次有序，形成生动多样又和谐协调的会议氛围，我想这就是“生活”；会议中，我们有感性的体验参观，有情感的交流互动，同时又有理性的讨论、思考，和科学的分析、综合。大家既有思想的收获，又有友情的建立，可以说在这次会议中，大家感觉是快乐的，也是充实的，我想这就是“更好”。所以“让我们生活得更好”，它应该是文明社会中每一个人的追求，也是现实的存在。尤其在我们日常的交往和生活中，更是如此。只是因为它太普通、太平常，我们未能更多地去正视、关注和思考。

　　这次会议能够以“我们”的方式来讨论“让我们生活得更好”，应该说这是东西方文明共同的贡献。文明的核心是人，在这次会议当中，大家也常常谈论“人”或“人性”。但“人”是存在于具体的时间和空间中的，当“人”出现在具体的、现实的时空中时，就必然面临“人”作为主体、个体的有限性和作为客体、群体的无限性的关系。无论东方文明或西方文明，我觉得最根本的，都将有限的主体人、个体人与无限的客体人、群体人，作为"人"在现实时空中的立足点，并在寻找着有限的主体、个体和无限的客体、群体的对接。但是路径有所不同，甚至正好相反。西方文明更多的是立足于"发展的时空观"，倡导个人和社会两极开放的发展，以两极的开放发展来实现主体与客体的对接，所以我们在研讨会上经常听到谈论自由、平等、博爱、理性等方面的价值观；而东方文明在时空的处理上，更多地立足于"中和的时空观"，主张个人和社会两极的内在聚合，以两极的聚合中和来实现主体与客体的对接，所以我们在会议的讨论中，也听到了关于仁爱、中庸、和谐、安宁等方面的价值观。应该说，东方文明和西方文明，并非一高一低或一优一劣，而是由各自的自然、历史、社会等条件形成的，是两种平行的对待人的主体性和客体性、个体性和群体性的思维模式，及与此相应的文化、经济、社会、政治结构模式。由于都是把人放到了现实的时空中，所以虽然在这个过程中人被分裂或压抑为个体人和社会人，但我认为从对人的现实关注的角度看，这是迄今为止人类社会较为成熟的两种文明。在历史的长河中，两种形态的文明不断地互相交流、互相影响，同时又经常会有矛盾和冲突。

会议上讨论比较多的一个问题，也就是对当代中国的看法。可能有一种认识误区，认为当代的中国只寻求或体现了东方的主体结构、价值导向和运行模式。实际上中国近现代以来一直处在东西方文明全面的冲突和交流之中。既有西方文明个人主义、自由主义和社会主义、集体主义的影响，又有东方文明修身养性和安邦治国的影响。所以当代中国的状况，已经是东西方两种文明的共存和交流。当然，经过几百年的互相影响、冲突、否定和交流，两种文明的具体表现形态和载体都有了很大的变化。

在中国现代社会中，东西方文明交流并存状态既是互相融合的机遇，同时也面临着巨大的挑战。两种平行又反向的文明模式，处在或并行、或交错的状况，正在寻找一种"更好"的，彼此自觉肯定、主动关联的融合方式。更是在东西方文明的冲突、交流、融合过程中，中国当代生活已经对把人分为个体人和群体人的文明形态开始了反思和超越。这种文明的冲突和对文明的反思,使当代中国既难以引进西方文明的整个体系,又难以恢复整个东方文明的体系。当然,更不可能以一种文明来替代、消解、融合另一种文明。这也造成当代中国在主体与客体、个人与群体之间,还没有最终形成一种能很好地主动关联,直接彼此调节的状态,所以现在很大程度上行政性、强制性调节会比较多,这也是在会议上大家讨论得比较多的一个问题。

我们在会议中讨论"让我们生活得更好",也就是讨论能否从一个新的视角来看待、来融合东方文明和西方文明。这里我很欣赏杜维明教授、罗卫东教授、潘小慧教授等关于"我们"理念的探讨。"我们"的理念,与单纯的主体、个体概念,如"个人"、"自己"、"自我"等不同,与单纯的客体、群体概念,如"他人"、"公众"、"社会"也是不一样的。"我们"里有"我",有感性的、生动的主体的出现,是属于此时此地的。我们不能离开此时此地、感性的"我"来谈论"我们"。同时,"我们"又包含"我"所面对的"你"、"你们",是指向彼时彼处的,包含着理性的对象和客体,包含着向群体性、社会性的延伸和扩展。"我们"中"我"与"你"、"你们",是主动关联、互相嵌入、特色互补、彼此复合的。"我们"在现实的时空中,在日常的生活状态中,直接实现了有限的主体、个体与无限的客体、群体的对接,超越了人在具体时空中的二元状态。我想"生活"、"更好"两个概念也是如此。

这次的会议,各位专家对于杭州城市发展和文化价值的建设,提出了很好的意见和建议。杭州的发展,一直是在学术界和媒体界、行业界、党政界共同的参与和联动中,在彼此发挥主动性、互相协作中前进的。杭州相关部门、相关行业的人员经常互动、交流合作,形成了一个个主动关联、特色互补的"我们",共同推动着杭州事业的发展。

(作者系杭州市发展研究中心主任、研究员)

从小资社会向中资社会转型

温铁军

我从小资社会向中资社会的转型的角度说一下杭州的治理结构变化。

一 世纪之交中国社会结构的重大变化

中国当代发生的从小资社会向中资社会转型，实际上涵盖了很长的历史。自从中国1949年通过土地革命实现解放到1952年宣布完成土地改革，中国就陡然演变为全世界发展中人口大国里唯一实现了所有农民都拥有小额资产的国家。如果按照西方的理论来分析，那就是小资产阶级约占人口的90%。

如果说，60多年前土地革命的结果是占人口近9成的农民政治性地平均分配土地财产而让中国成为世界上最大的小有产者社会。那么，一盘散沙就算是很形象地表达了这种小资不能成为自觉阶级的特点。因为中国社会是小资一盘散沙；相对应的就是小资利益高度分散所需求的表达方式——四大自由和"大民主"。

随之，政府面对这种一盘散沙造成提取剩余的交易费用过高的化解方式，就是一系列提高组织化程度的制度安排——农村的集体制和城市的单位制。

这种高度组织化的制度体系下的这样一个以小资产阶级为基础的社

会，客观上因资本内化于国家而由国家资本占有全民剩余，也就没有形成西方在私有制条件下进入工业化初期乃至于在整个产业资本阶段都处于社会主要矛盾地位的工人阶级与资本家阶级之间的矛盾对立。在这一阶级矛盾不占主导地位的经济发展过程中，中国完成了国家资本占主要份额的工业化初期阶段的资本原始积累。

在西方原始积累过程中，充满了阶级矛盾派生的各种社会冲突风险和政治制度上不利于稳定的安排，也出现了19世纪阶级政治条件下的西方模式的资产阶级政府。而中国在土改之后的小资产阶级社会的结构，进入一个因为相对去阶级化而得以去资本原始积累罪恶的阶段。并且，进入工业化必需的资本原始积累即使有很沉重的制度代价，也被城市的"单位制"、农村的"集体制"包容了。

当然，如果中国主流政治家和学问家们师从西方的政策过于"激进"，让本来属于小有产者的农民在农村失去土地，成为在城市中没有任何财产的打工者，进而成为无产阶级，那短期内就会很容易出现西方19世纪阶级斗争主导社会变迁的情况。

以上关于社会高度组织化的历史分析，也许就是中国人的话语表达中经常用"我们"代替"我"的原因。如果在中国的话语环境中有人经常说"我"，那一般会被认为是"海归"或者海外华人。

可以说，中国工业化的巨大制度代价，是被这种成员共有制的组织化和内部化机制吸纳了。我们多年来的研究已经提出：中国的所谓"比较优势"，主要在于这种内部化的制度特征及其相关机制；据此，应该被归类为东方经济理性。

以上简单分析，大致解释了中国与西方在工业文明阶段的差异——中国工业化不仅只能是内向型原始积累，而且在短期完成自我剥夺；这与西方外向型原始积累伴随几百年的殖民化的屠戮和奴隶制剥夺，有本质性的差别。

根据2011年初社科院公布的统计结果，中国现在已经拥有世界上最大规模的中产阶级群体，总数达 3 亿多，比美国还多一亿（美国总人口 3 亿多，中产阶级 2 亿），并将在 2015 年后达到 5 亿～7 亿。当然，对于中产阶级的标准见仁见智，也没有统一的规定。但这一结果毕竟是经过了权威科研机构的全国性调查而得出的，比一般的主观推断更有可信度。

二　中国面对新的挑战

在改革开放三十多年后中国已经发生了与 1949 年形成最大小资人口相似的第二个巨大的社会结构变化——中产阶级的崛起。中国人当代面对世界最大规模的中资人口时遭遇的新挑战就是：能否区别于西方社会中产阶级崛起伴生的福利主义泛政治化表达，能否出观社会负担加重、治理成本过高的现代化政治弊病？

本源于小资的中产阶级崛起，带来的是利益需求多样化、利益表达多样化。同期，中国出现了纷繁复杂的矛盾纠纷，也出现了大量因利益纠纷而引起的诉讼、上访和群体性事件。这些多样化的利益诉求，很难被来自西方的传统阶级政治理论统一归纳为对抗性冲突，也不能简单地用传统的意识形态把它们归结为阶级矛盾。

这些在世纪之交由经济基础催生的政治变化，相应会带来一系列不同于 20 世纪小资群体占绝对比重的社会问题，不仅一般性地恶化着本来就被庸俗化的所谓"依法治理"，而且值得国人高度关注与之相关的根本性矛盾。即使新生的有产者群体主张的激进变革实现了海外主流意识形态的政治主张，也根本不能缓解中国的基本矛盾——现在中国已经有 8 亿劳动力，到 2020 年之后会有 9 亿以上劳动人口——西方世界创造的精神财富中，的确没有被证明过的现代化的任何主义、任何体制、任何制度、任何领袖，能解决如此规模的劳动力就业问题。

杭州是一个经济结构和社会结构都在调整之中的城市。其服务业相对于 GDP 的比重和中产阶级人群占城市户籍人口的比重都超过 50%。这样一个结构演变之中的城市，客观上产生了政府治理结构调整的需要，以应对利益多元化、诉求多样化、舆论表达多元化的现状。

鉴于此，杭州地方政府正在借鉴以往"单位制"和"集体制"的经验教训——化解小资社会过于分散的交易费用，使利益诉求相对集中地表达；帮助各种不同的社会群体重构多样化的自组织。以人们长期以来习惯使用的"我们"作为群体概念，来引导复杂利益需求的组织化表达。

杭州地方政府在治理结构调整中所作的诸多诱导性制度改进，是主动的、有积极意义的尝试，目的是自觉地朝着这个多元化社会基础上构建良性治理方面努力。

（作者系中国人民大学农业与农村发展学院院长、教授）

在日常生活里安顿我们的心灵

林谷芳

安顿我们的心灵

我想，为什么我们今天来探讨"我们"？我们可以从两个角度来看待我们之间的"不同"：因为我们"不同"，所以促发了更多的交流；因为我们"不同"，所以我们在其中寻求一种"同"，寻求一种汇通，探索是不是有一个本质性的不变的规律。

昨天我在"香格里拉"遇到了一位朋友，他希望我启发一下，我说"水平不流，人平不语"。水如果平的话不会流动，人如果得到了公平合理的待遇就不会表示不满了。我们在这里讨论"我们"，是因为出了问题，这种引人不安的现象牵扯到最后一个问题，就是各位在发言当中，也许也是我所阅读到的人心安顿的问题。我觉得这个必然是中国社会建构过程当中的一个终极核心的问题。在这样一个生活的交流、生活的归属、智慧的传承问题中，我想举台湾地区的例子给大家看看。台湾在政治结构或者法律方面其实受西方的影响很深，台湾的知识分子受美国的影响非常大，尤其是自由主义和个人主义的充斥，这里面也吸收了西方的理念，有非常多的显性观念，你会觉得他们的观念是"刀枪来去"。但是我想告诉各位，台湾整个社会还是平衡的，在"显性台湾"的背后是有一个"隐性台湾"的，它守住了自己的一方地，价值在身后安顿。很多人会认为台北是华人最精彩的城市，我也听到过"向台北学习"这句话。如果要看台湾的发展有什么值得大陆借鉴的地方，我认为在生活的里程、生命的传承、人性的安顿等方面会更为重要，或者说什么样的制度真正适合我们。我们承认人类有共通性，但是我们也要尊重历史的特殊性。我来大陆已经200多次了，我从来不敢对大陆随意地下一个定义，因为我生长在台湾，台湾的发展只是台湾的历史经验，我只能是提醒一下大陆朋友，我们要回到我们自己的历史经验上面，寻求自己的路，我觉得这条路跟台湾乃至跟世界是有共通性的。有一个词叫"众生"，我觉得这个词包含着大量的内容，人们参与了自己价值的延续，对社会的和谐性也是一个延续。当我们谈到"我们"、"家"这些理念的时候，或许多少可以参考一下"众生"的基本观念。

文化生产要有"价值尊重"

关于文化创意产业的发展，我觉得似乎大家把所有的希望都放在了这一块。我个人是从事艺术的，我想从文化艺术角度，或者从一个禅行者的角度来谈谈我对创意产业发展的理解。文化创意产业经常出现的一句话是"文化搭台，经济唱戏"，也就是文化创意产业中，产业是它的最终结果，文化创意可能是一个过程，这恰恰与要把文化产业做好是有所违背的。我个人认为文化产业跟其他产业有本质上的区别。一般意义的产业有生产者和消费者，但文化产业它是一个整体，作为生产者而言，他在进行文化生产的时候必定有着一种价值尊重；作为消费者而言，我们购买或收集文化产品的时候，其实最重要是希望能延续、珍藏或者是深化我们生命在这里面的触动，当这种触动跟经济利益产生冲突的时候，我认为它一定会居于优先位置，不然的话，这跟从资本主义角度来看的生产消费的产业就没有任何分别。因此，我觉得必须从下面三个角度来关注文化产业这个问题，这些问题暴露得越多，文化的尊严和产业的弱点也就越多，其实我觉得这个是从完全的资本社会角度去戕害文化的一个深层内容。

第一点是文化的认同。这是文化产业的第一个层次。大家对杭州都非常了解，在大陆城市里面杭州的确是非常具有特色的，可以一眼识别。杭州不仅仅是风光美而已，我感受到杭州也并不像别的城市那样，以同样的模式来推动城市发展，这在神州大地，是极特别的。有非常多的人喜欢日本京都、法国巴黎，因为它们是艺术之都和旅游之都，这种文化识别就像我们到中国听京剧，到北京吃烤鸭，到日本吃寿司。我想我们必须坚持这一点，才不会被淹没在一成不变的经济发展模式中，自我的特点才会被别人尊重。

第二点是内容的深刻度。在杭州的城市观光中文化占据很大一部分，文化创意产业也是以文化为主体的。前段时间，台湾办了一个台北故宫展览，有很多旅客过来参观，其中有许多海外侨胞包机来参观。办这个展览的时候，我就在想，文化的纽带确实是存在的，这就是我们常常谈的"无言而至"。下周我要去京都做活动，我觉得日本对文化和宗教的积淀和承载是其他很多地方所不及的，就像很多人到了纽约会去看一下百老汇的表演，因为这里面有非常多的艺术沉淀。

第三点是文化的神圣性，这是尤为重要的。文化里有些东西是不可被消费的，比如它最基本的宇宙观、生命观。就像到拉萨一样，大家都知道拉萨的宾馆条件非常差，但是没有人批评宾馆差，因为他们觉得这里有一种神圣性，一些哲学家也曾住在那里。台湾妈祖庙也是这样，我们感受到这种文化是不可被消费的。到最后你会发现文化的神圣性与禅宗是深度相连的。因此，综合以上，我们在谈文化创意产业的时候，我们希望它是"经济搭台，文化唱戏"。

（作者系台湾佛光大学艺术研究所所长、教授）

"我们"幸福学的构建

潘小慧

一 两个核心问题

第一个问题是：为什么是"我们"，而不是"你们"，也不是"他们"？

这是因为"我们"是由"我"（说话者、思考者，甚至是行动者）这一主体或个体所发动的。当说话者"我"说"我们"的时候，在诉求、宣称或表达一种态度，就是"我和你"、"我和你们"是有某种联系或关系的这种态度，也在表明"我和你"、"我和你们"在某些意义下同属于一种社群或共同体，说话者"我"意图借助这样的话语形式构建一种认同或归属感，可能是情感的，抑或是经由认识理解而产生的认同或归属。

第二个问题是"我们"的范围可以是什么？按我的归纳与见解，就是"我"加上"他者"（the Other），而且是"多元的他者"。

大会宗旨说得好："让生活更美好"是人类共同的追求，也是社会发展的终极目标。点明即使处于后现代，人类依然向往一种美好生活，而美好生活不是单靠个人所能成就的，必须依赖健全的社会去推动完成。这也是大会所苦心强调的"我们"。我的发言与思想，即是从一个哲学思想的高度，一个积极正向的维度，尝试为"生活与发展"这一人类永恒议题提供一个可能方向，即奠基于人性、人文的一种方向，称之为"一种幸福学的建构"。

二 到底什么是 "幸福"

如果我们问任何人，他/她的人生目的为何？最多的答案是 "追求幸福"。古希腊亚里士多德（Aristotle，384～322 B. C.）是第一个探讨幸福的哲学家，他在《尼各马科伦理学》第一卷第七章提及 "目的即善"。如果有一种目的，除它之外，别无其他目的，那么这就是我们所欲追求的善；如果目的不只一个，那么其中最后一个才是 "至善"。唯有至善才是真正的目的，而幸福似乎比其他任何事物更符合最终目的之意。中世纪哲学家暨神学家托玛斯·阿奎那（St. Thomas Aquinas，1224/5～1274）基本上承袭了这个基本观点，他说："实践事务上的第一原理原则即为实践理智的对象，也即是最终目的，而人类生命的最终目的就是极乐或幸福。"至此，得出幸福即 "至善"、"最终目的"（last end）之意。亚里士多德还指出政治学的目的以及行动所能达到的最高善即是 "幸福"，并且将 "幸福" 等同于 "生活得好和做得好（行为/行动得好）"（living well and doing well）。由于 "做"（或称之为 "行为" 或 "行动"）的是非善恶是哲学伦理学的主要课题，因此，幸福的概念是和生活息息相关的，也和伦理学密不可分。

然而，"幸福是什么" 的具体内容却是众说纷纭，连哲学家也都难有共识。亚里士多德认为 "幸福" 是一个人最深刻地实现其本性的生活状态，也是符合德行的活动，故对幸福和对德行生活的真诚追求是一回事。即使在以经济全球化为主，带动各项的全球化之冲击与影响下的此时此刻，"幸福" 仍是人们心中自然的渴望。

三 决定幸福与不幸福的关键为何

亚里士多德说："人的幸福与不幸均体现在行动之中。" 也就是人的行动与作为，尤其是人的德行决定幸福与不幸福。当今美国德行伦理学家麦金泰尔（Alasdair MacIntyre，1929～）也认为："人之美好生活即是不断寻找对人之美好生活的生活，而且德行对这种寻找是必要的，能使我们了解人之美好生活还有什么是更好的。"这是一种德福一致观，也符合一般中国人的思维。小至个人道德，大至社会伦理均是这样。有别于强调行为对错的义务伦理学，德行伦理学强调行为者的品格特性（即德行），然而现今社会已不是"各人自扫门前雪"的个人道德所能涵盖说明，更多的是与"他者"交往的社会伦理、公共伦理甚至全球伦理。尤其在日渐开放与民主的全球化趋势下，"做/成为一个好人"（to be a good person）与"做/成为一个好公民"（to be a good citizen）是紧密相连的；也就是说，传统德行伦理学"成为一个好人"的概念，儒家的"成圣成贤"或"成为君子"，在当代，必须转化为"成为一个好公民"的概念才能被正确诠释与理解。

与"做/成为一个好公民"概念相关的，即关注社会"公共善"（common good）的追求。"公共善"不等同于"公共利益"（common interest），"公共利益"是在"公共善"之下的。只追求个人利益（或个人善）的最大化，既不会成就德行也不会成就幸福。历史上多位哲学家，例如亚里士多德、托玛斯·阿奎那、马克思（Karl Marx，1818～1883）、马里旦（Jacques Maritain，1882～1973）等，他们的实践哲学中都有一个共同的论点，那就是关注社会公共善的追求，这也深获麦金泰尔的肯定认同，并引之为实践哲学的重要说明，他主张要以社群共善来倡导人文主义的改革实践。这也说明伦理学并非个人道德学而已，更可以说是一种社会伦理学。

这样的一种社会伦理学，不能只狭隘地看到自我，只看到我辈的"人"（人类）。人作为肉体和灵魂组成的复合实体，作为具有理智、意志和情感，以及同具本性（nature）和超性（super-nature）面向的特殊存有，不能自我封闭，只关心自身的处境，必须同时向"他者"（the Other）开放。自我封闭、只关心自身的处境或利益，这样就个体人而言，即成为"自我（利己）主义"、"自我中心主义"或"个人主义"，就群体人而言，即成为"人类中心主义";二者都易流于狭隘的个人、族群或类属主义。何为 "他者"?凡 "异于己者" 即是 "他者","他者" 包括他人、自然界以及超越界。因此,向 "他者" 开放包括:向他人开放(同属人之存有之类属)、向世界开放(包含物与自然界)、向超越界(上天或上帝)开放。自我唯有向他者开放之时,"人与诸存有之间适当关系的实现或满全" 之时,才能真正成全与满足自我,才能达致 "整全的人"(holistic person)。这才是 "和谐" 的多元整全意涵。因此,我以为,当我们谈论伦理时应反思:"心中是否有他者?" 若有,才有所谓伦理可言;若无,则顶多是明智算计的考虑罢了!

四 "我们" 的幸福学是一种 "心中有他者" 的伦理学

近代的 "主体" 概念是由笛卡尔(René Descartes,1596～1650)奠基的,值得观察的是,近代以来甚至现代过度膨胀及强调的 "主体性",已被后现代思潮所提出的 "他者" 所取代,此一概念可谓后现代最重要的贡献之一。在后现代思潮中,雷维纳斯(Emmanuel Levinas,1906～1995)、德勒兹(Gilles Deleuze,1925～1995)、德悉达(Jacques Derrida,1930～2004)等人都主张 "他者" 概念的重要性。雷维纳斯认为,哲学最重要的问题是伦理问题,伦理学才是第一哲学。而唯有承认他者,才有伦理可言;而且,唯有诉诸绝对他者,也就是上帝,才使伦理有最后依据。德勒兹则指出,"他者" 包含了其他的可能世界,他人的面容,以及他人的言语。晚期的德悉达认为,伦理的本质,在于对他者慷慨的、不求回报的 "赠与"。儒家的孔子(551～479 B. C.)也明确指出 "夫仁者,己欲立而立人,己欲达而达人" 的洁矩之道。人的自我完成绝不可能封闭在狭隘的自我世界里,人是透过立人、达人、与他者的互动才完成自己;这种自我实现,是人性的充分实现(仁者,人也),是一种理想人格或品格的达致,这就是孔子 "为己之学" 的中心含义。据此,我主张,当今我们需要的幸福学是一种 "心中有他者" 的伦理学。

五 "我们幸福学"的建构方向

既然我们的生活与发展需要的幸福学是一种"心中有他者"的伦理学，就意味不可能存在只对个人有利、对某一地区或某一国家有利的幸福，也就是不存在一种"自我中心式"的幸福。幸福必须是一种长期的、稳定的、全面的状态，不会是局部的、偶然的、突发的激情或热情。从人民的生活来看，目前联合国多用"国内生产总值"（GDP）作为人民经济富足的指标，事实上单以GDP无法显示人民的幸福快乐；因此1972年，不丹前国王旺楚克提出GNH（gross national happiness）即"国民幸福指数"的新概念，作为评价生活质量的指数，由于注重精神上的感受，GNH比国内生产总值更全面。相关的幸福关系网络包括心理健康、妥善运用时间、小区活动力、文化、健康、教育、环境多元化、生活的水平、政府的管理等。有关快乐幸福的测量方法，在文献探讨上主要将正向情绪及正向动作作为快乐的测量目标，包含愉悦、投入、关怀等。

初步拟议出"我们幸福学"的建构有五个基本方向：第一，以人性、人文为核心的思考；第二，以社会公共善为追求的目的；第三，将培育好公民作为伦理教育的主轴；第四，以"国民幸福指标"辅助"国民生产总值"；第五，以改变现代世界的科技为例，指出幸福学应有的新科技方向，除了延续以节能减碳、生态环保为议题的绿色科技（Green Technology）外，2010年台湾学界开始发起一种基于人性人文的、以人为本的"橘色科技"（Orange Technology），也就是基于绿色心灵与橘色心灵，提倡从绿色科技到橘色科技的新科技思维。总之，套用中国当代儒者唐君毅（1909～1978）先生的说法，我以为理想的社群或共同体是"以德行为中心而人文全幅开展"的社群或共同体。

（作者系台湾辅仁大学哲学系教授）

"我们"是一种参与和共治

王　名

　　我主要研究社会组织,这一两年一直在关注和研究杭州社会治理与创新的实践及经验。在最近的半年时间里,我也在全国的十几个城市作了一些调研,重点关注社会管理创新。我觉得中国社会正在沿着一种具有中国特色的路径发育和成长着。关于社会管理创新的目标,有两个值得探讨的概念:第一个是群众社会,这不是传统意义上的群众社会,而是探索群众路线,通过发动群众和组织群众,让人民群众成为社会建设的主体,用群众的力量来解决群众的问题,这应该是过程而不是目标。第二个是人民社会,这也是一个很值得关注的概念。最近国内出版了一本书叫《人间正道》,书中提出人民社会,我不同意这个观点,但我觉得它提出的人民社会这个概念挺有意思,这似乎是介于群众社会和公民社会之间的一种状态,一个谋求人民当家作主的巨大舞台,但也似乎不是目标,而是某种状态。杭州一直在探索社会管理创新包括现在提出"让我们生活得更好"这个理念,我的理解是杭州在实践探索中逐渐建构起一种社会管理创新的平台,形成了一种可称为"共治"的机制,达到了多方参与和共同治理的目的。我们做了关于这方面研究的七八个案例,深感杭州的主政者们一直注重推进不同主体之间的沟通与对话,在这个过程中努力化解分歧,消弭对抗,协商互动,最终达成共识。我认为这是一种主体性的回归。更准确地说,这是主体性在互动的张力中探索达到的公共领域。这样的公共领域中包括社会生活的各个不同的主体，如企业、政府、行业协会、公益组织、媒体，以及学界和社会精英，也包括外来人口。杭州搭建的这样一种参与和共治的平台是积极开放的，其中也包括通过媒体形成的圆桌会议和网络平台，在这样的平台上，进出是自由的，讨论是开放的，参与是平等的，我觉得这是一种积极的探索。在这个过程中，党和政府也成为主体之一，人民包括了阶级性，公民的概念超越人民的概念之处在于它的全民性，这就是今天会议主题所用的"我们"的概念。"我们"是公民的概念，它放大了群众，放大了人民，放大到全体社会成员，甚至还可以放大到人类以外，其他的生命体甚至也可以包括进来。这样一种主体性的空间是无限开放的，因而是具有更高合理性的。所以我很赞同"我们"的概念。当然在这个实践的探索过程中还有很多问题没有解决，如政党怎么改革，政府怎么改革，等等，这些问题不是杭州自己能做到的，但杭州在实践中已经触及这类更具根本性的问题，包括朱教授开始的时候说的我们的干部已经有这样一种觉悟和认识，这是很难能可贵的。我觉得这也是在推进执政党自身的改革与定位，在社会管理创新的实践中推进政治改革和政府改革。

最后我想说的是：杭州提出"我们的价值观"不应是一个句号或者惊叹号，而应是一个问号。其实"我们的价值观"也在建设当中，也就是说社会管理创新还在继续往前走。

（作者系清华大学 NGO 研究所所长、教授）

从两种意识形态看全球化下的"我们"

麦克布莱德

"我们"是一个范围很宽泛的概念。我们知道现在已经面临全球化了，虽然很多人对此颇有争议，但是全球化是一个大趋势，"我们"已经成为一个全球化的概念。这个全球的"我们"希望实现社会和谐，这也是我们今天会议的主旨。当前，全球盛行两种思潮，而这两种思潮也带来了很多问题。其中一个是民主思潮，还有一个是自由市场思潮。这两种思潮无论在历史上，还是在今天，总是交织在一起，很多人以为是一码事，其实从概念上来讲这是两回事。

第一种思潮是民主思潮。刚才大家都讲到了希望社会和谐，人类进步，其中一个办法就是寻求共同利益所在。而民主思潮其实有很多种表现形态，其中一种表现形态就是否认共同利益的存在。美国有位作家曾写了一本关于民主思想的书，跟西方很多哲学学者一样，他明确了"共同利益"的概念，也提出了"公平"的概念，但他没能界定一个全世界一致认可的"共同利益"或者"公平"的概念。对于该问题的回答，真的是仁者见仁，智者见智。其实很多社会都存在不和谐的现象，美国有，中国也有。现在美国的社会非常不和谐，在社会各阶层之间、政治团体之间都存在诸多问题。要解决这些问题，很多人认为要"少数服从多数"。"少数服从多数"是大多数人都能接受的方式，但是这个方式也带来了各种问题。很多人都认为美国政府目前的渎职或者说低效运作状态，就是未能对"共同利益"这个问题达成共识所造成的。

第二种思潮是自由市场思潮。昨天我听到了关于浙江、杭州一些成功企业家的创业故事。在听了这些故事之后，我再谈这个主题是很合适的。大家刚才提到了杭州市政府跟其他地方的政府不一样，我们也在参观中看到，他们通过倾听市民的声音来促进民主，这有利于社会和谐。但如果我们放眼全球，会发现很多地区的贫富差距是很大的。现在美国"占领华尔街"运动闹得热火朝天，但我觉得这不会长久。"占领华尔街"运动本质上就是西方自由市场思潮的反映。自由市场，就是提倡通过自由竞争实现优胜劣汰，而对自由市场最大的破坏就是垄断的产生。"占领华尔街"运动的支持者们赞同自由市场思潮，认为不应对自由市场、对市场竞争者有任何干涉。这一观点得到很多人的认同，可能也正是这一观点导致了金融危机的发生。金融危机发生之后，一些人就意识到了这一观点的局限性，所以政府也出资去救助这些企业或者是行业。当自由市场模式成为一种意识形态时，市场竞争者会忘记了共同利益，他们只是尽可能地使自己的利益最大化、自己的收益最大化，这就带来了各种问题。

以上就是两种思潮在当今社会问题上的反映，也是从某个角度对"我们"这个概念的探讨。

"我们"实际上提出了一个如何建立社会信任的问题。我一直在思考，社会信任与社会治理、社会共同体之间到底有什么关系？过去人们走在路上，如果有东西掉下来把他绊倒了，他不过是自己站起来继续向前走罢了。今天，如果谁遇到这种情况就会抱怨："这是谁的东西？为什么绊倒我了？"现在人们抱怨很多，对政府也有很多不信任。可能在杭州不多见，但在其他地方是很常见的。比如美国现在面临的最严重的一个问题就是把政府当作敌人来宣传，现在很多美国人把政府当作敌人，如果他们对政府出台的政策不满意，就会出现"占领华尔街"这样的运动。要保持社会的进步，我们就需要有所取舍，对政府权力要有所限制，不要过度扩张，要留给社会、公民一定的权利。但对社会来说，这些目标的实现不能单靠公民个人完成。我们对政府的贡献要客观分析，不能完全否认政府的贡献。

因此，如何在政府和公民之间重建信任感是一个重要的问题。中国也遇到类似的问题，中国在过去几十年里社会发生了深刻的变化，以前邻里之间有很多沟通，现在邻居之间好几年不碰头，你甚至不知道你的邻居是谁。所以，社区其实从某种意义上来说是消亡了。而外来务工人员如何融入城市的问题更加突出。当然，现在中国政府也是做了很多努力。我很高兴看到杭州在解决这些问题方面的努力，对"我们"的构建能够自然而然地积累起社会信任。杭州实行免费开放西湖、推出公共自行车等，都是重建信任感的有益做法。在构建价值观的过程中，我们要重视社区的作用。社区就是一个共同体，参与社区活动是构建价值观，形成社会合力、凝聚力以及社会信任感的重要方式。

（作者系美国普渡大学哲学系教授、世界哲学学会会长）

中国文化的独特价值

梁鹤年

过去近200年间中国一直在不断地学习和复制西方文明。但西方有自己的文化基因，而我们也有自己的独特的中国（东方）文化的基因。何谓文化？文化其实就是你怎么看自己、怎么看他人、怎么看世界。西方文化真的适应中国社会吗？200年间的实践，已经给我们带来了哪些问题？中国文化（东方）有没有机会来进行平衡？这些值得我们反思。

当我们转过身来认真审视自己的时候，不禁要问：什么才是我们与西方文明的平衡所在呢？一是大我与小我。从大局出发就是"大我"，反之就是"小我"。"大我"是中国文化的价值，其实是一个"我们"的概念，是中国既有的一种文化基因。西方文明是强调"小我"（个体）的。"小我"包含"大我"不太可能，"大我"包含"小我"是可能的。当然这两者之间还有一种有机融合的关系。二是性善与性恶。"人之初，性本善"，中国文化是把人假设为性善的；而西方文化认为人有原罪，是把人假设为性恶的。性善说比较容易做到"求同存异"，在"求同"的基础上才能"存异"，而性恶说在"存异"的基础上则很难"求同"。所以，"性善"能够包含"性恶"，而"性恶"则很难包含"性善"。三是中庸与极端。中国文化讲中庸，不偏为"中"，不易为"庸"，这个"中庸"里既有很大的弹性，又包含很坚定的自我，和不会轻易改变的原则。而西方文化的思维方式则往往会陷于极端和绝对，所以容易形成对立，比较脆弱。其实中庸可以包含极端，而极端很难包含中庸。这些都是比较概括的说法，当然在不同的地方也有特殊的例子，需要我们很认真地进行反思。

杭州就是东方文化的代表之一。我看到杭州的社会治理有"社会合作"的特色，我很受启发。在一定范围内，社会合作往往是最有效率的社会组织形式。在西方，比如加拿大东部的农村地区至今还有30%的农民参加农村合作社。这个合作社的基本模式，是把20世纪中国的人民公社和市场经济的股份公司（股东制）结合起来。人民公社的弊端不必多说了，主要是平均主义，没有效率；而股份制的弊端则是谁的投资多谁说了算，忽略了小股东的参与权。加拿大合作社采取的方法是：所有参与的农户不管出资多少，在决策时地位平等，一人一票；在分红时则按出资比例。这样既顾及了所有参与者的平等和尊严（情感需求），调动了参与的积极性，又考虑了按资本多少获得收益，使资本的价值得到体现，实现了情感和理性的融合，参与和利益的平衡。合作社模式避免了人民公社和股份制的各自弊端，当然它只能在一定范围内适用。因为一定范围内的参与者（相关方）可以充分地沟通、协商、交流，从而形成真正的"合作"，这其实就是"我们"。这种合作是真实的，而且是有效率的。

谈到这里，我想说说东西方文化对于公平与效率的理解，以及不同文化所孕育的经济模式的差异。西方往往认为公平与效率之间不可避免地存在矛盾，但我认为公平与效率是相辅相成的。大家都知道公路上有汽车、自行车，路面非常忙碌，有的时候也非常堵塞，有人认为这里存在一个公平与效率的矛盾。我觉得这个想法是有问题的，首先，不同的交通工具之间并不存在什么公平问题，而应是人与人之间存在一个公平的关系。真正有价值的讨论不是解决公平问题，而是通过竞争使事物发展得到改良。比如汽车制造商为了更有销路就会把小汽车生产得更小一点，相应的公共汽车、计程车也会通过市场竞争得到改良，这自然就提高了路面的使用效率。在这里公平与效率并不矛盾，反之是公平带来了效率。老子两千多年前就说过这叫相生相克。中国的文化其实是一种求平衡的文化。而这种理

31

念对中国的经济转型是必需的,在这个过程中,平衡并不是对现状的维持,而是要在博弈发展之中求得一种平衡。所以我接下来想讨论,就未来中国发展过程中,我们怎样找到中国的文化与经济之间的平衡点?

按照西方的理论,每一个社会都是基于当时的经济社会发展阶段,基于所有者占有的主要资源,形成最科学的社会生产组织形式。奴隶社会中,奴隶主占有劳动力,奴隶(劳动力)是主要资源,因此劳动力密集型生产是当时最科学的生产组织形式;封建社会中,地主不占有佃农但占有土地,土地是主要资源,因而土地密集型生产是当时最科学的生产组织形式;资本主义社会中,资本家不占有工人但占有资本,资本是主要资源,因此资本密集型生产是当时最科学的生产组织形式。与奴隶和封建所有制不同的是,奴隶和土地都不具有累积性,而资本具有累积性。资本积累得越多,剩余劳动力越多,就越容易造成资本与劳动力的对抗,以及贫富分化、社会失衡等问题。当代西方已经过渡到一个新的阶段,即不是由资本家来组织生产,而是由新资本管理者(CEO)来管理资本和组织生产。两者区别在哪里呢?新资本管理者只对资本本身负责,追逐资本利益的最大化,因此资本利用的效率更高。这种生产方式是一种新资本密集型生产。与之相对的是新工人,分为两个阶层:一个是配合新资本密集型生产的工人(如创意阶层),一个是不能配合新资本密集型生产的工人(如低端服务业)。两者之间也会产生越来越大的分化。新资本密集型生产关系主要存在三个矛盾,一个是资本管理者与所有部门之间的矛盾,一个是高级工人与低级工人之间的矛盾,一个是资本管理者与高级工人之间的矛盾。

中国不应该走新资本密集型生产之路,而应该把庞大的人口压力转化为最重要的生产资源。人与口同样重要,口是消费,人是资源,我们现在的社会基本解决了吃的问题,后面就要转变成对吃、穿、住、行的享受,这是我们可以考虑的一个新的生产资源。现代社会人们追求有品质的生活,如杭州就被称为"生活品质之城",追求"让我们生活得更好"。那么在"衣"上,我们需要穿得"享受";在"食"上,我们需要吃得"享受";住、行和其他生活需求亦是如此。这就要从标准化的生产转化为个性化的生产。在这种转变中,将需要更多的劳动力资源。这种"资本+自然资源+劳动力"的合作式生产,可以称为新劳动力密集型的合作式生产。这种合作式生产是通过社会各界的广泛沟通、交流和合作而形成的。我认为杭州正在探索和构建的生产方式同样基于这种模式,这正是未来中国经济社会转型应有的方向。这种生产方式可以不去和西方争资源、争资本,并能发挥中国的比较优势——劳动力。这样的发展模式既有社会公平的意识,也有市场经济的效率,与西方的新资本经济不同也不争,这可能是中国和平崛起的正途。

（作者系加拿大女王大学城市与区域规划学院前院长、加拿大规划师协会会士）

生命价值在于和周围人互动，形成"我们"的价值

麦格耐尔

我对"我们"这个概念也很感兴趣。作为一个哲学研究者，我们研究的对象并不局限于某一特定地域的特定事例。我了解到中国人喜欢使用代词，但在使用方法上和西方有一些差异。在英语中，对于"我们"这个词的定义不是很清晰，"我们"是一个代词，需要有参照物。美国虽然偏重个人主义，但也并不完全是这样。讲到治理，美国历史上最重要的文献——宪法就是以"我们"、"我们人民"开头，"我们"这一词涵盖了绝大多数的人，在 18 世纪美国建国的历史背景下，最大程度地团结了尽可能多的人，这也是美国宪法制定的前提。因此在美国建国初期，在"我们"、"我们人民"这一口号的召集下，我们美利坚人民为了形成一个更完美的联盟，树立正义，保障国内的安宁，建立共同的国防，增进全民福利和确保我们自己及我们后代能安享自由带来的幸福，创造了这个国家。从某种意义上来说，"我们"是美国宪法确立的前提。"我们"是由一个个个体组成，在"我们"这个群体中，个人价值实现能够最大化。关于个体与其他人、与他所在的社群，及与他身边人的关系，我想引用英国一位哲学家的一段话，这位哲学家叫约翰·斯图尔特·密尔，很有意思的是，他是一位个人主义者，但他认为当人们感觉不快乐，自身没有价值时，通常是因为他们只关心自己，不关心别人。当一个人既不关心公众，又没有个人感情时，生活的乐趣就大打折扣了。在生命终结时，他们的个人价值也泯灭

了。而当人们在身后留下倾注了个人情感的事物时，尤其是当人们对所有人的共同利益培养了同志般的情谊时，即使在生命之烛即将燃尽之际仍会对生活保持热情。一个人如果没有"我们"的胸怀，那他作为单个的个体发展也不会广阔，他自身也不会圆满。

为什么对他人关心或者对他人感兴趣这个问题这么重要？作为个体，我们每个人实际上都是一个正在贬值的资产，也就是说我们剩下的生命在一天一天地减短。我问过我的学生：你还剩下多少生命？当然这个问题有点太尖锐了，学生给我的答案也多种多样，学生说我们可以活多少多少年，但是他们说的"年"这个单位太大了，如果换算成我们还能活多少天、多少分钟，那感觉上时间就很紧迫了。我的学生们20多岁，如果他们能活到七八十岁，那他们还可以活50年，如果我换个方法问，如果你现在20岁，你还能活多少个月？如果你能活80岁的话，也就只有600多个月了。

正如密尔提出来的，如果你只关心自己，你只是关注一个逐渐贬值的资产，你可能会对周围充满抱怨。但是如果你能够关心自己以外的其他人，关心"我们"，你将超越自身的价值。我刚才已经讲到了，西方其实不完全是个人主义，也关注"我们"。从个人主义的角度来看，将个人和社群紧密联系在一起是非常重要的。如果杭州市民作为"我们"的一员，能多关心身边的事，也就是让更多的人成为"我们"的一员，这个城市将会获得源源不断的动力。我认为大会组织方提供的杭州这些案例非常有意思，加深了我们对杭州"我们"价值观实践的了解。希望我刚谈到的从社会到个体，从美国宪法到约翰·斯图尔特·密尔的介绍，能给大家带来一些启示。

（作者系美国德鲁大学哲学系主任、教授，《价值探索杂志》主编，美国国际价值协会主席）

相互学习，共建"我们"

潘一禾

围绕"社会信任与社会治理"的专题，我已经恭听了在场多位著名专家学者的发言，深受启示。

一 "社会信任"问题的缘起

有位来自美国的教授提问说，为什么你们要讨论社会信任，讨论如何建设社会信任？谁是"建设"的主体，是政府还是公民？为什么要提政府"鼓励"社会发展，是"社会"没有自己发展吗？能不能让"社会信任"自然而然地生发，让公民主动地参与建设，而不是"有意图"地自上而下地鼓励？我认为这样的提问确实能很有效地引导我们思考杭州社会治理的现有"基础"，包括社会业态、生态、心态的自然现有基础。换言之，杭州的城市社会信任应该不是完全没有，而是现有的信任有所欠缺和不够，不足以应对新的社会发展速度和新的社会矛盾状况。

对照会上大陆学者、台湾教授的发言和日本横滨市前副市长的介绍，不难看出，传统儒家社会的信任方式既在又不在了，因为其中确有仍适合于当下生活的因子，也面临难以维续、不得不变革的挑战。比如温铁军教授所说的中国社会正从"小资社会"向"中资社会"转型，所以政府原来管理的是被单位制和集体制吸纳的市民，现在却要管理崛起中的高度自信和自强的中产阶级了。所以杭州政府的治理结构调整需要面向的是利益需求多元化、表达多元化的新市民。比如台湾辅仁大学哲学系潘小慧教授介绍说近年台湾出现手机、便利店和大专院校的三个全球第一，以及生育率的全球最低。说明年青一代的生活方式变迁很大，普遍接受较好教育的他们对自己的生活和权利明显有更多的自主性，在职业和发展上纷纷选择创业和不断尝试。在觉得没有想清楚、没有准备好的情况下，也不会随便按传统社会舆论的要求去结婚生子、从一而终和牺牲自我。而曾经让美国企业羡慕日本的家族式企业的稳定性和职员忠诚度，现在也已经风光不再，促使整个城市的领导班子更多地致力于城市社会的认同建设，包括遍布城市的多种社交平台和激励市民参与的诸多社会活动。

杭州近年来的变化也很明显，就是年轻人变得不再是社会大家庭中"听话的孩子"，社会不再仅是"大家庭"式理解，而是社区、社团和"共同体"式理解。市民不再是服从分配和听指挥的单位群体，而是出现了干什么都"听自己的"的普遍言行模式。这个行为模式也是许多从乡村、乡镇来到城市发展的年轻人的自然选择。因为城市生活的密集度和生活工作上的相互促进关系，都改变了他们原来的思维模式；教育的普及和网络的普及都为他们提供了这种"主体性"生成和成长的客观条件。必须承认，这种变化与我们期待的传统社会信任、家庭伦理、社会和谐之间，是存在紧张关系的。

另一处产生紧张关系的是中国的传统与改革开放三十多年的社会发展趋势。新中国成立初期的社会管理是强调万众一心和众志成城的，价值观导向是认为我们做事情如果行动一致的话力量就比较大，行动分散的话就可能意味着集体中有部分人自私和低俗，他们在意的蝇头小利与集体的大利益相互矛盾，会造成社会很不和谐的情况。但现在这类思路和说法就遭遇太多的个体性质疑和新思维挑战了。

今天的几位外国专家发言也提醒我们：西方不是中国曾经认为的"个人主义"天下，他们早就同步强调"我们"，重视社会的共同性价值观和整体利益，并在宪法和制度建设中深深地嵌入了集体的"我们"价值观。这又引出第三层面的紧张关系，就是对我们曾经理解的西方经验与真正的西方社会不吻合的紧张思考。日本在学美国的时候曾经强调过一个原因，即日本学习美国就是想发展经济，觉得美国其他地方的好，日本自己也有，但市场经济模式日本没有，所以不得不学一下。随后日本在社会生产方式的不断发展中逐渐发现自己不仅要学习美国的经济，也要学习其经济背后的社会与文化发展方式。

二　如何相互学习

世界哲学学会会长、美国普渡大学哲学系麦克布莱德教授提到了"自由民主形态"和"自由市场意识形态"两大主流意识形态，我觉得这是一个非常好的思考问题的角度。我们学习西方先进的文化和技术已有100多年的历史，但现在西方自身出现了这样那样的问题，如美国"占领华尔街"运动正闹得热火朝天，因此一些人就质疑是否还有学习西方的必要性。我认为还是要认真地学习，但是不能像以前那样"忘我"地"入乡随俗"式学习，或者是"取其精华，去其糟粕"的"聪明人"式学习，而是要以"文化自觉"为目的，然后结合自身特色，真正深入细致地了解西方，从而更好地理解和定位，找出自己的社会建设路径。

目前我们的社会信任缺乏，有两个看似矛盾且与西方有关的侧面，一面是"小悦悦事件"和老人倒地没人敢扶现象，一面是小富即不安、众人不信任国产奶粉、抢购国外名牌和奢侈品、富人想移民现象，它们都被说成是西方个人主义和消费主义的影响。其实今天的讨论也提醒我们：学习西方和学懂西方、读通西方是完全不同的境界。而这种学懂和读通，除了要更好地学习西方，还包括要更好地了解和对比自己与西方的经验。因为了解自己的文化与了解他者文化往往是同步的。我们学习他者文化的目的是更好地认识自己和自己的文化。

在古代，与周边国家相比，中国的发展一直是相当不错的，就是最近一百多年，由于战乱等各种原因，发展相对缓慢。所以这一百多年，我们一直有一个学习型文化。这当中需要强调的是，我们不仅要学习先进国家的制度、经济、技术，更要学习孕育和产生这些制度、经济、技术的先进文化和科研方法，同时要将这些研究中的理论、方法与杭州的现实生活相结合，使它们真正为本地的社会建设提供参考。

我今年任课的班上有几位外国学生，其中有几位韩国学生对杭州市民的一些行为举止表示不满，譬如过马路不遵守红绿灯规则、开车随便变道、有些地方不够卫生、公共场所人们说话声音太大、相互影响和打扰等，觉得中国人不如韩国人讲文明。但在进一步的讨论中他们也承认，韩国也经历过一个时期，国民在这些基本行为规范方面并不太注重。后来韩国领导人借举办汉城奥运会的机会，呼吁全国人民讲礼貌、讲文明，并出台多项措施来大力推进。比如以前韩国人对洗手很不重视，洗手比率非常低，为此政府开展了一项"每天8次、每次洗手30秒以上"的"830洗手运动"。这项运动使许多韩国人在"非典"流行的时候，有效阻碍了病菌，从而避免感染。

我说这个案例，是想说明我们学西方和非西方经验，除了要学习先进的文化理念和价值观，还要结合我们日常生活来学习他们的一些具体做法。这种结合生活实践的相互学习是面向普通大众的，任何人都可以参与进来。我有时候非常羡慕外方专家，他们在讨论会上除了阐述各自观点之外，还就观点背后的思维模式和思考问题的方法进行研究和探讨，还就不同的解决方案和调查结果进行激烈辩论。而这些做法对于我们的不断学习和互相借鉴来讲，是非常有用的。因为我们常常在问题出现明显变化的时候，理论和方法仍不变，观念和思维仍不反省，所以就特别容易错失解决问题的最佳时机。所以说，以前我们对西方的了解不全面，存在一定偏见，一个很重要的原因就是没有结合具体问题、具体行为、具体方法去开展探索、挖掘和认识。今后我们在学习西方的过程中，不仅要学习他们的核心理念，同时也要掌握历史细节和可行做法，学会效果测量和不断推进的具体程序等。只有这样，才能更好地了解、改善、提升自己，并推动社会发展。

三　如何更好地建设社会信任感

要建立社会信任与和谐，我觉得构建多种渠道，发动广大市民积极参与解决各类问题，充分实现市民表达权、参与权、知情权和监督权，是非常有必要的。而这种渠道不能单单依赖于政府自上而下、有意识地进行建设，而应该更多地萌生于民间、自下而上地自然形成。换言之，需要更多地研究基层、细化我们的研究和认真面对问题。比如南开大学副校长朱光磊教授认为，杭州的"民主促民生"这个口号，可能发展到一定阶段不仅能使民主与民生的内在关系呈现出来，而且还会促成它们之间的互动，就是说还要预想"怎样用民生来促民主"。我觉得这个观点非常精彩。

其实杭州目前已经在这方面做了很多尝试。如2010年1月推出的交流谈话类电视栏目"我们圆桌会"，就是在充分发挥市民主体、专家支撑、党政引导、媒体传播、行业企业参与的社会联动模式基础上，搭建的一个汇聚民智、交流沟通、推动发展、促进和谐的民主民生互动平台。它以"提出问题—讨论问题—提出建议"为谈话线索，邀请专家、政府官员、媒体评论员和市民代表参与讨论，强调多方参与，促进多方互动，增加相互理解、协调与信任。事实上，"我们圆桌会"与日本的经验相似，是想为这个城市提供更多更好的公共交流平台，把不同人群的代表定期召集起来，就我们身边的社会问题和不同意见，进行互相磨合和互相砥砺，学习公共交往、理性谈判和艰难协商的程序和技巧，养成我们相互让步、彼此节制、共同缔约和守约的日常习惯，并由此培育和巩固我们大家都应具有的互相依存、休戚与共的社会信任感，从而有助于实现各界融合和社会和谐。

四 "我们"的概念与传播

中国人的相互信任感，从儒家的主流思想看，其基础是自然血缘关系以及亲缘家族关系的社会化，这种理解将社会成员的相互信任与相互依赖融为一体。信任首先源于家庭内部——小的"我们"，然后拓展到亲戚朋友、左邻右舍——大的"我们"，最后发展到整个城市和社会——这是一种可以不断延伸和升格的"我们"。

我对清华大学 NGO 研究所所长王名教授的发言印象深刻，主要有三点：第一点他谈到中外专家不同的语言体系造成了思维上的差异，我也很有体会。当外国专家谈"我们"时，他们首先想到的对应词是"公民"、"每个人"和"所有人"。事实上，汉语的"我们"更多的时候是指"大家"，"大家"又可以是"老百姓"、"人民"、"大众"等含义。在"社会"、"社区"、"共同体"这些概念上，中文与英文的词汇都不一定对应。不同的语言体系决定了中外专家在思考问题时的角度和方法都不尽相同，因而得出的结论也有一定差异。但我也认为这种语言和文化差异不会影响相互学习交流和具有重叠共识。

第二点他谈到现在社会信任比较缺乏，除了政府单方面出台措施予以加强外，也需要大众来一起推进社会信任的建设。第三点他谈到社会的发展趋势，是从群众社会到人民社会这样一个发展路径。王教授指出在提升公民主体性方面，杭州作了大量的尝试和探索，也取得了很好的效果，下一步应该加大力度更快地推进，实现"我们"——全体社会成员充分的主体性。王教授的谈话既是对杭州党政部门这些年所做工作的肯定，同时又提出了更大、更美好的目标和理想，我也期待杭州的党政部门能为之努力奋斗。

那么如何建设"我们"呢？一方面要有正确的价值观，另一方面要有合理与合适的建设机制。关于价值观，我认为应围绕"和谐"概念进行不断的针对现实问题的讨论,不要把价值观仅仅说成是一组固定下来的关键词和可以刷到墙上去的标语口号,不断的公共性讨论才能对"我们"的价值进行建设性的公共传播,否则就可能是陈旧、失效、一厢情愿的"宣传"了。关于合适的建设机制,我认为应该是政府层面自上而下和大众层面自下而上的"双管齐下"和"众人拾柴火焰高"。也就是需要政府和大众都有所作为,共同参与建设。其中自下而上的建设,由于是从无到有、完全在空白基础上开展的,尤其需要政府给予适当扶持。比如要不断开拓新的公共平台和新的交流空间。新加坡的经验告诉我们,每个社区都应该配置小广场、活动中心或者开放的大楼地下室,为社区成员自发组织各项社区活动提供免费的、足够的场所。除此之外,还应该建立社区网络平台,大家在网上共同参与社区各项事务和活动。通过实体和虚拟平台建设,真正连接了各个"我",形成了实体的和虚拟的"我们"共同体。杭州在这方面也作了很多努力和尝试,使"我们"这个理念不仅仅停留在纸上,更是付诸于实践。

台湾佛光大学艺术研究所所长林谷芳教授的思想和观点,我非常推崇。他谈到文化创意产业里面文化自身的发展规律,我特别有同感。中国在强调建设经济大国的时候,我们担心文化会被边缘化,但是当中国提出要大张旗鼓地建设文化大国的时候,我们又担心文化会被过度市场化,而达到适得其反的效果。所以林教授说文化建设要建设文化的深度和保护文化的纯度,要保持文化自身的神圣性,即强调高层次的文化是不能用来消费的,是不能用发展经济的模式来发展和获得的,对此,我非常赞同,心悦诚服。希望能以这样的高标准,遵循文化发展的自身规律,共同努力将杭州的文化建设得更多元和精彩。

(作者系浙江大学传媒与国际文化学院教授)

"我们"价值理念的历史考察

蓝蔚青

"我们"价值理念的提出，是经济发展、经济转型和社会转型的必然要求和必然结果。

在普遍贫穷落后的社会条件下，追求温饱等基本生存条件是出自本能的行为，不需要更多的理性思考。只需要解除那些人为阻碍生产力发展的桎梏，人民群众的积极性就会迸发出来。在传统的、前工业社会的生产关系还占很大比重的情况下，加上思想解放程度参差不齐，"我"的作用十分突出，个体自我意识的觉醒成为经济发展、社会进步的强大动力。

但是随着整体小康的实现，这种出于生存本能的动力大大弱化，每个人需要回答"我"为什么还要继续努力的问题。"富而思进"需要建立在理性基础上的新的精神动力，需要自觉的价值选择、价值导向。同时，经济、政治、社会的迅速发展，带来了社会化程度的显著提高，过分突出个体的思想意识已经越来越显得不适应。在相当一部分社会成员中极端利己主义的滋长蔓延，社会诚信、社会责任感、互助合作精神的缺失，对社会运行、社会进步和社会和谐造成越来越严重的消极影响，对新的社会共同体的形成产生了巨大的阻碍和破坏作用，成为社会进步的障碍，使广大社会成员越来越难以忍受。"我"即个体的自我意识迫切需要上升为"我们"的意识即群体意识，这是"我们"价值理念日益深入人心的历史条件。

从某种意义上可以说，"我们"价值理念正是社会主义价值观最核心的东西，是社会主义最本源的含义。在历史上，社会主义价值观正是看到了取代"神本位"的"人本位"被理解为"个人本位"的缺陷，在批判极端个人主义的基础上产生的。各种社会主义学说都强调人不是孤立的存在，而是社会的存在，强调人的社会性和相互依存性。马克思把它精辟地概括为"人的本质是社会关系的总和"。可以说，社会主义和自由主义都主张"人本位"；区别在于前者主张"社会共同体本位"，后者主张"个人本位"，前者把"人本位"中的人理解为"我们"，后者把它理解为"我"。这是社会主义思想史上各派学说的共同点，也是它们最有生命力的思想内容。社会主义者正是以这一价值理念为指导，来设计和探索新的社会制度。这种设计和探索的初始形态是空想社会主义。马克思主义即科学社会主义把这种美好的价值追求建立在对社会发展客观规律的科学认识的基础上，使它有了实现的可能性，同时并没有抛弃不成熟的前辈思想家的价值理想，把其中部分内容作为思想精华继承下来。马克思主义理论和社会主义制度的发展历史证明，社会主义的制度设计必须从各个时期、各个国家的实际情况出发，并且根据建设社会主义的实践经验不断加以修正。而以人类解放、一切人都能自由全面发展为根本追求的社会主义价值理想，则是马克思主义理论体系中一脉相承的核心思想，它指导着社会主义的制度设计，引导、鼓舞和支撑着社会主义者前赴后继，不懈奋斗，并作为一面光辉的旗帜吸引着愈来愈广大的群众。制度的价值的外化、价值的躯壳，是实行价值理想的保障；而价值是制度的灵魂。制度失去了价值理想就会"失魂落魄"，失去意义，徒具形式。我们坚持社会主义，绝不意味着在制度建设上墨守成规，作茧自缚，而是要坚持以社会主义的价值观为指导，从生产力发展水平和社会关系的实际情况出发，进行社会主义制度的建设、改革和完善，推动社会主义法律规范和道德规范的形成和健全。我们应该从这个高度来看待"我们"价值理念的历史地位。

当然，对中国来说，"我们"价值理念并非自然形成的，而是思想解放和体制转轨的产物。中国的新的社会制度是通过革命，由政治权威依托军事力量的后盾建立起来的。中国共产党在绝大多数社会成员的支持下取得了执政地位，成为"我们"意志的代表者。但是由于苏联模式的影响，对马克思主义产生了种种误解，一度把个体和群体对立起来，用整体代替了群体，忽视甚至否定个体的利益、权利和差异，把国家当成社会共同体的唯一代表，各种社会群体的主动性、积极性、创造性得不到充分发挥，公民权利得不到有效保障，阻碍了社会进步。从1978年开始的改革开放正是为了解决这些问题，从国家本位的社会主义向人民本位的社会主义转型，这也是国家向马克思主义所主张的新型国家的回归。近年来中国共产党的领导层提出"以人为本"，"把人民放在心中最高位置"，集中体现了这种人民至上的价值观。而"我们"的价值理念则是对人民至上价值观的进一步阐释。它告诉我们，人民不是虚幻的共同体，而是包括每一个"我"在内的现实的共同体，"我"是"我们"的一员，共享权利，共担义务，有着广泛的共同点和共同需求。而"我们"又是由各具个性的"我"关联而成的，有着不同的诉求、爱好、价值判断、处事方式和生活习惯等。"我们"是群体和个体的统一，自我和他人的认同，个人对社会的自觉参与。人民利益是无数个"我"的利益的整合，是在统筹协调基础上的共赢。社会主义市场经济就是在尊重每一个"我"的利益的基础上，协调"我们"之间的利益关系，使"我们"的共同利益最大化的合理机制。和谐社会就是"我们"之间互助、互利、互谅、互让的社会。要形成这样的社会结构、社会关系、社会秩序，不仅需要进一步完善社会主义市场经济和与之相适应的制度体系、法律体系，而且需要在全社会树立"我们"的价值理念，引导每一个社会成员正确认识和对待自我与他人、个体与群体、个人与社会，引导每个社会群体理解和善待其他社会群体，并且使这样的价值理念渗透到我们日常生活的方方面面。这样才能共建共享惠及全民的小康社会，实现中国社会的现代化转型，使我们每个人和我们的后代生活得更美好。

现代社会的"我们"理念不应该是封闭的、排他的。中国以儒家文化为代表的传统文化是建立在农业社会和宗法制度基础上的，调节的是熟人之间的关系，它所理解的"我们"只是熟人圈子。而现在中国正在经历工业化、城市化带来的社会大流动、大迁徙和社会重构，正在从熟人社会变成陌生人社会，这种局限于熟人圈子的"我们"理念就不适应了，例如只在熟人之间讲诚信，对陌生人不讲诚信，导致一系列社会问题。因此我们今天倡导"我们"价值理念必须意识到并且自觉克服传统文化的这种局限性，适应新的时代。

形成"我们"价值理念需要价值认同。一个国度、一个民族、一个社会群体，都需要求同存异，讲求和而不同。但问题在于什么必须趋同，什么必须存异？我认为对社会的基本架构、基本的行为规则要求同，否则无法共同生活。比如说我们一起住在一幢大楼里，大楼的基本支柱不能动，你不能说你不喜欢就拆掉一根柱子，这样大楼就倒了。当然哪些是不能拆除的承重结构，不能光凭印象或经验判断，需要经过真正的科学研究才能搞清楚，但是不管怎么样总是有几根支柱是不能动的。同时在这个大楼里可以有不同的房间，每个房间可以自己布置，可以挂你自己喜欢的画，可以摆你自己喜欢的家具，这不应该要求统一，我想这样来比喻我们主张的求同存异。又比如说交通规则，像内地都是右侧通行，不能有的右侧通行，有的左侧通行，这样谁也走不成。对价值理念的求同存异我想是不是可以这样来理解？

国家不是"我们"的唯一代表，现代化导致中国公民团体的形成，"我们"愈来愈多地表现为公民团体，民间组织正在成为"我们"的重要组织形态。过去中国是一个行政一元化的社会，社会是用行政方法、依靠权力整合起来的。现在市场经济的发展已经解构了原来的社会组织架构，社会需要再组织化，民间组织对此有着重要的作用。但因为我们长期生活在行政化的社会体制下，政府往往会担心民间组织的发展导致社会失控，怕民间组织成为与政府对抗的力量。杭州有一个很好的做法，由党政官员来参与、帮助建立社会组织，形成官民复合的社会组织，但是党政官员在组织中的作用跟以前不同，不是强加于人，而是以平等的地位，用协商的办法来参与社会组织的活动，同时也使政府减少对社会组织的担心，因为这些组织的活动对政府来说是透明的，政府知道它们的目标和政府的目标是一致的，经过一段时间的发展，这些民间组织会更加成熟，活动也更加自主。这可能也是社会组织发展的一种中国特色，值得推广。

国家已经不是"我们"的唯一代表，但仍然是重要代表。这种代表资格的取得已经不是靠革命了，因为搞革命的一代已经退出政治舞台。现在和今后这种代表资格都要靠公民的信任。中国现在发生的很多事情都反映了公权力的公信力缺失，甚至在出现一些问题后人们就怀疑政府做了不可告人的事情，其实往往是无端猜测。增强公权力的公信力是当务之急。因此公职人员必须杜绝假话，承诺了就要兑现。最近前任总理朱镕基的讲话稿结集出版，很多人都去买，因为他讲真话，这说明人心所向。增强公信力还要靠扩大公民参与度。在中国的很多地方，居民的参与还主要局限于基层自治。但是杭州这些年来走了很大的一步，就是居民参与城市的治理，在一个六百多万人口的特大城市范围内实行日益广泛的民主参与。比如说杭州市政府的常务会议是公开的，通过网络直播，市民可以报名参加政府常务会议，经过抽签，有几个人可以列席，其他的网民可以上网观看市政府常务会议的直播，看的时候可以通过网络发表意见，政府在24小时之内必须回复。这对政府也是一个制约，它的决策必须慎重，不能仓促，更不能代表某一个特殊利益集团的利益，否则就会遭到质疑和批评；它的决策水平也会提高，否则政府官员会很丢脸。杭州有一个红楼展览馆，大的城市建设项目必须在建设之前放到那里展览听取意见，有时还拿到市中心的武林广场去展示，同时在网上公示，市民可以通过网络发表意见，政府听取市民的意见修改规划后付诸实施。总的来说，杭州在市民参与城市民主管理方面，确实已经走出了最初的几步，这是很有意义的。

有教授问到，是不是公民对政府的决策和某项制度不满可以作出表示？中国政府非常重视社会稳定，非常关注什么问题可能影响社会稳定，力求在问题出现苗头时就采取措施加以解决。如果某一个做法在互联网上引起比较强烈的反对，政府就会采取措施来解决这个问题，避免矛盾进一步升级。昨天我参加评审了一个研究课题，就是重大项目的风险评估。你要搞建设项目，必须评估它有没有社会风险。如果遭到多数公众反对，这个项目就要取消；如果有相当一部分公众反对，就要根据他们的反对理由加以修改；如果有少数公众反对，也要向公众说明理由，避免引起社会的不稳定。在这个研究报告的基础上会制定一个法规，今后所有的项目出台都必须经过社会风险评估，看是不是得到了公众的支持。中国各级政府现在的基本思路是，了解公众的不满情绪，了解它的原因，然后事先加以处置，叫防患于未然。中国目前出现的各种群体性事件基本上都是针对某一个具体事件、某一项具体政策，不是针对中国的基本政治架构。杭州前一段时间出现出租车司机罢运，因为他们觉得收入太低，因此要求提高出租车的收费标准，但是政府比较谨慎，因为如果这样做更多人会有意见。但是罢运以后政府马上采取措施，跟出租车司机谈判，承诺马上征求民意，收费要不要调整，而且许诺多少天以后就会做出决定，这个事情很快就平息了。现在出租车的收费作了调整，并且制定了两个收费标准方案征求民意。所以杭州市政府还是很重视民众意见的，这也是杭州市民有一种很强的"我们"认同感的重要原因。

（作者系浙江省公共政策研究院副院长、研究员）

当下和具体的"我们"

范捷平

"生活与发展"是杭州打造美好未来的一个重要的话题，我想先从浙江大学科学研究、人才培养、社会服务和传承文明的四大功能角度出发来谈一谈高校能够做些什么。市民更多参与决策是一方面，高校通过科学研究去参与城市发展，解决一些具体问题是另一方面。浙江大学最近提出了城市人口老龄化解决方案的问题。前几天联合国秘书长去看望了我们地球上出生的第 70 亿个公民，这就引起了我们对生命过程的思考。其实，城市人口老龄化问题每一个人国家无法回避，这也是经济高速发展的大城市面临的一个棘手问题。

环太平洋地区，从美国西海岸到日本、韩国、中国的香港和海峡两岸，还有新加坡等，这些国家或城市都面临着老龄化问题。中国社会尤其会在未来 20 年里陷入难以应对的老龄化社会境地，杭州也是如此，因为我们将为今天的独生子女政策埋单。高校怎么来科学地判断和参与缓解城市社会老龄化问题显得尤其重要，如果我们无法解决这些具体问题，那么城市生活和发展则是一句空话。

这次会议的主题是"我们"，这个话题首先涉及"我"和"我们"的关系。在人口老龄化过程中，中国的近 14 亿人口不是同时老龄化的，所以它有一个社会责任的问题。年轻人要对老年人负责，因为今天年轻人为老年人埋单实际上是为自己的将来埋单，这就是"我们"中的那个"我"

字。浙江大学在解决老龄化社会问题方面与新加坡有合作，新加坡也是一个老龄化的社会。我们目前正与美国麻省理工一起帮助新加坡建设新加坡技术设计大学，在合作中我们在思考"知识"和"设计"如何为老龄化社会服务。这个选题最早是我提出来的，它涉及三个方面。

第一是产品设计。今天说到城市发展可能太多去关心眼前看得到的东西，看不到的东西很少去做，杭州究竟是不是一座很适合老人生活的城市？杭州老人非常多，而且会越来越多，老人怎么过马路？怎么看病？怎么保健？怎样娱乐休闲？怎么购物？有什么符合老人特殊需求的产品？因此产品设计范围很广，包括医药、文化、住房和交通设计等。第二是服务设计，服务的领域非常广，它涉及社区、养老院和医院等。第三是制度设计，比如关于保障老年人权益的法律法规，老年人的医疗保险、养老保险等问题都需要去优化设计。

杭州城市发展问题是中国社会的普遍问题，这个"我们"是具体的概念，"我们"中有一些富豪，有一些还比较贫困，比如外来务工者不关心老年问题，他们很少去买养老金，这就是制度设计的问题。浙江大学在多学科领域有很大的舞台可以做这件事情。我们可以凝聚各个学科的力量来解决城市发展中的问题。科学所涉及的"我们"不仅仅只是"我们"中国人，而应该是人类。我们的老龄化解决方案应该是个模式，应该对人类做出贡献。

我还想谈两个想法。第一，"我们"这个概念首先涉及认同问题，它具有两面性，比较复杂，谈论它的时候要特别当心，不能不顾语境地抽象谈"我们"概念，谁是"我们"？这里面有一个认同的问题，"我们"是指某个认同某一种价值观的群体，有时这个群体有非常复杂的层次，有错综复杂的利益混杂在里面。比如德文中的"利益"（interesse）就是由"相互"（inter）和"本质"（esse）这两个词组成的，表示人际交往中相互间的本质价值取向关系。一说到"我们"的时候，常常会涉及对某种社会价值取向的认同。比如说"民主"，那就包括对不同的民主的理解和认同，有人说资产阶级民主，有人说社会主义民主，大家都说民主，却不是说同一件事，还有不同的国家，不同的文化。"我们"的存在首先依赖来于集体认同，有了共同的认同之后才有"我们"，才有共同的利益，有时这种利益可能是社会群体、国家和民族的核心利益，有了共同的利益驱动才有参与的动机。每个国家、民族、社会都有集体认同的东西，否则一说到我要代表大家，大家都不会同意。但是这个集体认同也很容易错位。我曾经在德国生活过十几年，一些人叫不出我的名字，看到我就叫我"孔夫子"，我说我不是孔夫子，我没法代表他。1999年中国驻南斯拉夫联盟的大使馆被炸的时候，一个德国同事过来友好地对我说："我们非常抱歉。"我说你代表北约吗？代表美国政府？这都是典型认同错位。当然，基于集体记忆和文化记忆的"我们"、认同传统文化和价值利益的"我们"一定存在，这种认同媒介就是所谓的核心价值体系，它是一个国家和民族的大多数成员集体认同的东西，有物质的，也有非物质的，它一般具有传统性、时代性、大众性三个基本特征，我把它称为某一个利益认同群体所共有的精神家园。

第二，我们现在很容易把一些城市发展中存在的问题简单归咎于某种文化劣根性。比如我们刚才讨论的社会上的诚信缺失等，我们会快速地归结为当代的中国文化所致，或者归结为以亲情、血脉、家族等为社会网络基础的儒家文化所致，我认为这也有失偏颇。同样是中华文化，它在不同的社会文化语境下，在不同的历史阶段和不同的文明形态中对社会问题会有不同的处理方式，会产生不同的结果。

在解决城市发展问题的时候，我们很难找出一个理想的模式。西方比较多地采用市民参与、自下而上的模式，还有一种模式是顶层设计、自上而下的模式，或者是两种模式相结合，要根据不同的社会形态找到一个符合文化政治语境的、符合时代的、符合大众的模式。我不太赞成单纯地用某个国家的历史所形成的文化传统来解决当今的复杂问题，比如我不太赞同简单地用儒家传统文化来解决中国今天的问题，即便儒家文化也应该在当今的文化环境中不断发展，我们应该在中国社会演变过程中，把中西方的优秀文化因素都结合起来，与时俱进地解决杭州城市发展的问题。马克思主义就源于西方，还有很多优秀的科学技术、文明成果都来自西方，但也是全人类的，也是"我们"的。也就是说，希望这个"我们"不是一个某一种意识形态或者固有的文化传统下的"我们"，而是一个活生生的、实实在在的、有自己认同的"我们"，这个"我们"是社会群体根据不同的利益需求和诉求所定义的具体的"我们"。

说到城市生活和发展中的文化、文化产业和文化馆三者之间的关系，我认为还是有一些层次上的区别的。文化是无法刻意制造的，它是历史积淀，文化生成是一种集体无意识行为。而文化产业是需要创造的，需要有一个符合市场规律的机制和体制。关于文化馆建设，首先要有一个需求共同体。如果这个需求只是少数制定政策的人主观制造出来的，那么文化馆经营起来就会很难，机制体制就不可能太灵活，供求关系就会脱节，反之指导性就会强一些。所以从理论上讲，我比较赞同余逊达教授提出的共同体形成模式。第一是以情感和生命感悟为标准来形成共同体。第二个是利益共同体。我们国家改革开放30多年来，都是以利益诉求来形成共同体的。但目前已经到了对情感有需求的时候了，所以只谈利益可能也不一定完全对。第三个是价值认同共同体。我觉得这三个共同体的核心，就是参与。只有大家都参与了，共同体才能形成。我们看到窗外西湖对面有个雷峰塔，晚上亮灯后很璀璨。以前美院教授有个说法，说这雷峰塔是在美丽的西子姑娘嘴里镶了一颗大金牙。同样，湖滨有一个叫美人凤的雕塑，当时就有美院的教授联名写信要弄掉它，当时他们没有参与城市雕塑工作，要说参与也只是批评性的参与。

我认为共同体的形成，需要上述三个条件的吻合，三个条件中有一个缺失了，共同体就可能解体。所以共同体不是一旦形成就永远存在了，它可能会随着情感、利益或者价值的变化而变化，也会随之进行重新组合。中国的事情是这样，国际上也是这样。比如"金砖五国"，这个共同体的形成可能并不是以情感因素为重，而是共同利益的驱动。我们国家现在提倡文化大发展、大繁荣，提倡提升软实力，我们开始提出生命体验的问题，但是它毕竟还是建立在精神层面上的。我现在如果说，我们共同品茶、共同体验绿水青山来形成一个共同体，这个我很愿意，我们坐在这里的人也很愿意，可能出租车司机不会这样想，他们会为增加一元钱的收费而形成共同体。因此我觉得，情感、价值和利益三个层面相互作用、相互渗透，它促成了参与城市生活和发展的社会群体，这个参与的"我们"才是城市发展的真正动力。

（作者系浙江大学副秘书长、教授）

"我们"是一种归属感

野田由美子

日本横滨市拥有 300 万人口，比杭州的规模小很多，但它是日本第二大城市。横滨市是一个富有创新、创意的城市，经济发展也是名列日本前茅。我 2010 年就来过杭州，这是第二次来杭州。我对杭州的印象非常深刻，政府的愿景、杭州的生活品质、人民的生活等都令我印象深刻，这里的政府、媒体、业界、市民等都令我非常震撼。我们看到这里的发展速度非常快，在保障经济发展的同时如何保持社会的发展和繁荣，仍有很多工作需要做。我们日本政府也一直在努力做这方面的工作，在这方面我们有很多感受。

首先我想对"WE"这个词，也就是说"我们"、"大家"这个意思进行一下诠释。大家知道日本在过去几十年的时间里，经济发展取得了举世瞩目的成就，我想一个重要的成功因素是我们日本人民把自己的生命奉献给了我们的企业，帮助我们的公司成长和发展。很多日本人都说，"我们的公司，我们的公司。"他们把整个一生都奉献给了自己的公司。这一点是日本在过去取得成功的重要因素。可能大家都知道，日本公司的体制在过去一直是长期制或终身雇员制。这样的体制可以向员工提供一定的安全性和保证性。如果你工作了 20~30 年，那么这个时候你就可以把公司当成你的家了。从传统的概念就是说，如果工作了这么长的时间，公司基本上就是你的一个家，员工在公司当中会觉得非常安全。后来我们引入了西方的公司"绩效",就是特别注重公司员工的表现。在引进了西方模式以后,这个"表现"变得越来越重要,员工不再觉得终生安全。现在已经出现了这样一种趋势,在日本,家庭不再是一个让人们觉得比较安全的地方。一旦这样一种基于工作的安全感被打破,那么人们会感到非常沮丧、不安定、不安全,他们会觉得不高兴,这样的话就会造成一些社会的不稳定因素。在日本,有一些员工一旦他们在公司里面失去了某个位置或者是失业了,甚至会选择自杀等行为。虽然这是比较极端的做法,但是从社会稳定的角度来看,我们必须确保的就是人们在工作当中的安全感。因此我们要让每一个个体总是从属于某一个社会机构、某一个社会团体。不管是公司还是家庭,我们要为这个城市中的公民提供这样一个地方。在这个地方,在这个城市当中,他们能够展示独特个性的方面,比如他们的理念、创意等。在公司、工作之外,我们也给他们提供很多公共活动,就是可以让他们通过参加这样的活动来进行分享和交流,从而使整个城市变得更加具有活力。我想杭州市是不是能够参考一下我们的经验,让市民找到一种归属感,让他们感受到他们是属于这里的,他们是能够参与城市中所有的活动的。这样就确保他们在这个城市当中有属于他们自己的一块地方,这块地方在他们眼中是非常重要的,他们要有这样的附着感,就是觉得这块地方是可以让他们附着的,让他们觉得确实是属于这个城市,让他们觉得他们可以发挥自己的作用。当然在这方面政府不可能做所有的事情,政府的作用是有限的。在这个方面我们要提供尽可能多的空间,让尽可能多的城市个体、城市居民参与进来,充分发现他们的潜能,发挥他们的创造性。

（作者系日本横滨市前副市长）

论社会信任的重构

杨建华

　　当前，我国社会结构快速转型，社会分化速度加快。从社会学角度来说，社会分化度越高，人们的相互依存度也就越高。在一个社会中，角色、功能、职业的分化达到很高程度，也就不可避免地表现出迪尔凯姆意义上的"有机团结"。但是，目前中国社会正处于转型的不稳定期，这个时期的信任结构呈现传统信任作用减弱与现代型信任相对欠缺状态。当鳞次栉比的高楼大厦在地平线上拔地而起时，当城市的大街小巷涌动着一波又一波的人流大潮时，人们原本用于寄托情感和价值的时空结构却在城市化的步伐声中渐次消融。高频次的社会流动、短暂性的日常互动、个体化的利益取向，劳动分工在增进财富同时也增加了他人不履行职责的可能性和不确定性——这使得人们普遍而深切地意识到，曾经赋予"立命"意义的精神家园在荒芜，"不要和陌生人说话"仿佛成了现代社会交往中的普遍准则。这时人们很容易丧失明确的信任取向，或者盲目倾向于传统信任，或者干脆什么都不信，导致一些不理智、冲动、投机乃至荒谬的行为发生，社会信任度降低，社会安全受到威胁。

　　但另一方面，在现代社会，我们的生存和幸福所依赖的那些人的行动却不断增加了匿名性和非人格化，在无数场合，我们必须依靠不知名的"重要的他者"的效率、责任心、好意。这时我们必须求助于信任。我们环境中不熟悉的人不断增多，为应对陌生人，信任变成了必需的资源。同时，为应对风险社会出现的种种弱点，我们也急需要扩大信任的储备。因此，在今天重构社会信任，显得格外迫切与必需。

重构社会信任，首先要推进社会信任结构的现代转型，也就是要从特殊主义信任、人格信任、价值主义信任转型到普遍主义信任、系统信任以及工具主义与价值主义相统一的信任。社会信任是嵌入社会结构和制度之中的一种功能化的社会机制，当社会结构发生变迁时，社会信任本身的结构和功能也会相应发生变化。特殊主义信任、人格信任、价值主义信任植根于传统文化，与传统社会结构相耦合；而普遍主义信任、系统信任以及工具主义与价值主义相统一的信任则与现代社会结构相吻合。

特殊主义信任是以血缘性社区为基础，建立在私人关系和家族或准家族关系之上的，是在较强的依恋关系之内对特殊对象的信任。这种信任的特点是以特殊的私人关系、情感为依据，只信赖和自己有私人关系的他人，不信任外人。普遍主义信任则是以信仰共同体为基础，根据有关人性的基本观念信仰所确定的、在较强的依恋关系之外的对一般性他人的信任。其特点是以共同信仰和法律、契约为依据，是人们由于对一些有关人性、人际交往等的观点信念持赞成态度而对一般性客体给予的信任，引导人们走出熟悉的关系圈，想办法应对圈外的不确定性，与"外人"进行沟通、合作。

人格信任是一种"熟人"信任，是基于熟人之间当面的承诺，以个人人品、道德和私人关系为基础，根据对他人可信程度的理性考察和与他人之间情感联系而产生的信任。人格信任的依据是了解熟人根底，交往是重复性而非一过性的，一般不会轻易发生欺骗行为（尽管现在也有了"杀熟"现象），亲族、同乡、同学中的信任都属于人格信任。系统信任是社会制度的产物，是建立在法律制度基础上的一种社会现象。人们之所以守信，是因为受到法律制度的制约，不敢做出背信弃义的行为，之所以信任他人，是因为相信这些社会机制的有效性。系统信任不依赖于人们之间的熟悉程度或者交往时间的长短，而是以正式的、合法的契约和社会规章制度为载体的新型信任模式。它依靠的不是契约、法律、制度的某一条款、某一部分，而是对整个法制系统和制度系统的基本精神的信任。

价值主义信任是对"相互作用的另一方履行其信用义务和责任"的期望，工具主义信任则是"对同我们一道处于社会关系和社会体制之中的那些人的有技术能力的角色行为的期望"[1]。价值主义信任的特点是对角色承担者个人人品、信誉的肯定，往往发生在彼此熟悉的主体之间，因此融入了一定的感情色彩，而非纯功利性。工具主义信任则是诉诸相关法规对社会角色相应的权利、义务的规定和限制，以及社会角色承担者本人的能力水准。信任关系的主体可以是相识的，也可以是彼此陌生的，主体之间的交往主要源于各自的需求，因而功利性很强。现代社会应是一个价值主义信任与工具主义信任相统一的社会，既需要不依赖于关系、情感，只以职业技能的娴熟为依据的工具主义信任，也需要在交往过程中产生一种情感因素，使得信任更加牢固，有利于协调社会角色之间的关系，为社会一体化提供一条便利的路径。

我们需要加快普遍主义、系统信任这样现代型社会信任结构的构建，因为像法律制度这类普遍主义、系统信任凭借其中立性、公正性、权威性承载着社会成员最普遍的信任。社会主义市场经济体制的建构与发展实质上就是法治经济、契约经济的建立与发展，也是一种现代型社会信任结构的建立与发展。它是在普遍的、抽象的权利规范基础上建立起来的，与之对应的交易制度具有普遍性与抽象性，由此形成的规范伦理打破了传统型信任的限制，建立起普遍主义、系统信任的理性观念。同时，在现代型社会信任基础上扩展了社会关系，获得良好的社会资本，促进了个体发展。现代型社会信任结构还有助于调整社会转型期的过渡性矛盾，增强社会信任，增进人与人之间的和谐与友爱，促进社会整合。

我们还需要建构新型共同体，培育共同体精神。共同体在传统意义上

---

① 〔美〕伯纳德·巴伯：《信任的逻辑和局限》，福建人民出版社，1989，第11页。

一般有家庭、家族、村落、社区等,但也有现代意义上的共同体,如现代城市与乡村共同体、职业共同体、市场共同体、基层社区共同体等。社会学家韦伯指出,仅仅是种族、有共同语言等都还不是共同体,只有在感觉到共同境况与后果的基础上,让社会成员的举止在某种方式上互为取向,在他们之间才产生一种社会关系,才产生共同体。就是说,只要在社会行为取向基础上,参与者主观感受到(感情的或传统的)共同属于一个整体的感觉,这样的社会关系就应当称为"共同体"①。韦伯指出了在现代社会,基于利益关联且共属于某一整体的感觉而产生的"共同体"已是普遍的客观社会现象,"共同体"不仅是传统的,也是现代的。无论传统社会还是现代社会,只要社会成员在行动上频繁互动、紧密关联、取向一致,在情感上彼此认同、相互守望,共同体的精神就得以形成,共同体的美好感觉就得以产生,社会信任也得以提升。

人总是生活在社会中,人的归属感来自社群,在个体与较大的群体互动的过程中,人们形成属于自己的公民价值观,在集体中,人的生命变得更加富有意义。社会学家鲍曼对"共同体"就情有独钟,认为"共同体总是好东西",总给人许多美好的感觉:温馨、友善、相互依靠、彼此信赖。但遗憾的是,在现代社会中,"'共同体'意味着的并不是一种我们可以获得和享受的世界,而是一种我们将热切希望栖息、希望重新拥有的世界"②。任何想重构社会信任的努力都必须认识到:多元化、怀疑主义和个人主义已深入我们的传统文化之中。越是在这种情境中,我们越是应该去尝试与探讨,越是需要致力于这样共同的任务:建构新型共同体,培育新型共同体精神,促进社会信任,增强社会凝聚力。

构建以相互认同为基础的城乡新型共同体,编织社会信任网络。社会结构的日益分化造就的是一个个体化、陌生化的社会,需要借助组织化、

---

① 〔德〕马克斯·韦伯:《经济与社会》上卷,林荣远译,商务印书馆,1997,第70~72页。

② 〔美〕齐格蒙特·鲍曼:《共同体》,欧阳景根译,江苏人民出版社,2003,第3页。

制度化、互惠性的运作机制将社会多元力量汇聚到一起，在共同的规范和原则下，形成城市与乡村新型共同体，实现不同社会主体在功能上的互补、行动上的协调和资源上的整合，推进共同体精神培育与发展，以形成新型信任纽带。发展职业团体、社会组织及社区，始终以共建共享为目标，形成城市、乡村发展的公共性议题，从而引起社会成员的普遍关注和热情参与，努力提升城乡居民"共同的家园"的荣誉感和归属感。社会成员的广泛参与和有序互动也是共同体精神的一个显著特征。即便是一名普通居民，也可以借助组织化的互动平台便捷、有效地参与其中，在某一公共性议题的探讨过程中发表自己的看法和见解，形成影响社会政策制定和落实的现实力量。

培养共同体精神，提升社会信任度。共同体精神以城市、乡村公益为发展导向，以共同的利益取向凝聚人心，激发广大社会成员的参与热情，淡化社会成员因与参照群体的强烈对比而产生的相对剥夺感，推进新型共同体精神的发育和生成，以此提升社会信任度。托克维尔在考察美国社会时发现，在美国这个移民国家里，"每个人为什么却像关心自己的事业那样关心本乡、本县和本州的事业呢？这是因为每个人都通过自己的积极活动参加了社会的管理"①。共同体精神的发育和生成来自共同体成员的广泛参与，在日趋分化的城市与乡村，更需要形成一种机制，搭建一个平台，建设社会成员间的良性互动结构，"去身份化"的平等交往，促进相对共识的达成。而在这种新型共同体基础上的社会信任是传统信任与现代信任的融合，它既受法律、制度等约束，也受一般道德伦理、公众舆论的约束，对社会行为具有有力的引导、制约作用。同时这种信任的有效运作可以降低交易成本，节省监督成本，催生社会成员之间的认同感和一体感，形成较强的凝聚力与向心力。

（作者系浙江省社会科学院调研中心主任、研究员）

---

① 〔法〕托克维尔：《论美国的民主》上卷，商务印书馆，1988，第270页。

"我们"视角下的社会治理

薄智跃

"我们"可以用五个以"C"开头的英文单词或词组来概括其内涵。第一个是"common interests"（共同利益），就是说无论是官员或者是民众都有共同的利益。大家的目的都是想创造一个"我们"。第二个是"consensus"（共识），就是说我们大家要形成一个共识。我们昨天参观的"我们圆桌会"实际上就是通过官和民之间的沟通形成共识。那里不仅是一个沟通的平台，而且也为政府做决策提供参考。所以这一种形式非常好，是一个形成共识的过程。第三个是"common wealth"（共惠）。参与"我们"的所有利益相关者都可以从中获得实惠。

另外有两个词：一个是起点，一个是终点。这个起点是"concept"（概念）。大家讨论来讨论去只是在理念上的讲法，而终点是"community"（共同体）。community可以翻译成"社区"，也可以翻译成"共同体"。实际上，无论是官还是民都是一个利益共同体。

如果把这五个词连起来，就可以看到"我们"的全貌。那就是，"我们"起源于理念（concept），终于利益共同体（community）。而这一理念的主要内容是从共同利益（common interests）出发，经过利益相关者的参与和讨论，达成共识（consensus），从而使所有的人都能享受实惠（common wealth）。

梁鹤年教授提出了一个"大家"。这个"大家"从治理这个角度来讲，应该说最典型的治理模式就是中国式的治理模式，而新加坡把这种治理模式发展到极致。通常以为，政府和社会是相对立的。有一个大政府，就没有办法有一个大社会；而要想有一个大社会，就必须要把大政府变成小政府。但是实际上二者之间并没有矛盾。有一个大政府并不排斥同时有一个大社会。新加坡就是一种"大政府、大社会"的格局。

新加坡的"大社会"空间非常大，新加坡非政府组织非常活跃，宗教团体也非常活跃，很多社会问题经常可以通过社会团体和宗教组织慢慢解决。社会问题可以通过社会（即民间）来慢慢消化，而且新加坡政府经常会利用这些民间组织和宗教组织来消化一些社会问题。这种通过社会组织来解决社会问题的模式应该是新加坡比较成功的一方面，这是"大社会"的一面。

另外，新加坡的政府也很大、很强。新加坡的政府很大是因为它要提供许多公共服务。新加坡的政府又很强，它能做到令行禁止。当然，新加坡这个大而强的政府并不是一个无限政府，而是一个有限政府。它不是包揽一切，而是有选择的治理。新加坡的政府具有三个基本功能。第一，监督功能。市场行为体并不是总是严格遵守市场规范的。它们有时候会出现不规范行为，所以政府有责任来监督市场行为，使其规范化。第二，教育功能。政府有责任引导和教育民众遵守一定的社会行为规范。遵守社会行为规范通常不是民众的自发行为，而是一个教育、培养的结果。从中国文化的角度来看，就是我们通常所说的文明教育工作。比如像2008年的北京奥运会告诉大家上车要排队、该如何鼓掌来表达自己情绪等诸如此类的工作。第三，惩罚功能。这项功能是通过法律来完成的。新加坡是一个法治社会。那里的法律严明、执行严谨，为老百姓的正常生活提供了一个良好的社会秩序。

这就是大家说的新加坡的经验。新加坡的政治文化，在2011年发生了一些巨大的变化。由于新加坡的网络平台相对比较开放，所以在2011年5月份的国会选举过程中，新加坡的政治文化发生了一个重大变化。从下而上的、自发的民主情绪通过网络平台得以充分表达，而一些政治家一言九鼎的情况已不复存在。

而在这里，杭州政府领导们给予市民以一定的表达空间，而且通过网络等手段实施，未来的空间非常大。民意的充分表达会使大家对这个地方产生认同感，而且在心理上也会有更好的感觉。

我们应当如何看待学习西方这一问题？我们通常讲"学西方"首先是指向美国学习。但是，现在有一个趋势就是我们现在学的美国不是真正意义上的"美国"，而是我们想象出来的"美国"。现在中国内地、台湾、香港，以及亚洲很多国家和地区学习的所谓"美国化"，其实不是真正意义上的美国化。美国是以严谨的美国制度、深厚的文化积淀作为支撑的。所以我们学习一个国家的时候往往需要把这个地方的文化了解得完整一些，而且要学习好的方面。我们一直以为美国人强调个人主义而忽视家庭生活，而中国人非常注重家庭生活而不强调个人利益。但是，实际的情况并不是这样。美国家庭也是非常注重家庭生活的，他们非常注重全家人在一起吃饭的形式。他们尤其喜欢全家人在一起吃晚餐（dinner）。相反，中国人现在反倒没有全家人在一起吃晚餐的习惯。在这方面，我们的印象和实际情况有很大差异。我们需要认真了解才能消除认识上的误差。所以，我们一定要真正了解之后，才能好好地学习。

（作者系新加坡国立大学东亚研究所资深研究员）

找到"小我"参与"大我"的途径

曹增节

东西方在社会治理方面的确存在很多不同，中国在处理"我"和"我们"的关系时提倡"和而不同"，但现实中往往会在两者之间摇摆，有时候倾向于不同，即多元化，有时候倾向于融合，因为实际上"和而不同"是很难做到的。"我们"和"我"的关系很难调和，如何才能找到两者的平衡点，维持社会的健康稳定发展？

有专家提出，公众的参与到底有没有价值？或者说应该参与到什么程度？我认为公众的参与是非常重要的，目前中国公众参与城市建设、社会建设的程度的确还不如美国，但在中国尤其是杭州已经发生了一些很可喜的变化，地方政府越来越意识到涉及民生的决策要征求和吸收民众的意见，这样也吸引了越来越多的民众参与发表意见。很多专家考察了西溪湿地，这块区域属于杭州的主城区，七八年前整个区域20多平方公里被规划为房地产开发用地，这是政府财政一个非常大的来源，而且市政府已经跟房地产公司签约，部分项目已经开建。这个时候，有部分民众、专家提出反对意见，认为这块区域对杭州整个城市非常重要，它的意义不仅仅在于眼前的经济价值，更多的是对整个城市长远的生态保护。政府面临一个两难的抉择，经过权衡，最终政府采纳了这个意见，西溪湿地得到了保留，为此政府还赔偿了很多违约金。其实政府完全有理由不采纳这个意见，因为采纳就意味着对另一方的违约，这是一个公众参与的典型例子。再如电动车问题，中国的电动车很多，给城市交通带来了很多问题，多年前杭州曾经考虑出台政策取消电动车出行，结果在征求各方面意见时，遭到了很多民众的反对，所以政府没有实施这个政策，现在大家能看到大量的电动车在路上通行。背街小巷整治工程也是如此，这项工程有一个非常突出的特点，就是让老百姓自己来管理整治工程。政府负责出资建设，但这条小巷要不要整治，怎么整治，整治以后满不满意，都让住在小巷里的老百姓投票决定。工程完工后，政府委托社会调查队进行独立调查，只有95%以上的老百姓认可了，施工单位才能拿到钱，否则必须按照老百姓的意见进行二次整治，直到大部分老百姓满意。这种民主化的管理模式大大激发了老百姓的积极性和参与热情，正是有了这种机制和管理模式，工程效果松非常好，整治的200多条小巷都得到了老百姓的高度认可。

我想从另外一个视角来谈谈"我们"和城市的关系。我来自中国美术学院，这是一家中国著名的艺术院校，80多年前在杭州创办，但很长时间以来，学校与城市之间没有很强的认同感，或者说这个学校对城市来说只是一个理论上、文化上的结合体。学校的艺术家都很有个性，他们往往对周边持一种批评态度，基本不参与杭州的道路改造、城市雕塑等城市建设，或者说他们是以批评的方式来参与。因为艺术家觉得自己跟城市不是一个共同体，两者是割裂的。

但最近十几年，这种情况发生了很大的改变，杭州从关注经济发展、科技发展，解决技术问题，逐步转变到关注社会发展和城市总体发展，更多关注如何保留城市的文化特色，注重人性化，在城市发展与人的美好生活之间建立一种比较友好的关系。在这样的前提下，杭州有意识地跟中国美术学院等设计单位、艺术院校进行战略性合作，邀请院校的专家、艺术家为城市进行整体设计，每年实施一批实质性合作项目，如西溪湿地、西湖周边改造等项目，中国美术学院的艺术家全程参与了这些项目。在这个过程中，我们发现艺术家对城市的看法发生了很大的改变，他们慢慢觉得这个城市的发展是可以参与的，他的智慧、他的技术、他的观念可以与城市发展互动，进而提升城市的文化品质。现在，中国美术学院的艺术家对城市很有认同感，习惯把"我"放在城市中来讲，以前这些艺术家经常讲你们杭州怎么样，而现在他们经常讲我们杭州怎么样。这种参与过程能够把各方面的利益很好地融合起来，既发挥了艺术家本身的创造性，又提升了整个城市的品位。这个例子给我们一个很重要的启发，构建"我们的价值观"、建立社会共同体，处理好个人"小我"与城市"大我"之间的关系，很重要的一点是要找到市民、专家参与城市"大我"的途径，这样才能释放"我"的个人价值，把"我"和"我们"结合起来。

（作者系中国美术学院出版社社长、教授）

以辨明理

——"我们"公共参与的有效方式

格力高·鲍尔

发展包含经济、社会、文化等多个层次的含义。对于任何一个城市的发展来说，经济上的成功以及文化的发展都是至关重要的。从哲学概念上来讲，经济的发展是一方面，一些其他元素的关联，如生活的质量、文化的成功是另外一方面，但是想要精确地测量文化的投入对经济发展、社会发展产生的影响是非常困难的。从城市建立、发展的历史来看，一座城市的兴起一方面离不开经济的积淀，另一方面也离不开文化内在的渗透。

今天我想着重讨论"参与"问题。参与的问题，可能是城邦国家的居民所喜欢的，同时也是历史发展、城市发展、城邦国家发展过程中的一个重要特点。公民参与是提高生活品质、表达个体诉求、谋求共同福利的重要方式。我在考察中看到杭州市通过各种方式让杭州市民参与公共事务，比如与其生活方式相关的决策、与其福利相关的政策，我很感兴趣。我认为公民参与不是只让一小群人参与，也不是让大部分人决定，或者让精英决定，而是通过共同参与争论（争辩、讨论）的方式，对某些价值观念、基本规范逐步达成共识。这就涉及如何处理"我们"和"我"的关系。

如何处理"我们"和"我"的关系，以及个体利益与群体利益、社会的利益如何整合一直是我们非常关注的问题。很多人都提到了"和谐"这个概念，我完全同意杜维明教授讲到的和谐的原则，特别是"和而不同"

的理念。我觉得完全有可能将我们的哲学传统运用到今天的和谐社会建设当中。

我想从个人利益和共同利益整合的角度，来分析所谓的社会价值、理想价值或者共同价值，从而为不同利益之间的和谐共存提供基础。在讨论过程中，我们要避免把自己限制在一些特定的具体价值讨论中，因为任何社会的共同价值，都要受具体的环境、价值观念等因素的制约，认识到这一点很重要。一些全世界公认的规则、规范、社会价值是具有全球性的指导意义的，体现了文化的共通性。我想着重介绍一下黄金规则和人类尊严。

黄金规则的重要性以及人类尊严作为全世界认同的价值已经无需证明，无数论著都对此作过深入讨论，我只给大家举一些例子。无论何时、何地、何种文化背景，对自我尊严的确定，都是人类尊严中很重要的一部分。在任何历史阶段，从来不缺少折磨人的手段，施暴者很清楚怎么做能让对方感到异常痛苦，以及如何去侵犯对方的尊严。在严重侵犯人类尊严的很多案例中，都有持续折磨的过程。有的时候人们甚至因不堪忍受尊严被侵犯而选择自杀，这一点很多哲学评论提到过，就像《礼记》上记载的故事"君子不受嗟来之食"，就是一个非常悲哀的例子。人类注重保护自尊实际上就是一种全球公认的文化，这在东西方的哲学书籍中都有过讨论，康德提到过，孟子的书里也有"天生的尊严"这样含义的文字，他们认为每个人都带有天生的尊严，"无尊严毋宁死"。我举这些例子不仅是因为这些东西方的哲学大师们都提到过人类尊严，还因为对人类尊严的重视是我们所有民族的传统。不能单纯地把对人类尊严的重视当成一个西方的理念或者东方的理念，从系统的角度来说，对人类尊严的重视是东西方共有的理念，这是可以进行系统论证的。

当然，价值观也会有一些特殊的、具体的表现。在西方有一个共识性的说法：恶往往来源于细节。有些无关紧要的问题处理不好就会演变成最糟糕的结果，比如说鸡蛋哪头大哪头小，有时候是很难区分的，但有些人偏偏要去区分一下，而类似的细节有时候是非常重要的。一方面，我们要关注这些被大家公认的基本价值观念和社会规则，另一方面我们也要关注和区分一些具体问题、具体情况。当然，我们也要有足够的理由说明为什么我们要特别关注这些看起来并不重要的细节。从逻辑的角度来说，你可以归纳，也可以具体化，当我们归纳共同的特征的时候，也要注意一些特殊情况。

（作者系联邦德中协会主席、哲学终身教授）

"我们"的本质是建设共同体

毛 丹

我想结合参与杭州的一些工作，从一个社会学家的角度，来谈谈"我们"和"我们"的价值观。主要包括三个方面。

第一，构建共同体。构建"我们"说到底就是要构建共同体，共同体是理想类型与现实形态的集合。理想类型从某方面来说，就是超级共同体。基督教教义说的"爱主上帝"、"爱人如己"，大家都是一家人；中国古代讲的"大同"、天下一家，都是类似超级共同体的表达；张载有一个主张，叫"民胞物与"。而按照康有为等近代大儒的说法，要达到"大同"这样级别的超级共同体要告别九个边界，分别是：国家、阶级、种族、性别、家庭、财产、乱、类、苦。这些我们很难达到。另一种是共同体的现实形态，指的是"我们"、"他们"等一群群分享文化，有共同利益、共同价值、共同认同感的人组成的共同体。现实的共同体并不否认个人，而是期望大家在讲公民个体权利、私利、私产、交易的同时，也要讲仁爱、互助、情感。你不愿意这样，也不要对别人这样，用中国人的话说就是"己所不欲，勿施于人"。在现实生活中，人与人之间存在边界。很多社会学家会认为人是边界的动物，边界这边是我们，边界那边是他们。超级共同体很难，而现实共同体也不容易，其困难主要来自两个方面：一是进出边界有社会障碍，边界这边的人要想出去并不容易，那边的人想进来也不容易。二是市场化的进程与以新古典主义经济学为代表的主流理论的广泛宣传，实际上摧毁了各种传统的共同体。人们处于单个状态中备感生活、社会的不确定性。鲍曼形容说，人们为了减少这种不确定感，很需要有共同体，但现在无力去重建共同体，状态很尴尬。杭州讲"我们"，实际上是期待一种状态，期待任何人到杭州都成为"我们"一员，来建设"我们"这个共同体，付诸实际。例如，城乡关系调整中不搞城乡分治，而要按照城乡衔接的方向去努力解决社会问题，等等；城乡关系、官民关系、劳资关系、族群关系四大关系的重新调整，都要朝着符合"我们"、有利于"我们"的关系去迈进。

第二，共同体的建设。我们从以往的历史研究当中得到很多启示，例如美国建国时期，公民精神是怎么培养出来的。是在各种各样的共同体组织的参与中，训练公民从自己熟悉的、相关地方和事务开始学会关心他人，学会共同来参与、关心公共事务。这不是美国的特例。在我们的社会史、社会研究中也有很多的例子。我相信，这对中国特别有利，圣西门主义者Bazaar说过：人类社会有两种常态，一种是比较分裂的状态，一种是比较团结的状态。分裂的时候就价值混乱，个人混沌迷茫，尤其需要小型共同体，以街区之类的社区作为团结的基础和起步点。我认为，从小的共同体开始逐步建设尤为重要，特别是以街区这样的共同体作为基础和起步点是十分有效的。"我们"的建设要高度重视这点。从理论研究上，我主张促进小型共同体的成长，政府要做好"五个给"，第一要给地位，第二要给权力，第三要给法律，第四要给财力，第五要给智力支持。社区和社会本身在社区的运营、建设上也要做好五项工作：社区的规划、社区的环境、社区的教育、社区的福利救助以及社区内的睦邻文化活动。

第三，从小型共同体的建设开始，促进"我们"这个大共同体形成，杭州这方面的工作正在起步。社会复合主体的运行方式，已经从一般层面慢慢地到社区层面延展开来，社区也开始注重党政界、企业行业界、知识界、学术界的共同努力，朝着四界联动的方向发展。比如在外来人员入杭以后社区管理问题上，以前是户籍管理，外来人员进入迁移地后没有选举权,不能享受市政服务,而现在杭州有外来务工人员的专属社区。在农村社区也普遍建设了一站式社区服务中心,发展社区服务业,形成了新的管理格局。但我觉得杭州还应在以下几个方面继续努力。一是要自觉强化"我们"的价值的形成在社区建设中的基础作用。二是政府要努力推进并均衡地位、权力、法律、财力及智力这五方面的支持工作。以财力支持为例,杭州市政府的支持力度在全国范围内是比较大的。但从研究上来说,基础数据上的差距依旧存在。举例来说,国民收入中政府收益用于公共民生性的开支所占比例,发达国家这一比例占到 GDP 的起点标准是 16%,上限标准是 68%。但是我们现在的平均水平只有 9% 多,北京最高只有9.8%,浙江、广东、江苏都不到 5%,是北京的二分之一。这种用于民生支持社区、民间组织的经费,要在现有数据基础上翻两番,任务是很重的。三是加强法律支持力度。我们讲了很多法治建设的内容,实际上发达国家的很多社区运营得非常好,是因为有一系列法律的约束。邻里噪声怎么治理、乱走路怎么办、乱装修怎么办,这些问题它们的法律都有规定,社区层面都可以操作。在得到法制化的支持后,社区内的居民才会在互相交往中形成规则,在规则基础上才能形成固定的预期,才能达到信任。

(作者系浙江大学公共管理学院副院长、教授)

"我们"是和而不同的具体体现

周生春

作为在杭州举办的"生活与发展论坛",我们应从中华文化传统出发,发掘和理解"我们"的意义。

中国传统思想认为,"天命之谓性,率性之谓道"(《中庸》),是说人有共同的人性。《孟子》人心之四端说又认为,仁、义、礼、智这些都是来自人心,这就给"我们"提供了一种人性、情感和道德的基础。具有共同人性、情感和道德的不同的个人,合为一体即成为"我们"。

基于以上认识,我认为"我们"是和而不同的一种具体体现。这个不同就是无数个个体的"我"。每个人都不一样的无数个"我",基于对人性、情感和道德的统一即和谐的认同,或者是在人性、情感和道德的统一即和谐的基础上,我们这些不同的个体才能成为"我们"。"我们"是和而不同的精神和价值的具体体现。

以下我主要想从历史的视角,也就是我们社会的价值和经济转型的角度、东西方文化背景不同的角度来谈治理和自主创新。

我从西方讲起。西方 14 世纪、15 世纪以来经历了文艺复兴和启蒙运动,这是一个教会、宗教、贵族具有很大影响力的时代和社会,在这样的时空下,社会转型面临的问题实际上就是解决教会、宗教、贵族这些因素对转型的影响,所以人们比较注重自由和平等。这是人们对于当时面临问题的反思或者是反应,所以必须强调个人和人类。当然这种自由和平等不仅仅是观念上的，还表现在经济上、政治上，比如说经济上的自由贸易，比如说市场经济，以及表现在政治上的人权、民主，等等。强调自由和平等，如果走向极端，就会使人类从个人主义和注重人类自我走向自我中心和人类中心主义，这个会议提出的问题可能跟这个有关系。

我们中国，19世纪中叶以后也出现了社会的转型，我们面临的问题是科学、生产力的落后，是当时封建的专制统治。我们强调的不是个人和人类精神上的自由和平等，而是表现为科学和民主，需要解决这个问题。这是东西方在社会转型过程中，由于面临的问题以及出发点和基础的不同，所造成的强调的重点不同。当然这种不同产生了很大的影响。如果把我们所走过的道路和西方所走过的道路进行比较，很值得反思。

我认为我们仅仅强调科学和民主是不够的。因为如果只强调科学和民主，长期以往就会走向极端或其反面，走向科学主义，把民主变成唯一的、最重要的核心价值，就会带来今天所能看到的西方民主社会的很多问题。当然，不是说不要强调科学和民主，我们还是要强调科学和民主。

另外，我们要认识到自己的传统和基础，对自由和平等既要重视又不能放纵。如我们讲中庸之道，和而不同，就是强调不走极端。本次会议"我们"概念的提出就是一个值得注意的例子。

所以我们要继续重视19世纪以来中国所面临的问题，同时我们不能仅仅局限于上述的科学和民主，还要注意其他需要我们解决的问题。在这方面，中国的杭州做得不错。我记得2010年罗卫东教授的演讲，强调了杭州模式，就是注重人们的生活和品质，强调合作，强调环境保护，人类和自然的和谐共处，强调手段和目标的融为一体，这些都是值得我们注意的。我们在创新的过程中，在致力于创新的过程中，一方面要注意"五四"时期我们所面临的问题，同时要继承我们的传统，不要忽略我们今天面临和需要解决的其他问题。

针对莫凯歌先生的发言，我想阐述自己的看法。北意大利和南意大利社会资本的不同，可能是历史的、文化的原因造成的。具体来说，可能与这两个地方的社会精英阶层的努力有关系。如精英的力量是否强大，他们的努力是否到位，等等。由此延伸来看，我们今天的许多问题是社会转型中出现的问题。在社会的转型过程中，人们的价值观和制度被摧毁以后需要重建。传统摧毁得越多，价值观和制度的重建就越困难。本来重建就要比摧毁难，特别是强调摧毁而忽略重建的时候，自然会更难。我们在重建时，因为传统摧毁得多，就很难依靠原来的基础重建，于是一切都想重新开始。你越想一切都重新开始，就可能越强调摧毁一切传统。越是摧毁传统，重建的基础就越薄弱，重建就越困难。可能跟我们走过的道路有关系，今天才出现这么多的问题。其实在传统社会，没有这么多问题，因为它自己有一个系统，可以维持这样一种平衡。

另外，我想回应曹增节教授提出的一个问题，就是和而不同，到底是和多一点还是不同多一点？其实在理解"和而不同"这个观念的时候，我们要注意的是"和"和"不同"，并不是绝对对立的两极，其实两者是统一的。另外还有一个词是"同而不和"。有"不同"才会有"和"，有"和"才会有"不同"，这是两者对立的统一。要做到很难，需要很高的艺术。那么，我们什么时候要注意"和"，什么时候要注意"不同"？我的看法是要针对不同的人来讲，比如说你是很强调"和"的人，那肯定要注意"不同"；你太注意"不同"了，就要注意"和"。今天的社会到底是要强调"和"还是"不同"，我想这个问题很难有确定的答案。因为具体情况要具体分析，每个人、每个场合、每一时空，可能都不一样，你只要不是把它看成两极对立的东西，你就能做到统一了。

现在再延伸谈谈自己的看法。我是从历史的角度来看社会变迁的，中华宗族社会的瓦解是在先秦时期。先秦以来的中华社会里，人的思想、态度都早已从"我"提升扩展到小的家族的"我们"，甚至是跨越国家和天下的"我们"，这个观点其实已经深入每一个读书人的心里。范仲淹讲的"天下"，顾炎武讲的"天下"，都是天下，不是一个小团体，覆盖了所有的人。这是我们自己的传统，但这个传统在近代遭到了很大的削弱。这种削弱使得我们社会的精英阶层缺少了超越家族或泛家族的观念的影响，并影响到了社会的下层。其实超越熟人社会的"天下"观是有的，不是没有，只是在现代遭到了很大的削弱，现在我们要来重新反思这个问题。因为我们的教育和文化是两回事，这是近代以来发生的。科举制度废除以后，这个倾向非常明显，有学历、有学位、教育程度高不一定有文化，有文化的人不一定有很高的学位，现在分得很开。我们要在学校教育和其他非学校教育的层面上进一步注重文化的建设。

（作者系浙江大学儒商与东亚文明研究中心执行主任、教授）

公民参与和重塑"我们"的价值观

伍　彬

为什么我们今天重新提出"我们"的价值观？我们现在讲的"我们"跟以前讲的"我们"到底有什么不一样？

中国的传统文化，特别是儒家文化是非常强调群体的，有的学者称之为"群体主义文化"。新中国成立后，我们建构的价值观是"集体主义"，在相当一段时间内，只能讲"我们"或"大我"，不能讲"我"。有时候讲到"我"，也只是一个卑微的、必须不断"斗私批修"的"小我"。这方面，到了"文革"，走到极致。改革开放以后，随着现代化建设和经济社会的发展，个人需求、个人价值得到肯定，"我"逐渐被放大。现在重提"我们"，我想这个"我们"应该跟以前讲的"我们"有很大的不一样，它应该是"本我"与"他我"有机联系、和谐共生的一个集合体，是能够包容个体情感、价值、利益诉求的群体，像蓝蔚青教授讲的个体与群体的和谐统一。也只有"我们"能够充分体现和包容一个个生动的、具体的人，这个"我们"才是有价值的，才是我们要塑造的，否则就会走向反面，甚至成为一种抽象的、异己的力量。因此，要增进群体的和谐，彰显"我们"的价值，首先必须体现和保障每一个活生生的个体（"本我"和"他我"）的权益。这是我要表达的第一点想法。

第二点，怎么看待重塑"我们"价值观的现实意义？当下我们重提"我们"的价值观，确实有它的现实意义。经过改革开放30多年，我们从原来的计划经济转向市场经济，从闭关自守走向对外开放，社会方方面面发生了翻天覆地的变化，特别是价值观念的变化，从原来耻于言利、不敢谈个人价值，到现在越来越张扬个性、主张个人的权益。而价值观念的急剧变化之下，也出现了法国社会学家杜尔凯姆所说的社会大转型期间的"社会失范"现象，这点我想大家都是有充分感受的。在一个缺乏宗教传统或宗教精神，长期依靠传统儒学作为核心社会价值观的国度，在经历了近现代史上一次又一次大革命、大变革以后，传统的价值观几乎荡然无存，而新的社会价值观又没有有效地建构起来；一段时间依靠政权的革命性塑造起来的道德权威，在改革开放各种利益的冲击特别是腐败问题的侵蚀下，日渐式微，由"信任危机"导致的社会冲突也日益严重。在这种情况下，如何重塑"我们"的价值观，使我们社会的各个成员，包括每一个个体、社区、群团、政府机关，都能够更好地合作、建立信任和自我改善，构建一种和谐共生的新的"我们"，确实值得我们认真地去探讨。

那么，如何重塑"我们"的价值观？前面很多专家讲到要增进认同感，我是非常赞同的。对历史文化的认同感，对国家、社区的认同感，这是重塑"我们"价值观的基础，也是一个目前亟待解决的一个问题。但这也是重塑"我们"价值观的一个难点，特别是在传统文化尚未完成现代性转变的情况下。

从实际操作的角度，我觉得有一个很重要的因素必须充分重视，就是怎么增进公民参与。参与是很重要的，一个个体（本我）如果与其他的个体或者与社会组织、社区（他我）之间缺乏参与，那他就会站在一个局外人或者是旁观者的角度看问题、处理问题，就容易形成对立的状态。只有让他积极地参与进来，成为这个组织或群体的一分子，有权表达他的诉求和意愿，才能构建一个比较和谐的"我们"。要吸引大家都来参与，需要进行一种制度设计。通过这种制度的设计使公民的参与得到保障，而且要使参与变得有效。因为只有让他觉得我这个参与是有效果的，他才会积极地投身到他所关心的社会事务中来，才会与这个组织或群体休戚与共。

从我们杭州的实践来看,多年来一直致力于增进公民参与。我现在从事的工作叫综合考评,我们通过综合考评搭建了一个人民群众有序政治参与的平台。早在2000年的时候,杭州市就开展了让人民群众来评议政府工作的活动,叫"满意单位、不满意单位评选活动"。我们发动社会上九大层面的近15000名代表,对党政机关各个部门的服务态度、服务效率、服务质量等进行投票,每年评出满意单位和不满意单位。2005年,我们又把满意、不满意评选和以往对各单位工作目标的考核、领导考评结合起来,实施了综合考核评价。在这个综合考评当中,社会评价占了50%的权重,这个权重非常大,体现了综合考评"让人民评判、让人民满意"的核心价值。每年年底,有上万名市民代表,包括城市居民、农村居民和外来创业务工人员,会收到我们抽样发放的社会评价表,给机关各单位打分、提意见;没有收到评价表的,可以到我们的网站上参与"网上评议",或者打我们的专线电话发表意见。通过这样的一个参与平台,社会各界不仅可以评判一年来机关工作的好坏,还可以向政府建言献策,提出自己的诉求。每年社会评价中,我们收到的社会各界意见、建议都在上万条。对这些建议、意见,我们都会组织专人进行系统的梳理分析,形成一个年度社会评价意见报告,为市委、市政府下一年度的施政提供民意依据,并向社会公开发布;同时,把上万条具体意见分解落实到各个相关部门,要求他们认真研究、积极整改,对其中社会关注度高、群众意见比较集中的问题,必须列为重点整改目标,向社会公示,年底时还要把整改结果在媒体和网站上公布,让老百姓再评价,这样就形成了一个"评价—整改—反馈"循环往复的绩效持续改进机制,让参与者觉得我这种参与是有结果、有反馈、有价值的,从而吸引了社会各界和广大市民参与到社会管理和对政府的监督中来,促使政府积极回应民众诉求,不断改进工作,及时有效地去解决民生问题。

11年来,我们坚持不懈地开展综合考评,并使其制度化、规范化、专业化；近几年来，市委又大力构建社会复合主体，进一步实施"民主促民生"战略，使杭州市在培育公民意识、促进公民参与方面，走在了全国的前列。我想，这也是我们现在提出重塑"我们"价值观的社会基础。

（作者系杭州市委副秘书长、市考评办主任）

从基层从身边构筑时代的"我们"

辛　薇

各位专家的发言，内容丰富，视角多元。有的从小型共同体建设方面展开；有的从美院艺术家们参与城市的设计建设角度，谈归属感和融入城市问题；有的从科隆公民参与地方行政方面，介绍其途径和做法；有的从世界文化遗产保护和公民参与的角度，探讨在文化遗产保护过程中怎样形成一种共同的目标，建立一种信任关系；有的从行业角度，谈如何实现行业的国际合作；有的从自身角度来谈从"我"到"我们"的心智成熟问题。听了各位专家的发言，我得到了很多启发。我的理解是，在"我"与"我们"的关系中，"我"应在"我们"中寻找到一种归属感和认同感，并且在寻找归属感和认同感的过程中，融入"我们"的群体。

从我们新中国成立60多年的历史来看"我"与"我们"。新中国成立到改革开放的近30年，我们突出了以阶级斗争为纲；第二个30年，我们突出了以经济建设为中心；现在可以说是进入了第三个30年，现在是经济建设和社会建设两手抓的阶段，实现科学发展。第一个阶段是计划经济体制时期，突出公共利益，这是没有选择的，是一种制度性的特征。在计划经济体制下，思想、文化以及经济模式都是单一的，形成了固有的一元价值体系，人为地压制了人们的思想。当时只能有"我们"的存在，而不允许"我"的存在。这个"我们"是一种形式的、体制的"我们"，绝不是真正意义上的"我们"。第二个阶段是走向改革开放、以经济建设为中心的时期。改革开放这场新的伟大革命,引领中国市场经济价值观,对原有的一元价值体系造成了巨大的冲击。在巨大的冲击下,人们固有的单一价值观崩溃了,呈现多元化状态。一方面社会分层造成了多元利益诉求,网络出现后对传统诉求格局的改变,带来了思想空前的活跃,带来了新的民主意识和民主格局;另一方面,一元价值体系的崩溃,造成人们思想的无序和紊乱。可以说从单一走向了多元,这必然对经济体制、文化、思想带来很大的冲击。也有老师讲到,那是一种摧毁。我觉得是"破",无论是"毁"还是"破",同时都要"建",但"建"是非常不易的一件事情,特别是在没有想好怎么建的时候就更难。今天社会普遍存在的物欲膨胀、心态失衡,其中有过分夸大、过分追求经济物质的因素,但更是核心价值体系缺失所带来的后果。这个阶段,从"我们"走向了"我"。这个"我"是完全自我释放,是不想要约束和限制的。当然这时的"我"是在原有"我们"的基础上的"我",强调个人、回归自我。现在我们正进入又一个 30 年,"我们"又一次出现,但现在的"我们"不同于第一个 30 年的"我们"。现在的"我们"首先立足于"我",是让"我"在"我们"中找到归属感,是无数个"我"组成的"我们"。"我"在"我们"中有个人发展的空间,是保留"我"的"我们"。所以,从"我们"的视角来看,我的理解是,前 30 年计划经济体制下,"我们"是失去"我"的"我们";第二个 30 年,从"我们"走向"我",这是完全释放自我的;到现在的和谐社会,又从"我"再次走向"我们",而这个"我们"是让"我"找到归属感、认同感的,这是一种内在的"我们"。

中共中央十七届六中全会审议通过了《中共中央关于深化文化体制改革 推动社会主义文化大发展、大繁荣若干重大问题的决定》,我理解这个《决定》的核心就是要建立起社会主义的核心价值体系。坚持用社会主义核心价值体系引领社会思潮,在全党、全社会形成统一指导思想、共同理想信念、强大精神力量、基本道德规范。中国特色社会主义核心价值体系有其自身独特的理论内涵，作为一个完整的理论体系，是中国共产党带领全国人民在长期的革命斗争、社会主义建设和改革开放的过程中，通过不断地总结经验和文化积淀形成的。这是中华民族优秀传统道德和时代精神相融合的理论创造，也是形成正确的价值判断和良好道德风尚的价值坐标。在核心价值体系引导下确立的核心价值观，是一个在社会中居统治地位、起支配作用的核心理念，也是一个社会必须长期普遍遵循的基本价值准则。当前，我们正处在改革开放的关键时期，面临着前所未有的机遇和挑战，社会结构调整深化，利益格局不断重组，思想观念深刻变化，只有全面建设社会主义核心价值体系，确立社会主义核心价值观，才能形成全社会共同的理想信念和道德规范，促进内在的"我们"建设。

当下要确立的社会主义核心价值观，不敢说百分之百，但应该是大多数人都能够认同、形成共识的。当然这是一件不容易的事情，但我们有信心，因为中国人的传统道德观还是向善的，虽然这30年对其有冲击，有破、有毁，但这是发展过程中必然会出现的一些问题。更何况我们用了30年走过了西方上百年的历程，所以问题会更加集中、更加复杂。我们应该看到，接下来的路肯定是非常难走的、非常艰辛的。我在前不久的一次会上，听到西子联合控股有限公司董事长介绍他在德国参加一个车展的情况，他讲到在这个车展上展示了一种电动车的高效能电池，这种电池整个充电过程需要6个小时，其中前半个小时能够完成80%的充电量，而后面5个半小时只能完成20%的充电量。我觉得这跟改革开放以来我们中国的发展历程很相像。我们前30年走过了西方上百年的路程，相当于用半个小时就充完了80%的电量，接下来20%的电量要用五个半小时的时间去完成。如果用半小时来类比30年，我们能够完成前面80%的充电量，就一定能够完成剩下来的20%的充电量。马克斯·韦伯说过，任何一项事业的背后，必然存在着一种无形的精神力量。对于一个国家、一个民族来说，这种精神力量中最基本的力量就是核心价值体系。在全面建设小康社会、率先基本实现现代化的今天，中国需要社会主义核心价值体系的支撑。在这样一个价值多元的时代，能否确立起一个超越、统领多元价值观的核心价值体系是关键，对此我们还是非常有信心的。杭州把社会主义核心价值体系建设贯穿于学习型城市建设的始终，在社会主义核心价值体系统领下，"我"集聚成了"我们"。

在学习十七届六中全会精神的过程中，围绕怎样确立社会主义核心价值体系，以先进文化引领经济社会发展，我在基层与一些干部包括一些社区工作者进行了广泛交流。很多人认为，应从自身做起，也就是从最基层的层面做起，打好基础。如果这个基础打好了，万丈高楼还会建不起来吗？杭州在学习型城市建设中，通过"我们的价值观"主题实践活动，在党政机关、企事业单位、社区等多个领域和17个行业中，结合自己的工作特点，开展了"我们的价值"系列表述和构建活动。根据社会主义核心价值体系的要求，结合本行业的实际情况，认识自己工作的价值，分析、总结、提炼具有本行业特点的价值表述，明确共同的价值取向，使人们对自己的工作意义、职业道德有了更清晰、更明确的认识，用价值认识了自己工作的意义。

目前，当谈到信任、信用，包括道德问题时，更多的人可能是抱怨、埋怨、批评，而没有去思考"我"自身应该怎么样。我认为，每个人不应有更多的抱怨、埋怨和批评，因为停留在这一层面充其量只能是初级阶段。"我"更多的是要从自身做起，换句话说，"我们"的构建要从自身、从基层建设做起。一是可以通过社会组织，包括每个单位、每个企业来共同倡导文化建设，通过各种各样的活动把单独的个体凝聚起来，也就是把"我"凝聚起来，形成"我们"，形成共识。二是通过教育、引导，但这种教育、引导不是简单的灌输，要设计一种教育体制，寻找有效的途径。如一些基层单位和社区已经在实际中做的，从宣传身边的好人好事做起，不断地树立起一些真实的好人，让更多的人向好人靠拢，向好人看齐。让共同的思想基础、共同的价值观能够在教育的过程中真正入脑、入心，让更多的人能够找到归属感、认同感，这种共同的"我们的价值观"，能够从最初形式上的"我们"走到"我"，然后形成更高层次的"我们"，这是既有个人诉求，又心灵相通的、鲜活的"我们"。

（作者系杭州市社会科学院院长、杭州市社会科学联合会主席）

超越熟人社会的"我们"

莫凯歌

在现代中国的社会中，怎么定义"我们"？同胞算不算是"我们"？中国社会好像有一个矛盾，中国人对客人、亲戚、朋友等，很温暖，很友好，但是对于陌生人，却比较冷淡。为什么呢？我认为有两个原因，一个是跟社会资本（social capital）和相互信任（trust）有关系，另二个是跟儒家思想有关系。哈佛大学教授 Robert Putnam 将社会资本定义为个体之间的联系、社会网络以及在此基础上形成的互惠和信赖的价值规范。

我想举两个例子，然后进一步解释。几个月前，我从火车站出来排队坐车，队伍很长，但是有 30 多个人直接跑到前面"夹塞儿"。大家都很愤怒，但是没有人站出来。于是我向另一位排队的人表达了我的不满，问他怎么看。他回答说："当然不对，但是没有办法！"像这样的事情我们每天都会碰到，广东佛山发生了小悦悦事件，有一个诺贝尔奖获得者在演讲当中也提了这个事情。有一个小姑娘在街上被车撞了流血不止，不久又被另一辆车撞了，街上的人都不理她，最后被一个捡垃圾的人救了。中国人本是世界上最热情的人，对他们的亲人、客人、邻居、朋友和同事都非常友好，但是碰到陌生人、不认识的人或者是外地人的时候，就会变得非常冷淡。我觉得这是一个非常重要的问题，因为在城市里大部分人彼此之间都是陌生人。我们该怎么相处呢？怎么才能跟陌生人更好地打交道呢？

Putnam 教授的研究表明，只有促进人民之间更好地合作，社会才会健康发展。他以 20 世纪 70 年代的意大利为例。虽然意大利南北有共同的文化、共同的语言等，但是北部的意大利有最温暖和最和谐的社会，南部却比较腐败而且落后，居民觉得不满。意大利的南北部为什么有这么大的差距呢？Putnam 做过几个调查和实验，发现北部的意大利人比南部意大利人更加懂得信任和拥有较高的社会资本。结果是意大利的北部比南部经济更发达，政治搞得更好，人民也更满意。南部因为相对缺乏信任和社会资本，在合作、融资等方面都比较困难。因此意大利黑手党能够趁虚而入，用暴力和腐败控制了南部。他们虽然用其势力和资金确保了融资信用体系的运转，但是却带来了更多的社会问题和不安定因素。

我举这个例子是希望中国从北部意大利人身上学一些经验，中国社会似乎也存在缺少信任和社会资本的问题。它的原因比较复杂，但是我认为它跟传统儒家思想有关。从传统儒家思想来讲，中国人有一个中心圈子的概念，以我为核心，然后往外延伸，家庭、亲戚、朋友、邻居、老乡等。传统儒家思想面对的是传统的中国农村生活。当时很少有人离开村子去外地生活，所以在儒家文化中陌生人的角色不是很重要，面对陌生人的情况比较少。因此儒学没有教人如何处理外地人和陌生人的问题。这是儒学的真空地带，面对陌生人时，我们每一个人都要找到我们自己要扮演的角色。在中国，我们对陌生人到底有什么责任呢？关于这个问题，儒学没有给我们很多帮助。

东西方国家都有很悠久的道德传统，但是也许西方国家在这个问题上更有发言权。虽然西方社会不完全是基督教统治的社会，但是它们的文化和法律里面还有很深的基督教的影响。比如说我们对陌生人的责任，在西方国家中可能最有影响力的例子就是《圣经》里面"好撒玛利亚人"的原则。这个故事讲的是有一个犹太人在旷野旅行时遇见劫匪，被打得半死，钱被偷走，躺在路上。他的犹太同胞经过他身边时没有伸出援手，而这时出现了一个撒玛利亚人（撒玛利亚人和犹太人是宿敌），他认为自己应该帮助这位犹太人，就上前用油和酒倒在他的伤处，包扎好了，把他放在自己的牲口上，带他到最近的客店下榻，治理他的伤口，并告诉店主"他有什么费用，我回来后就付给你。"耶稣基督就表扬了这个好撒玛利亚人的美德。这也就是基督教的文化教导我们如何去面对陌生人，如何对待其他的个体。这就是我的问题，我们怎么提出"我"的意识？把"我"的意识包含在里面？像这位撒玛利亚人一样，把街上的陌生人看做邻居？

我的中国朋友经常告诉我，这可能是人民素质的问题。实际上我觉得中国人的素质已经不错了，无论是中国人、俄国人、美国人、南非人，或其他国家的人，人的本性都一样，人是人，习惯把自己的利益看得最重要。但是不同的人民或者民族有不同的文化和价值观。我想指出，"文化"这个词在中国很容易误解，因为中国人把"文化"定义为受过教育的意思。在中国有人经常说，"这个人没有文化"，意味着他没有上过学，教育程度比较低等。但是在西方语言当中，"文化"有两种意思，第一个意思是跟中国人讲的一样，跟教育、文学音乐、艺术等有关；第二个意思是表示人民的价值观、社会结构、风俗、人际关系方式等等。第二种文化跟教育没有关系，每一个人都有这种文化，因为每一个人都生活在社会中，被社会化了。中国有基本文化，美国也有基本文化。如果要谈论中国文化，我们肯定要把儒家思想作为其基础。我认为我们今天在这里谈的问题，其实跟儒家思想的传统有很大关系。

比如说食品安全这个非常重要的问题，我在美国天天喝牛奶，在中国我不喝牛奶。这个问题为什么这么严重？我的中国朋友也很质疑中国食品安全的问题，我觉得不是中国人腐败，也不是说中国人的腐败程度高于美国人、欧洲人，不是这个问题。如果有机会我要作一个采访，问问那些奶粉公司的领导，你们做的奶粉，你会给你的小孩喝吗？他可能不会直接说，但是肯定不会给他的小孩喝。会给你的朋友喝吗？不会，但陌生人就没关系，因为我跟他没有关系。我觉得这个问题很重要，"我们"怎么定义？"我们"能不能超越我们的家族、朋友、同事、老乡，包括陌生人、外地人？对于这些陌生人，他们能否也算是我们的"we"？中国人看奥运会的时候，有"大我们"的概念，知道这些运动员虽然不认识，但是他们也算是"我们"。但是从比较抽象但很温暖的"同胞"概念，到陌生人和外地人概念，在认知上就相去甚远。如果我们能把陌生人也当做"我们"，对待他们就像那个好撒玛利亚人对待受伤的犹太人一样，也许我们可以改变他们对"我们"的认知，认为我们值得成为他们不认识的"我们"当中的一部分人。如此，我们所居住的这座城市才会变得更加美好。

（作者系美中关系全国委员会成员、浙江大学政治学系副教授）

对"让我们生活得更好"的思考

程　俊

日常交流中,"我们"是一个常常被提到的词语,而当用到"我们"这个词的时候,我们往往会觉得坐在一起交谈的人才是"我们",实际上我们窗外的山水天地,也可以称为"我们"。当我们的生命在自然中降临时,就会出现一个"我"的个体存在。我们往往只是想到"我"自己,当我们慢慢开始思考"我们"的时候,就是一个人心智成熟的过程,这是一种社会进步的体现。如果我们只想我们自己,和谐发展就不可能实现。我认为,整个社会要和平地走向未来,需要更多地从"我们"的视角出发。有时我们不太敢用"我们"这个词,因为担心在"我们"这种表述中,好像我代表了别人的意见。但实际上,"我们"是一个自我的心智的思考,是让我们从内心更多地体会与别的生命的同体感,是用心体会我们的生命有如此相似的地方,而不是我代替你。如果我们从"我"到"我们",来思考生命的一种同体感的时候,这个时代的很多问题,就比较容易解决和找到答案。

而现在提出的"我们"这个概念,我也有自己的理解。美国的管理学大师史蒂芬·柯维先生在其著作中论述:个人的成功是从依赖走向独立,而公众的成功则是从独立走向互赖。人生下来,便有了"我"的意识,慢慢长大成熟后渐渐地由"我"更多延伸至"我们"。小时候迟到,找的是"妈妈没叫我"、"下雨了"等理由,责任不在于"我"而在于"你",在于"它",这是个对外界依赖的时期;长大后,迟到的理由变成了"我睡过头了"、"我没有做好这事",责任在"我",这表明了个人的成熟与独立。但成熟之后我们发现个人独立并非真正的成功,圆满人生还得追求公众的成功,这正是中国老祖宗说的"修身、齐家、治国、平天下"。因此,当我们大家讨论"我们"可以做些什么的时候,正是基于公众成功的前提,我们所讨论的"品质生活"也正是社会大众所希望实现的"品质生活"。

在听一位居士讲课时,某企业家问:什么是渺小?什么是伟大?居士回答说:当你心中只想自己一个人时便是渺小,当你心中想着很多人时便是伟大。所以说,从"我"到"我们"的思维方式是一种心智成熟的思维方式,是化解矛盾的思维方式,是社会进步的表现。当用"我们"来思考问题的时候,就有了"一体感"。佛教说:"无缘大慈,同体大悲。""我"与"我们"的关系可以小到人与人之间的关系,也可以大到人与国家、与自然、与天地万物间的关系。如果单个团体、国家能以这样的思维方式来考虑问题,而不是只以"我"为本位考虑、处理事情,世界也就不会有这么多矛盾冲突。

文化的个性化和共性化的问题,其本质是小和大的融合,也是"我"与"我们"关系建设的问题,从这方面着手研究的意义很大。我们提出的生活品质,是物质生活发展到一定程度后的必然要求,而对"我们"的思考,则是从文化、价值观、心智上的重新思考,是化解社会冲突和矛盾的很好的切入点,其中有很多文章可以做。

我所带领的是一个有理想的团队,我们有自己坚守的愿景,在从事文化活动时,总希望能把好的东西带给他人。有记者曾问我:你要做什么样的作品?我说,要做感动心灵的作品。因为只有真正感动心灵的东西,才能影响一个人的行为,其内在的文化也才能被接受。现在有些机构或企业在做与文化相关的产品、活动时,经常会思考亮点,因为亮点容易被人关注,而对系统则思考得较少。亮点在某一时候因积聚力量而闪光,容易被人关注,但犹如沙漠中的花朵,它不长久,也无法真正起作用。真正有生命力的文化一定存在于生活中。我想起 2010 年和一个代表团参加一个台湾论坛,当我方介绍完文化创意园区情况后,台北市某官员说,虽然我们没有很好的条件、很多的地和钱创办很多文创产业的园区，但我们台北200多万人口中，每天有100多个文化团体活跃在大街小巷，我们的文化不是在圈圈里而是在百姓的日常生活里。所以我认为，真正要看一个社会的文化，一定要看其生活，而不是看哪个领导、哪个明星在做什么，真正的文化存在于生活里，是与社会大众的生活息息相关的。

对于文化生态性的建设，国民的美学基础、普通百姓文化理念的提升非常重要。如果我们没有从一开始就在国民幼小的心灵中种下一颗美学的种子，今后"精神的病"就很难治愈。我们在教育人们如何去赚钱生存时，不能忘了精神层面的成长，比如文化教育、美学鉴赏、艺术熏陶等。比如，一个德国的司机，下了班后换上礼服去买票听交响乐，他不会因为自己是个司机就拒绝高雅音乐，因为他的心灵中从小就种下了美学的种子、艺术的种子。

我认为，教育是一个目的，而文化更多是一种体验，是最可感知、最可深度体验的。这里，我联想到一个问题：在计划经济时期，我们不断调整计划，但是还是生活得不富裕，因为我们总觉得计划做得不够好，所以，不断地调整行为。经过反思，我们逐渐认识到，原来一切都要计划的想法是错误的，行为背后的想法本身是有问题的，所以，我们调整了思路。后来实行改革开放，我们富起来了，也变得越来越有智慧。类似地，文化馆是改革开放前产生的，我们反思当时行为背后的思维方式，将给调整现在文化馆的建设思路带来有益的启示。

从我的文化经营实践看，现在的市场上，高雅音乐市场很难做。因为这方面的培育需要很长的时间，是几代人的积累。红星坚持做了7年面向中小学生的"开启音乐之门"系列，目的就是在孩子的心中种下音乐的种子，懂得欣赏音乐的美。只有让艺术欣赏成为社会普及的形式，才会有市场的繁荣及企业的发展。而对于目前社会形势下的文化产业，我认为真正有效的行动是做一个实践者。我们今天评判一个文化产品成功与否，往往看它是否赚钱，这当然非常重要，因为是关乎生存的问题。但除此之外，它能否起到引导人们生活方式、提升人们的精神层次的作用也非常重要。像我们2010年做的"云门舞集"西湖户外公演活动,整个团队花了很多的精力来对上万观众进行观剧礼仪的宣导。当演出结束后,让人感动与震撼的不仅是舞蹈本身,还有演出期间上万人的屏息静气、热烈互动,以及那"万人离去,不留一片纸屑"的大草坪。这场舞蹈的意义不仅仅是一次艺术欣赏,更是一次人与人、人与艺术、人与环境的交流和呼应,这是一个成功艺术作品给观众来的精神洗礼。

今天我们在树标杆时,往往偏重于考虑经济效益,这是有误导性的。我在企业经营实践中也一直在思考文化与经济的关系。我始终认为,文化不能被过度工具化。当下,我们讲到文化产业时,往往将"文化"和"产业"分开来,如果文化仅仅是为了产业,那文化就是工具。我并不是说把文化做大不对,而是要看清楚其真正的意义。一种文化的经济成功是否能作为所有文化的标杆和示范?如果是的话,这样的导向是有问题的,这说明文化是不被尊重的,真正的文化一定是不能被工具化的,也一定是有其神圣性的。

"让我们生活得更好"有两个关键词,一是"我们",一是"更好"。我们要对"更好"进行解释,并使之标准化,变得可衡量。打个比方,让没吃饱的吃饱,吃饱的要吃好,吃好的要有更高的精神追求。像100岁的杨绛先生就活得非常丰富和充实。她说想要用这剩下的时间来洗净自己100年来所受到的污染。其实文化人从事的工作不管是为了经济效益还是为了文化本身,最终都是为了得到幸福的生活。文化与经济是密不可分的,两者一个都不能少,但最好要有前后的排序,要加以区别。

当我们面对一些艺术作品或文化产品时,内心会产生莫名的震撼和感动,这就是艺术灵魂与人的心灵的对话和关照。它超越了知识,超越了理论,直达我们内心,这是任何经济形式都无法带给我们的感动,这就是文化所独有的魅力,也正是我们所追求的品质生活的核心内容。

(作者系杭州品质文化机构总经理、红星文化大厦总经理)

"我们的价值"

——2011生活品质全国论坛文集

吸取·提炼·沟通·引领

卢中原

"我们的价值观"的提出，反映了杭州在提升城市品质上的新探索。2011年夏天，我在杭期间通过实地的考察和感受，体会到了杭州为什么能提出"我们的价值观"这样的议题。我觉得杭州很有文化底蕴，对生活品质的关注体现了人民对生活的细微和雅致的追求。我经常感慨说全国各个城市的领导都应该到西湖来学习，看看西湖是怎样改造的，看看杭州怎样推进人与自然的和谐，怎样使现代城市的精神追求、固有的人文气质、古典文明与当地的自然遗产巧妙地融合在一起。

杭州之所以能提出这样一些议题，确实反映了江南一带独特的生活习俗和丰厚的历史人文底蕴。显然，如果让杭州去创造"西北风"、"黄土高坡"风格的生活品质和文化特色，是不可想象的。同样，如果让甘肃的河西走廊参照杭州模式，创建精致细腻的生活习俗及其衍生出的审美情趣，也是不可想象的。杭州营造出这样一种舆论氛围，提出这样一些工作目标，有利于把中央提出的大方针、大目标落实到本地具体的工作和社区、人民日常生活的细节当中。刚才在路上我听到杭州电台的广播里说，一辆急救车遇到堵车，结果私家车主动靠向左右两边让出道路。杭州人告诉我，在杭州的公共汽车上如果年轻人不给老年人让座，就会有乘客站出来干预。这种良好的社会风气是杭州价值观教育产生的鲜活效果，也是提升城市品质的实际内容。

由此我想，中央提倡的非常高尚的、宏大的东西，在每个地方是怎样落实的，同时这种落实又对理论工作者、决策和咨询部门提出什么新的要求？杭州的做法有什么地方值得大家总结？我总结了八个字或四个词，即"吸取，提炼，沟通，引领"，供大家参考。别看这四个词或八个字表面上很简单，但每个词都有丰富的内容和杭州的特点。

第一，吸取。核心是从哪儿吸取？我觉得杭州的做法体现了从生活中吸取，从身边吸取，从群众中吸取，从基层吸取。之所以应该首先提到"吸取"，是因为杭州有深厚的人文历史底蕴，有极其丰富的精神营养，有极具人文精神的文化土壤；在改革开放的现代化进程中，杭州还有许多敢为人先的创举，当然更不乏各种新思想、新诉求的碰撞和激荡。我曾问一个专家，关于价值观的讨论似乎应该是哲学领域的事，怎么一些文史专家也来做调研？他回答说，对研究价值观而言，文史研究领域的专家资源更多。我为什么要实地看看杭州的人文历史积淀？也是想从参观中得到一些领悟。杭州提出的东西，切入点很有特色并且务实。党政工作善于找到切入点，把社会主义核心价值观那么高层次、那么宏大的东西切入具体的"我们"，切入鲜活的身边生活。在社会管理创新的调研中我体会到了这一点。参加座谈的那些社区居民有的在政府工作过，对政府的政策很熟悉，有的是离退休的老领导，还有一些普通市民，虽然工作背景不同，但都是热心于社会公益的人，看问题有水平，讲话也有条理，他们在关注、思考社区的个人、家庭和大家遇到的问题，反映群众的呼声，提出改进的意见。这种吸取过程又把杭州民间的智慧和关心社会公益的热心人发掘出来。比如，"老娘舅"、"和事佬"这样一些群众耳熟能详、觉得比较亲切的社会角色，在调解社会矛盾、密切邻里关系、促进社区和谐等方面发挥了积极作用。这对构建和谐社会、树立和弘扬社会主义核心价值观，都是非常有启发的。

杭州的同志提出，社会主义核心价值观要注重时代化和大众化，要具体体现在杭州的实际工作和人民生活当中，体现在我们身边，使中央提出的大政方针在本地落地生根，这正是我们要下工夫做好的事。通过我们的努力，使宏伟的蓝图与草根的生活、感受紧密相连，把它转化为"我们"身边的事情，不仅使其容易被人民群众理解和接受，更重要的是拓宽了下情上达的渠道，使决策者耳聪目明，使决策过程的民主化和科学化逐步完善。从群众基础和社会实践中吸取，从文化积淀和民间智慧中吸取，而不仅仅是从上到下地灌输，更不是当被动的灭火队，而是主动了解民情，倾听呼声，问计于民，只有这样，决策层形成的思路和理念才有凝聚力和感召力。我觉得这很有意义，对提升杭州城市品质是非常重要的第一个环节。

第二，提炼。杭州市委、市政府在"我们的价值观"的提炼环节上是下了很大工夫的。通过组织国内重要的理论教育研究机构、政策咨询机构和大学的专家调研组，把中国哲学社会科学领域的强手基本上都请来，进行调研、总结和提炼。这种提炼是党政牵头、专家主导的，同时又来源于各个行业、各个社区和基层的丰富实践和已有总结。参加调研和进一步提炼的专家学者们涉及领域很广泛，包括文史界、哲学界、政治学界、经济学界、社会学界、心理学界，以及人力资源研究领域，这就可以进行更加有高度和深度的概括总结。这样做的目的，是为了将现有经验提炼升华以后再使之回到实践，让老百姓看看行不行，我们党政部门提出的东西是不是润物细无声，是不是落地能生根，是不是入脑又入心，而不是仅满足于一时的轰轰烈烈。在提炼价值观的过程中，我想应该借鉴中华民族传统美德和优秀文化的精髓，做到短小精练，朗朗上口，容易使人记住和世代传承。例如过去所谓的"四维八德"，春秋时期管仲提倡的"四维"，即"礼义廉耻，国之四维，四维不张，国乃灭亡"；后来孙中山提倡的"八德"，即"忠孝仁爱信义和平"，这些传统文化中的理念和规范容易被人们记住和传扬。对于社会主义核心价值观要下工夫提炼，否则就入不了脑，也入不了心。当然这跟实践有关，把它变成非常精辟的东西还需要丰富的实践，更需要对新的实践进行新的提炼和概括。杭州在做这样的尝试，例如12个月每个月都有一个主题，根据每个月原有的节假日或纪念活动，突出某个主题，如感恩、爱国等。这12个月的主题价值观活动，其实也是一种实践和概括密切互动的过程，提炼出杭州价值观的关键词。这12个月的主题词不仅对杭州市民的生活和思想都有指导意义，而且对整个国家的社会主义核心价值体系的概括也会有借鉴作用。我认为杭州在树立正确价值观方面的具体实践是非常有见地和创意的。

第三，沟通。其实沟通在吸取环节也应该是有的，这里所说的沟通是指通过多种平台和渠道，让大家来提意见，来进一步参与城市品质的提升，参与社会主义核心价值的实践和凝炼，并使之能够在市民的行为当中得到升华。例如搭建"我们圆桌会"等平台，为老百姓提供多种民主渠道以促进民生改善。这个沟通和参与过程，对民主制度的完善、政府公共职能的行使与强化、社会主义民主法制的建设，还有中国民主政治实践的开展和政治理论的提炼，是不是都有启发意义？我认为是有的。杭州的经验说明，通过社会治理创新，让老百姓觉得民主这个东西是直接让他受益的，他就容易接受民主的理念，愿意参与民主的实践，实际上也在推动中国特色民主体系的构建。西方的政治学界通常对我们中国的制度很少研究，也很不了解，认为中国是专制的、落后的，这种认识与中国的实际相去甚远。一位在西方常年任教的中国政治学者告诉我，西方对中国的"群众路线"完全不了解，它们所讲的民主参与，反映不了我们中国的民主机制。比如说我们中国讲的"从群众中来，到群众中去"，英文的"参与"解释不了。因为在英美式民主体制或政治体制当中，政府领导人或政客热衷于在选举时跟选民握手、作秀、站台，不像中国领导人那样经常深入基层调查研究或解决问题。在我们中国，从中央到省、市、区里的党政领导，经常深入基层进行调研、现场办公或结对帮扶等，这种"群众路线"的民主实践，从群众中来，到群众中去，在今天也仍然值得重视。杭州就是通过群众参与来解决民生的具体问题，来创造民主的实践条件。要实现社会和谐，就要调解一些具体矛盾，这些都有很实在的内容，而不是高高在上、假大空的东西。我觉得在杭州的实践找到了合适的载体，找到了人民群众喜闻乐见的平台，创造了民主与民生对接的新形式。

这种沟通体现在杭州的社会管理创新方面，我把其做法概括为"民主惠民生，合作建共治，参与促和谐"。我们不必过分强调自治，如社区自治、基层自治之类，而应强调各个层次间密切合作的共同治理，也包括党政机关的领导作用和公共服务，实际上都是共治的组成部分，所以应该叫作"合作建共治"。各方通过参与和协商，最后达到"参与促和谐"的状态。这也是民主惠民生的更高层次，要让老百姓从切身利益的改善中明白，民主的最终目的是惠及民生的，以此大家应当积极地参与沟通，表达关切，提出建议。经过各种诉求的磨合与平衡，与各种利益代表的平等协商，达到和谐状态，并把它维护好。可以说，沟通和参与的过程，实际上构建了民主政治的多种平台、载体和具体机制，对民主政治建设起到实实在在的推动作用。

第四，引领。这样一番磨合为了什么？并不是尾巴主义，而是要引领我们这个社会的价值取向，引领我们生活品质的提升，引领社会的行为规范，引领我们的奋斗目标，最后确立我们中华民族的文化自信与自觉。在新的改革开放形势下，身处这样的内外部环境，面临新的难题，需要高屋建瓴的总体规划，也需要来自基层的首创精神，用比较时髦的说法，就是要把"顶层设计"与"基层创造"更好地结合起来，在各地乃至整个国家开创改革开放和现代化建设的新局面。

（作者系国务院发展研究中心原副主任、研究员）

"我们的价值"是社会主义核心价值体系的大众化

黄中平

　　"深化'我们的价值观'"的议题非常重要。这是贯彻十七届六中全会精神的一个重大举措，全会《中共中央关于深化文化体制改革，推动社会主义文化大发展大繁荣若干重大问题的决定》中提到，推进文化建设、文化改革发展，就是以建设社会主义核心价值体系为根本任务。为什么以这个为根本任务？因为兴国有两个方面，一个是兴国之要，一个是兴国之魂。党的"十七大"讲发展是兴国之要，我们要复兴，要使中国强大起来，第一要务是发展。今天推出来与之并列的是建设社会主义核心价值体系，这个社会主义核心价值体系是兴国之魂。杭州在这个方面确实是我们的"标兵"。

　　现在社会上有一些人价值观非常模糊，信念发生动摇，道德出现滑坡。从全社会高度关注的食品药品安全问题，可以看出我们在改革开放进程中抓价值观建设的重要性。众所周知，上层建筑影响经济基础，上层建筑没有思想上的建设，代价就太大了，而且法治也实现不了。现在很多人没有认识到这一点，总是想去钻空子，所以要治本的话必须抓思想道德建设。思想道德建设体系最根本、最不能动摇的就是社会主义核心价值。社会主义核心价值的内容体系很完整，比如马克思主义是揭示人类社会发展规律最科学的理论，还有中国特色社会主义，也是价值体系的重要组成内容。

那么现在的问题在哪里，你怎么让人家记得住这些价值观？就如谈到马克思主义，到底什么叫马克思主义？基本观点是什么？我曾经在讨论会上提出马克思主义可用12个字概括，对工人农民、普通群众宣传就讲12个字：实事求是、人民利益、与时俱进，这就是马克思主义。实事求是是规律，怎么抓住这个实事？马克思主义最伟大之处就是站在大多数人的利益上；新时代有新要求，所以要与时俱进。另外，什么叫中国特色社会主义？我们现在有一个具体目标，对老百姓来讲就是"六个'更加'的全面小康"。提到以爱国主义为核心的民族精神，到底什么是民族精神？忠与孝到底是什么关系？回答这些问题都需要我们开动脑筋，尽量从不同角度来审视价值观建设如何为我们这个制度服务，怎样来提炼。譬如说对集体主义的概括，原来列宁有个概括，"我为人人，人人为我"，这句话很通俗，前提是"我为人人"，然后才是"人人为我"。还有价值体系如何在每个部门、每个个人身上具体体现？杭州这两年在价值观建设方面的工作力度很大，主要的目的就是发动群众，每个月都以一个主题开展实践。

大家都觉得杭州的工作做得好，解决方案从经验总结中来、从实践当中来。杭州具有科学发展的凝聚力，实现了和谐发展，这是一种"四位一体"的发展战略，"创新型、学习型、生态型"，我再加一个"和谐型"——四大社会建设。杭州对学习型城市建设专门有一个系统的方案，高明之处就是跟"创新型"结合起来，跟经济建设结合起来，我们的学习型概念是从国外学习型企业里面借鉴过来的。现在是个知识更新、知识爆炸的时代，如果你单独一个人在那里发明创造，你的企业是搞不过别人的，所以就有了学习型企业的概念。学习首先是要懂道理，所以抓学习与建设和谐社会是密切关联的。学习型、创新型、生态型、和谐型是融为一体的整体建设，这是杭州社会建设的一个特点。

此外，杭州非常注重主题实践活动，比如发动群众来征集核心价值观主题词。有同志开玩笑说，美国不宣传集体主义，社会也很安定。我说你太不了解美国社会，首先它有法律在起作用，其次是基督教教义具体到了每个领域、每个企业。现在杭州先从价值体系的具体化抓起，我觉得是非常好的。

总之，杭州无论从哪一个角度来看都做得很好，市里高度重视，舍得投入，具有长远的战略眼光。会议的成果很丰富，这些成果消化以后肯定有助于杭州、全国的科学发展，所以我衷心地祝愿杭州市无论是在社会建设领域，还是在精神文明建设领域都能给我们树立榜样，更好地走在全国前列，为人民生活得更美好做出更大的贡献。

（作者系求是杂志社副总编辑）

深化实践活动　提升社会文明

——杭州市建设社会主义核心价值体系的探索与实践

许勤华

　　加强社会主义核心价值体系建设，是党的十七大提出的一项重大战略任务。特别是党的十七届六中全会《中共中央关于深化文化体制改革，推动社会主义文化大发展大繁荣若干重大问题的决定》提出，社会主义核心价值体系是兴国之魂，是社会主义先进文化的精髓，决定着中国特色社会主义发展方向。要把社会主义核心价值体系融入国民教育、精神文明建设和党的建设全过程，贯穿改革开放和社会主义现代化建设各领域，体现到精神文化产品创作、生产、传播各方面，坚持用社会主义核心价值体系引领社会思潮，在全党全社会形成统一指导思想、共同理想信念、强大精神力量、基本道德规范。这为杭州建设社会主义核心价值体系的实践指明了方向。

　　推进社会主义核心价值体系时代化、大众化，是社会主义核心价值体系建设的重要内容，是普及推广社会主义核心价值体系并充分发挥其功能效用的有效途径与关键环节。构建社会主义核心价值体系，重点在时代化、大众化，难点在时代化、大众化，生命力也在时代化、大众化。近年来，杭州市委、市政府大胆实践、积极探索，立足于我们，着眼于更美好的生活，正确处理核心价值体系理论上的高屋建瓴和实践上的落地生根这对关系，推出"我们的价值观"主题实践活动，积极谋求多元社会中的价值共识，全面提升社会文明水平，着力构建持续健康发展的文化"软实力"，为富民强市、社会和谐提供了强大的思想保证和精神动力。

一　立足于我们，在参与中形成"我们的价值观"

建设核心价值体系，既要党委和政府积极引导，又要广大群众主动参与。一方面，我们充分发挥党委的领导核心和政府的主导作用，推出"我们的价值观"主题实践活动，通过提出理念，制定政策，完善机制，积极引导广大群众践行核心价值体系；另一方面，我们充分尊重群众的主体地位，发挥群众的主体作用，采取群众喜闻乐见的方式，广泛吸引社会各界自觉参与，让社会各界在参与中受益，在受益中提高，进而内化为人们的思想理念，外化为公众的自觉追求与行动。

党委和政府引导践行。核心价值作为一种社会的主流价值，需要党政引导和践行。我们坚持把马克思主义指导思想作为核心价值体系的灵魂，利用庆祝中国共产党成立90周年等重大时机，广泛开展理论研讨、党史宣讲、文艺晚会、"闪光的党徽"先进事迹报告等活动，着力唱响"中国共产党好"的时代主旋律。围绕弘扬和培育以爱国主义为核心的民族精神，充分挖掘杭州丰富的历史文化资源，编印杭州乡土教育丛书，利用于谦、岳飞等杭州市民耳熟能详的历史人物故事，大力弘扬几千年积淀而成的"仁义礼智信"、爱国、忠孝等中华民族优秀品质，不断激发全体市民爱祖国、爱家乡和崇真尚美的优秀情操。围绕提升市民文明素质和社会文明程度，制定杭州市"十二五"社会信用体系建设规划，大力推进社会诚信、企业诚信、个人诚信建设；以创建文明城市、文明村镇、文明行业、文明单位为载体，不断完善家庭道德规范、社区道德规范、行业道德规范、公共生活道德规范和市民文明公约、乡规民约、学生守则等具体行为准则。

社会各界参与征集。为了让社会各界参与到"我们的价值观"主题实践活动中来，我们发动社会广泛参与、集思广益，面向全国公开征集"我们的价值观"主题核心词，在《杭州日报》、杭州网、杭州电视台、浙江在线、人民网浙江频道等媒体向全社会发布征集活动启事，公开征集"我们的价值观"主题核心词，全面收集社会各层面的意见建议，获得社会各界的热烈响应和积极评价，社会各界人士通过电话、传真、电子邮件等方式投稿，许多参与者还发来短文表示强烈支持和高度赞誉。整个活动期间，活动网站的总访问量约49万次，共收到作品1330余件，共有26件作品入围，参与社会投票评选。

社会联动参与提炼。我们在城市、农村、社区、行业、街区、园区、企业、院校等各个领域，联动党政机关、专家学者、市民代表、行业企业、媒体人士，通过走访调研、座谈交流、互动研讨、专家点评等形式，开展"我们的价值"系列表述与构建活动，召开各个层次、各个群体价值提炼和表述讨论会、研讨会。如政府部门和文化创意、制造业、IT、食品、丝绸、服装等杭商中的代表性企业家，以及研究、推广杭商的专家和媒体人士，共同围绕企业家与企业员工主动关联的和谐劳动关系、企业家与行业和社会的关系，以及企业家文化、价值与企业、行业、城市的文化和品牌的关系等主题座谈交流；党政部门、社区干部群众、物管单位、驻区单位以及社区研究专家、媒体人士，共同围绕家庭关系、邻里关系、物业与居民关系、驻区单位与居民关系、社区服务单位与社区关系等座谈交流；交通主管部门、交通运输企业及从业人员、专家学者、市民代表，共同围绕自觉和倡导、理性和互动、规则和爱心等话题座谈交流。

全民融入参与学习。学习是认识、认知、认同核心价值最直接、最有效的途径。结合学习型城市建设，我们举行首届杭州学习节，搭建各个层面学习交流和实践载体，建设"人人皆学、时时能学、处处可学"的学习型城市，使学习成为杭州这座城市的精神追求、文化品牌、内生动力和创新资源。我们以运河沿线为重点，培育"一线十港"学习风景线，将固定场所与流动书屋相结合，设立"漕舫船流动书吧"、"运河畔古旧书屋"等，发挥各城区的历史文化和现代城市发展特点，在各城区设立英语港、音乐港、创意港、书画港等十个特色学习港，使学习港成为宣传、实践、普及"我们的价值观"活动的主阵地。开展以尊师重教为主题的国学弘扬活动，挖掘、培育和形成市民大学堂、国学一字堂等百个国学传承基层点，打造市民好学、爱学、乐学优秀传统文化的基地。推动千个学习书屋进社区（农村），建设新农村的学习平台，建立农村学习实践核心价值体系的理论阵地。我们高度重视社区、青少年、企业、外来务工人员的学习生活，设计了"国学文化进社区"、"新杭州人文化家园"等符合不同人群特点的学习内容，让社会各层面、各群体主动参与"我们的价值观"主题实践活动。

二　着眼于生活，在实践中贯穿"我们的价值观"

建设核心价值体系，既要注重总体设计，靠制度建设来落实，又要融入社会生活各个方面，靠实践来推进。一方面，我们将核心价值体系融入制度设计、政策法规制定之中，创新于社会管理和公共服务之中，使其真正成为整个社会的普遍价值准则；另一方面，我们牢牢把握人们价值实现、道德形态、目标追求的层次性、多样性，设计和搭建符合不同群体特点的活动载体，分阶段、分层次、分领域推进核心价值体系的时代化、大众化。

分阶段推进。核心价值体系的形成，是一个循序渐进、反复固化的过程。我们设计推出每月举办一次主题讲座、每月组织一次互动讨论、每月开展一次主题实践活动"三个一"的载体，面向全体市民开展每月主题实践活动。邀请省内外领导、专家和学者，结合当月核心关键词举办专题讲座，引导市民深刻理解主题核心词的含义，自觉弘扬核心价值观。如2011年3月份，针对"毒奶粉"等恶性食品安全事件，举办"诚信"主题讲座，倡导全社会讲诚信、讲道德、讲责任。利用专家学者特有的影响和优势，召开主题研讨会、座谈会或报告会，让专家学者与普通群众面对面开展讨论，推动主流观点、专家学者见解和人民群众声音的交流交融。5月份，召开"奉献"主题座谈会，邀请全国劳动模范孔胜东、全国五一劳动奖章获得者陈腊英等模范人物和专家学者、市民代表一起进行交流。按照全年初步确定的"民生、礼仪、诚信、感恩、奉献、关爱、信仰、责任、科学、爱国、创新、和谐"12个关键词，围绕当月主题核心词的内涵，区分群体层次，因地制宜，因时制宜，组织市民群众开展主题实践活动，以活动促主题深化，以深化主题扩大活动成效。如开辟"清明·感恩"党报主题论坛，推出"心灵的感恩——清明节特别直播晚会"，让广大市民在潜移默化中接受核心价值观教育。

分层次展开。我们坚持贴近实际、贴近群众、贴近生活，结合文明城市创建，深入推进社会公德、职业道德、家庭美德、个人品德建设，精心设计开展"国内最清洁城市"、"春风行动"、志愿服务、"文明从脚下起步"、"双千结对、共创文明"、未成年人思想道德建设等10件实事，开展十大平民英雄（道德模范）、十大美德·阳光少年等"十个十佳"的评选，深化"春泥计划"和"新杭州人文化家园"创建活动，组织"公民爱心日"、"邻居节"等活动，扩大文明创建工作品牌的引领和辐射效应，引导人民群众自觉履行法定义务、社会责任、家庭责任，弘扬中华民族传统美德，带动全社会形成知荣辱、树新风、促和谐的文明风尚。

分领域提炼。我们在农村、社区、行业、街区、园区、企业、机关、院校、媒体、"新杭州人"、创业、节日、展览、景区、法治、文明礼仪、传统文化17个领域，分别进行价值表述的概括和提炼。在社区领域，围绕共建共享和谐社区，提炼了"仁爱互助，平等互敬，合作共治，'我们'家园"的价值表述，并根据传统社区、现代社区、村转居社区、"新杭州人"社区的不同特点，进一步作了分类价值表述；在园区领域，围绕推动文化创业产业园区发展，提炼了"创意生活，创新文化"的价值表述；在企业领域，围绕打响杭商品牌，提炼了"品质创业，和谐创新"的价值表述；在媒体领域，围绕媒体履行社会责任，提炼了"凝心聚力，客观理性，服务发展，价值引领，与时俱进，精致博雅"的价值表述；在文明礼仪领域，围绕倡导市民文明礼让，提炼了"守法出行，知礼让行，大爱有行"的价值表述；在传统文化领域，围绕弘扬传统孝悌观，提炼了"敬老爱幼，自立自养；诚信友爱，互帮互助；感恩仁爱，包容大度；文明礼让，人人亲睦"的价值表述；在法治领域，围绕杭州特有的"和事佬"现象，提炼了"依法，循德，致诚，和合"的价值表述。

三　指向于更好，在感知中融入"我们的价值观"

建设核心价值体系，既要提高社会公众的理性认知，又要适应人民群众的心理感受，满足人民群众追求更美好生活的愿景。一方面，我们结合杭州实际，通过教育学习、组织论坛、开设讲座等形式，拓展核心价值体系的引领传播路径，不断强化社会公众的理性认知；另一方面，我们把核心价值体系建设与人们的日常生活感受有机联系起来，在落细、落实上下工夫，在融入、渗透上下工夫，在可感、可体验上下工夫，切实增强广大群众的感受力。

促进理论建设。我们以"让我们生活得更好"为主题，着眼于巩固党的执政基础，着眼于增强国家和民族的凝聚力，着眼于维护社会和谐稳定，着眼于促进人的全面发展，连续五年召开全国论坛，连续三年召开"生活与发展"国际论坛，交流探讨生活文化的提升、生活心态的调适、生活方式的演变对于人类社会进步与发展的意义。我们面向党政机关，开设"我们的价值"之"人的社会角色"系列讲座，邀请高校学者讲授"德行天下"、"论语的精神"、"儒家之礼与社会生活秩序"、"角色与尊严"、"古典新义"、"礼乐之道与社会角色"、"礼乐文明的衰落与重构"等主题。我们面向广大市民，开设一系列公益性、文化类的讲座，专家学者以通俗易懂的方式为大众解读核心价值体系，深入浅出地评说公众关心的热点、难点、焦点问题。与听众面对面的沟通与交流，让市民群众从中受到良好的教育、思想的启发、文化的洗礼，增强了对"我们的价值观"的认同感，并形成了以宣传理论为特色的"中国特色社会主义理论体系宣传普及讲师团"，以解读社会热点问题和文化事件为特色的"浙江人文大讲堂"、"文澜大讲堂"、"市民大讲堂"等品牌。

开展点评交流。我们通过社会公众推荐、专家研讨点评，产生以年度现象为串联主题的年度人物、区块和现象，全方位地向国内外集中展示杭州不同于中国其他城市的独特生活理念、生活方式、生活环境和生活发展趋势，向社会大众传播生活的理念。2011年点评产生"社会沟通我们参与"、"杭产影视强势崛起"、"华丽动漫惊艳世界"、"书声琅琅心灵升华"、"美丽村庄城乡共建"、"绿色低碳和谐家园"、"博物馆藏城市记忆"、"杭帮美食香溢四海"、"民间力量化解矛盾"、"生活之美满城芬芳"杭州十大年度生活现象，在政治、经济、文化、社会、生态等领域挖掘和体现了核心价值观。

开展体验交流。核心价值体系，在不同领域有着不同的内涵。我们经过社会各界推荐、投票、评审等环节，每年在全市范围内产生一批集"休闲、文化、创业"于一体的具有杭州特色的生活文化体验点，并将体验点"串珠成链"形成艺术文化、健康生活、社区文化、历史文化等体验线路，邀请广大市民参与体验和交流。2011年，我们以生活文化学习为主题，开展市民体验日活动，组织有关专家，总结提炼学习教育、科技创新、生态环保、历史文化、文化艺术、创意创业、公共服务、社区建设、健身医药、休闲农业、商业贸易、特色产业共12个方面的生活文化内涵和精神价值，作为学习活动体验的主要内容，通过组织市民参与生动活泼的体验式学习、参与式学习，在学习中倡导健康文明的生活方式，让社会公德、行业道德通过直观的生活感受进入心灵深处，让市民在潜移默化中受到熏陶和影响。如在学习教育方面，提炼了"启迪智慧，升华心灵，求索实践，知行合一"的文化内涵；在科技创新方面，提炼了"崇尚科学，追求真理，探索求实，创新生活"的文化内涵；在生态环保方面，提炼了"保护生态，善待自然，节约资源，永续发展"的文化内涵。

举办展览展示。我们立足于城市特色，着眼于城市发展，搭建宣传、展示、体验、交流、合作的平台，宣传展示国内外城市关于经济、社会、文化、政治、环境生活品质建设的新亮点、新标准、新趋势，进而引领、创造和提升人民的生活品质。如以"我们的价值观"为主题的全城联展，以"文化表现"、"品质体验"、"趋势发布"为特色，在全市范围内联动有关街区、园区、社区、行业、企业、院校等层面，经各区、县（市）和市有关部门推荐、专家评选，产生了 53 个体现"我们的价值观"的展示点开展联展。150 多项丰富多彩的展示活动和互动环节，吸引了约 15 万人次市民、游客前往参观，全方位体现了"我们的价值"内涵，以及具有现代生活特征、代表生活发展趋势的城市生活新潮流。

生动事例示范。我们结合"最美妈妈"吴菊萍徒手接女童的事迹，通过"学习吴菊萍见义勇为事迹"、"手的力量——学习吴菊萍先进事迹特别节目"、"2011 杭州道德模范故事汇"等一系列活动载体，系统总结学习成果，向全民传递吴菊萍身上折射出的向善力量。杭州本土的《都市快报》坚持以"生活因温暖而美好"构建报纸的精神追求和导向追求，联合《凤凰周刊》、《黔中早报》等国内众多媒体发起"中国贫困山区小学生免费午餐"公益活动，将募集的钱用于当地学校免费午餐公益项目。2011 年4 月 14 日，由《都市快报》读者爱心捐助的第一所学校——贵州省纳雍县昆寨乡岩上小学免费午餐开饭，274 个学生第一次吃上了热腾腾的午饭。截至 11 月 5 日，免费午餐项目已在贵州普安县和纳雍县 18 所学校实施，让 4769 个孩子吃上了午饭，凸显了"温暖中国"形象。

四 依托于载体，在成果中体现"我们的价值观"

建设核心价值体系，涉及社会生活的方方面面，既要内化为广大社会成员精神支柱和道德信念，又要外化为符合社会不同群体特点的实践载体。一方面，我们通过开展主题实践活动，加大宣传教育力度，把核心价值体系内化为广大社会成员共同的价值追求；另一方面，我们设计不同载体，通过制定标准、发布倡议、传播价值等方式，促进核心价值体系外化为广大社会成员的行为自觉。

推进价值标准制定。标准在价值的实践中发挥着导向、基准作用。我们坚持"科学准确、普遍认同"原则，以行业（区块）现有标准为基础，结合生活品质评价导向和特色定位，开展杭州市疗休养行业、茶楼行业、女装行业、"最美乡镇"、美食行业、政府服务质量、动漫行业、工艺美术行业、商贸服务业等"行业（区块）品质评价标准"调查发布工作，广泛征集各领域专家学者的意见，开展市民认知度、满意度问卷调查，以及搭建多样化发布平台，使这种评价标准成为杭州行业发展的"风向标"。如女装行业品牌评价标准，从品牌质量、品牌认同、品牌经营、品牌个性、品牌引领五个维度入手，制定了服装舒适度、做工精致度、款式时尚性、服装美观性、定位清晰度、公众认知度等26项指标；美食行业品牌评价标准，从产品、服务、文化、经营、责任五个维度入手，制定了菜品特色、菜品创新、服务规范、个性化服务等28项指标。

营造价值倡议氛围。倡议作为倡导和建议，可以让人们在无形中受到教化。围绕履行社会责任，杭州新闻工作者协会向全市新闻媒体及其从业者发出"把牢正确导向，秉持客观理性，服务民生发展，凸显价值引领，坚持改革创新，追求精致博雅"的价值倡议，号召媒体及其从业者践行社会责任；围绕文化创意产业园区的发展，发布"创意生活，创新文化"的价值倡议，推动创意融入生产生活，以创意推动产业转型升级，以创意提升市民生活品质，以创意激发社会活力，以创意传承城市文化，以创意共享物质和精神文明；围绕和谐社区建设，社区工作者代表向全市社区发出"仁爱互助，平等互敬，合作共治，'我们'家园"的倡议，共同打造美好家园；围绕缓解城市"行路停车难"问题，各行各界代表向全市人民发出"守法出行，对社会负责；知礼让行，对自己负责；大爱有行，对生命负责"的价值倡议，让交通文明礼仪成为全社会共同理解、共同接受的价值观。

形成文明礼仪规范。我们结合缓解交通"两难"问题，围绕"交通文明礼仪"这一主题，对交通文明礼仪缺失和当前文明行为失范、交通文明礼仪的人文内涵和当代价值、交通文明礼仪与社会共同价值追求、交通文明礼仪的人文传承和价值重塑、交通文明礼仪"内化于心、外化于行"实现路径等问题进行深入研讨，形成了"1+6+3"交通文明礼仪表述系统："1"，即"'礼'化'外'行，'爱'由'内'生"的核心价值表述；"6"，就是价值、我、我们、礼爱、规则、文明6个视角的宣传用语；"3"，就是对自觉和倡导、理性和互动、规则和爱心三个层次的通俗解读。通过上述三个层面的价值表述，进一步强化"弘扬文明礼仪，摒弃交通陋习"观念，进一步倡导"敬畏法律和生命，呵护爱心和关怀"行为，进一步形成"'礼'化'外'行，'爱'由'内'生"，最终使杭州因"礼仪"而动人，因"我们"而美丽。

形成价值教育体系。公益性文化场馆是传播核心价值体系的重要场所。据不完全统计，杭州各类博物馆、纪念馆、艺术馆和图书馆等公益性文化场馆已达110余家，居全国首位。从2003年起，杭州在全国率先向全社会免费开放所有公益性文化场馆，以吸引社会公众走近历史，用宝贵的历史财富感染人、教育人、影响人，使之成为传承优秀文化传统，弘扬核心价值体系的最好载体。为激励广大青少年热爱传统文化，培养健全人格，2007年，杭州启动了青少年学生"第二课堂"行动计划，通过促进课内与课外、教育与教学的融合，积极主动、潜移默化地培养学生正确的世界观、人生观、价值观，增强青少年学生的创新精神、实践能力和适应社会的能力。2008年，杭州将71所公益性文化场馆作为青少年"第二课堂"活动基地，由财政全额出资，免费向中小学生开放，推进青少年学生德、智、体、美、劳全面发展。同时，实现"第二课堂"活动基地与学校的共建，把"第二课堂"活动纳入全市260余所中小学的教学计划。活动开展以来，每年都有 70 多万人次的青少年学生在"第二课堂"接受熏陶和教育。71 所公益性场馆，如同一座座学之不尽的知识宝库，在这里他们不仅可以直接汲取知识营养，也可以亲身体验参与实践。

形成媒体交流平台。传播是使核心价值体系被认同和践行的前提。我们率先全面运用电视、报纸、广播、网络等媒体形式，搭建"我们圆桌会"、"杭网议事厅"、"民情热线"、"湖滨晴雨工作室"等多种形式互相沟通、协商协调、参与共建的平台，通过互动交流促进社会各界相互了解和信任，充分发挥"多界联动"机制的特色和优势，提升"让我们生活得更好"的核心理念，凸显"我们的价值观"。如由党政部门主导搭建的民主民生电视互动平台——"我们圆桌会"，以"我们、交流、理解"为主题词，让党政干部、专家学者和普通市民围坐在一张圆桌前，就社会关注的热点民生问题各抒己见，实现"汇聚民智、交流沟通、推动发展、促进和谐、提升素质"的功能目标；国内首个由党委、政府和媒体联办，兼顾"办事"和"议事"的网络民主民生互动平台——"杭网议事厅"，通过"问计于民、热点热议、网上服务台、民生恳谈、新闻发布会"等十余个栏目，发挥着反映民情、解疑释惑、排忧解难、参谋建言等积极作用，创新了互动运用媒体的参与模式。

推进核心价值体系的时代化、大众化，对于促进核心价值体系的大众认同，增强广大市民群众的理解力、感受力和凝聚力，具有重大的意义。我们将进一步深化"我们的价值观"的探索与实践，以提高文化自觉为指向，不断创新内容，创新方式，创新载体，深入推进核心价值体系的时代化、大众化，努力为杭州富民强市、社会和谐提供强大的思想保证、精神动力和文化条件。

（作者系中共杭州市委常委、秘书长）

"我们的价值观"是扩大共识、凝聚人心的重要精神资源

房 宁

"我们的价值观"的提出，是杭州在省委、市委的领导下，在全面推进小康社会建设、深入贯彻落实科学发展观的过程中的最新实践和经验提炼。这个概念的提出及其实践取得了非常好的效果，非常值得理论工作者、学者进行认真、全面的研究，同时也应当在更大的范围内加以宣传，使之成为全国各地建设中国特色社会主义共同的精神财富。

"我们的价值观"的提出，集中地反映了社会主义核心价值体系建设在杭州的实践，这是社会主义核心价值体系地方化、大众化的生动概括和表述。"我们的价值观"的提出有深厚的实践基础。改革开放30多年，我国东南沿海地区特别是江浙一带，是先发地区。在这个过程中，提出"我们的价值观"，具有风向标的作用，带有导向性和引领性的意义。它产生于我国改革开放带来经济社会发展以及经济社会结构发生深刻变动的社会背景之下。这个所谓的"深刻变动"集中表现就是新时期人民内部矛盾的新发展和新变化。一方面改革开放取得了巨大的成就，社会大流动、身份大改变、财富大增长，同时社会关系也发生了很大的变化。所以新时期在经济发展的巨大成就之下，人民内部矛盾也在发展变化。按照杭州市领导的说法是"一元多样"，这个"一元"就是人民，就是"我们"，就是一个共同体。"我们"为什么可以沟通、协商，它的前提就是"我们"是人

民,"我们"是一个根本利益、整体利益和长远利益的共同体。但是在这种情况下,确实出现了利益、阶层的分化等"多样"的情况。在这个过程中,除了经济社会本身的发展以外,在社会生产关系领域、上层建筑的领域,乃至在人们的精神、意识形态、思想道德领域也存在着发展、变化的问题,急需构建一种能够反映这个时代特点的,且能够面对问题、解决问题的精神力量和价值观。所以,"我们的价值观"主题实践活动就是在正确地认识和处理新时期人民内部矛盾这个背景下出现的一种重要的社会现象。它并不是一个人为的感受、期待或愿景,而是实实在在的产生于人民群众生活实践中的一种现实的社会现象、社会问题以及相应的解决方案。它有着强大的实践功能,即在经济、社会大发展的情况下,能够加强社会团结,建构和巩固社会信任。当今中国社会一大挑战就是社会团结,西方敌对势力以及各种反动的力量集中攻击我们的目的也是破坏中国的社会团结。而社会团结的前提就是社会信任,没有信任就谈不上团结。所以如何巩固社会团结,加强社会信任,建设和谐社会,是一个非常重要的问题。

"我们的价值观"的提出及其实践,实际上就是一个扩大社会共识、凝聚人心的过程。"我们的价值观"不断扩大、巩固、深化和推进,会化解大量的人民内部矛盾,使大量的社会问题消解于无形,因而具有非常重要的实践功能。社会主义核心价值存在着一个必然的体系,一方面包括人民群众在社会生产实践、交往实践等各种实践当中自发形成的价值及其价值观,也包括党通过引领、教育所倡导的价值观,社会主义核心价值体系是社会实践和引领教育两个方面的统一。作为社会主义核心价值体系在杭州的具体实践,"我们的价值观"有着人民群众社会生活实践的基础,另一方面又有来自我们党的总结、提炼、升华以及倡导,所以它既来自群众,来自生活,同时它又是我们党的主观的建构和推进,两者相互统一,从而能够引领社会风向,化解社会矛盾,促进社会和谐和持续发展。

在推进方面,更难能可贵的是杭州取得了一系列具体经验。如果说社会主义核心价值体系是宏观的,那么"我们的价值观"应当是中观的,而杭州又把它见证于微观，在 17 个领域中有具体的表现，使"我们的价值观"表现在不同的人群、行业当中，具有深厚的社会基础。在这方面它有一系列好的做法，这些都是非常有意义的。这也说明了"我们的价值观"主题实践活动是非常成熟的或者说是不断走向成熟的，它既是社会生活的一种反映和要求，同时又是党教育、宣传和引导的体现。这不是一般的社会价值的倡导，而是靠着一套体系及其制度、机制的运作从而固化于人们的关系和社会实践当中，达到内化于心、外化于行，因而也是有抓手、可操作、能落地的。所以这个概念比较成熟了，也具有时代性。

改革开放以来，经济上的率先发展，主要解决了物质问题，即人和自然的关系问题。浙江省原领导讲过一种"无中生有"的模式，按经济学的术语来说就是在各种要素都不太具备的情况下，走出了一条经济快速发展之路。下一步要注重人与人的关系调整问题。人与自然的关系调整也必然表现在人与人的关系上，反过来人与人之间的矛盾解决又进一步促进了经济社会的发展。现在的问题是在增加财富的同时，新的社会问题也形成了，如果新的问题解决不好，会妨碍社会的可持续发展，甚至会中断社会进步。所以现在这个问题尤为重要，从这一意义上来说，"我们的价值观"主题实践活动更加珍贵，更具有现实意义。

（作者系中国社会科学院政治学研究所所长、研究员）

政府的品位与城市的品格

罗卫东

杭州这些年到底是怎么一步步走过来的？它最初从哪里入手，慢慢发展到今天这样一个局面？它到底有什么基本经验和特征？我想谈几点认识。

第一点，杭州现在构建主流价值观的实践和探索并不是就事论事的，而是将人、市民和公民的生活及生活品质的提升这一理念作为体现价值观的重要依托。这一实践就把"以人为本"这一新的、有高度的发展理念，依托于生活品质之上，着眼于"我们"的生活，落地为"让我们生活得更好"，客观上带动了对人的生活的类型、对人的本质的进一步认识。所以在杭州的实践当中，社会运行比较好地或者说有机地体现了人作为生活的主体，其自身禀赋与文化的统一、理性和情感的统一，以及在衣、食、住、行、游、学、干，也就是消费和劳动的各个细节、各个方面的基本价值的统一。所以我们到杭州，如果深入大街小巷，会看到很多细节都是与"我们过什么样的生活"这一基本的要求是联系在一起的，这点可能和国内的有些地区空洞地或者浮泛地谈"以人为本"存在区别。很多地区的领导都会把"以人为本"放在口头上，而且文件里面也有体现，但是实践中以什么为抓手，围绕什么样的工作核心，有什么样的依托，就没有像杭州这么自觉地一以贯之。强调人，强调人的生活，强调生活的品质，必然在杭州的一些基本制度的设计、基本政策的制定和执政理念的确定方面发生一个逻辑性的变化，从而按照人的生活本身的性质演绎出一些新的政治表现、经济表现和文化表现。比如政治表现方面最近提到广泛的民主生活、民主参与和民主协商，具有鲜明的治理特点。在最近的几年，国际社会对杭州的治理也给予了高度的重视。在整个社会运行逻辑中，杭州特别提出了把"创业"和"生活"结合在一起，使产业和日常生活能够有机地衔接。杭州这些年发展最有活力、最有效率的行业是服装、餐饮、医药等一些生活性行业，这些都是日常生活中能够建立起感情联系的行业。在社会运行当中，各种各样的社会主体建立起来了。关于生活的知识是分布在每个人的感受当中的，由于人们对于生活的感受在变，这就决定了不能采取单方面、集中的、强制性的决策，而必须依赖具有丰富生活知识的人共同来形成关于区域发展的一些共识。所以我在2010年的论坛上曾经讲到，生活以及生活品质这一基本的城市发展理念，使杭州衍生出了很多有意思的制度设计和对观念、制度的认同。当然这个观念，在其他地方不一定能够确立起来，但是从整个中国未来的发展来看，公民生活肯定是最重要的。政府和社会力量必须要面对公民的物质生活和精神生活，并把公民生活水平的整体提升作为工作的出发点和落脚点。如果按照这一要求或者判断，杭州市现在提供的这个逻辑发展路径确实是有启发作用的，它不在于经验能不能被模仿，而在于这种执政理念从哪里去找依托。对于这些问题很多地方政府都可以在杭州的实践当中有所借鉴。

第二点，十多年来，杭州总是从自身的特色出发来推动"我们的价值观"的实践。杭州注重把很多体现价值观的项目与自身的历史文化传统以及山水自然资源的优势结合在一起，所以尽可能从本土的知识当中提炼出一些普遍性的表述，从自然的特色和历史文化的特色方面来构建支撑价值观的项目。杭州的历史确实非常悠久，杭州很有文化气质和文化内涵，特别是大运河开通以后，她成为东方一个很重要的大都会。到了明清时期，杭州是"市井文化"的一个重镇；清代时，她也是"钱塘学派"的一个根据地；民国时期，一些政治名人和文化名人曾在这里集聚；新中国成立后，第一部宪法就在这里起草，毛泽东、周恩来这些革命领袖、新中国的建设者都非常喜欢这个城市，所以有很多文化资源，这些资源和老百姓贴得非常近。在杭州市的建设过程中，把这些文化资源变成项目，整个项目建设过程向市民开放，真正体现了"我们"的城市，"我们"的文化产品，"我们"的山水自然资源。随着"我们"面的扩大，认同面不断扩大，从杭州真正的本土性、地方性知识出发来寻找本土资源深度的对接，是杭州在构建新的价值观方面做的一项非常重要的工作。浙江大学的专家和杭州市的专家曾经做过一个研究杭州特色发展的大课题，经过全面、自觉地梳理杭州本土发展的特色，形成了很大的宝藏，杭州市委、市政府高度重视这些项目成果，并听取了其中一些有益的意见和建议。

第三点，杭州的"我们的价值观"的构建不是单方面由政府提出概念，号召大家参加，灌输给大家，而是各种力量自觉地、有机地、持续地参与各种价值观凝练的过程。所以可以看到，在杭州，通过举办座谈会、学术界、党政界、新闻单位、企业家等各界一大批的社会贤达都参与到价值观的构建当中。"二战"后日本的一个成功经验，就是让各种力量参与社会发展，因此各界对社会发展计划的认同度很高。在价值观的构建中越是让大家参与进来，大家接受和认同的可能性就越大，这是一个很重要的经验，这点经验也值得进一步研究。

第四点，杭州在整个价值观的内化到人、内化到市民的过程当中，所采取的途径、所运用的方式，更多的是借助人的心理感受，借助人与情境的互动，借助一些可视化的项目来完成。包括每年的生活品质点评、各种各样的体验等，都是让人们自己去体会，自己去意会，自己去总结。价值本质上是以情感为基础的，所以价值观的形成如果不借助情感的认同就很困难，而杭州找到了通过人与情境的互动，调动个人的情感、感受这样的方式来构建和深化"我们的价值观"，是价值观能够比较好地被市民接受、认同，并且自觉内化为个人的价值观的重要原因。

从这四个角度来看，整个杭州的发展贯穿的价值观，具有演化的特点，具有有机性和生态性。和时下某些非常有影响力的区域发展模式相比，它也许显得非常温和，但是它却很有可持续性，它内部的各种要素具有高度的互补性，它是"长"出来的一种东西，是有"根"的。在深化"我们的价值观"过程中，提炼出能反映整个社会主义物质文明建设、精神文明建设效果的价值观，是非常有意义的。除了提得出、说得清、站得住、叫得响，还要行得广。如果对"我们的价值观"以及支撑这个价值观、体现"我们的价值观"的杭州模式再提一点建议的话，我想今后可能要解决五个问题。

第一，解决区域不平衡的问题。对杭州"生活品质之城"建设的重大意义，以及它所引发的整体社会变迁和整体社会提升等内在逻辑的认识问题，市区认识比较透彻，也比较好，但是杭州市下属的县或者是县级市对这个问题的认识就不足，这就是区域不平衡。每次我们都会请各个县（市）的领导、相关部门的负责人参与到这个活动当中来，但是也要在杭州市区以外的县区构建一些项目，按照我们此前总结的经验，把一些工作落实到具体项目当中去，使得杭州城乡发展协调起来，使杭州人民都能够分享这种比较有效率、比较好的发展模式和生活观念，这个工作还是要抓一下。

第二，解决人群中的不平衡问题。每个人的领悟程度是有区别的。目前来讲，领导、专家学者、有觉悟的企业家等社会有识之士对这个问题的认识自觉性很高。但是怎么样把这些认识很好地扩散到社会各界，从而更好地形成一种稳定的支持体系，这也是需要解决的一个问题。

第三，解决领域发展的不平衡问题。在创意、文化类的产业当中贯彻某种理念或者体现某种理念后，其发展模式就呈现比较好的局面，但是在传统产业如制造业方面就存在一些问题，很难达到像服务业和文化产业那么高的水平。

第四，可持续发展过程中的稳定问题也需要解决。怎样坚持长期以来所形成的这套正确的做法？除了转化为更加自觉的行动外，还要转化为治理过程当中的一整套规则，使之不会因为人员的更替、领导的变动、民众注意力的改变而发生剧烈的变动。

第五，要从个性化的实践中进一步提炼出普遍的价值和规则，这种价值和规则怎样与目前宏观政治经济体制的要求更加有机地结合，也是摆在我们面前一个非常重大的课题，也是需要我们面对和解决的。

（作者系浙江大学副校长、教授）

寻找和构建生活价值观

韩 震

　　能够参与杭州市"我们的价值观"的建设，对于我们来说确实是一个学习借鉴的机会。过去北京师范大学价值与文化研究中心作为教育部的重点人文社会科学基地，更多的是研究宏观的、国家层面上的价值观。通过这次会议我们也越来越意识到，国家层面的社会制度和重大意识形态层面的价值观与我们的日常生活实际上是息息相关的。大家可以看到，作为大问题的价值观往往是来源于日常生活的，而又集中体现着日常生活问题。国家层面和人民生活层面的价值观又是有区别的。像美国的核心价值大家都很清楚，就是民主、自由、人权，而且它基于这个核心价值建立了目前的软实力，在世界具有领导地位。最近在亚洲有人做了调查，说亚洲人还希望美国成为领导者。为什么呢，也就是说它作为制度的一个核心价值仍然有影响力。但如果说到美国人民的生活价值，我认为实际上是诚实、自立、责任等这样一些价值，而不是民主、自由、人权。

　　我们很多人现在谈社会主义核心价值观的理念时，在很大程度上是把两个层面的问题混为一谈。社会主义核心价值应该是社会主义国家制度对人民的承诺、对历史的承诺、对世界的承诺。在这个意义上，国家的核心价值、政党意识形态的核心价值应该是先进性的问题。大家常说我们过去有"仁、义、礼、智、信"的核心价值，实际上这并不是封建社会的核心价值，封建社会的核心价值是"君君臣臣，父父子子"，是崇尚等级制的，

124

而"仁、义、礼、智、信"则是生活价值观。从这个意义上来说，杭州市讨论的"我们的价值观"应该是当代公民的生活价值观，它和国家的核心价值观有联系，但是也有区别，如果不加以区别的话，可能就会出现不同城市价值追求雷同的现象。因为生活层面的价值观需要人民的支持和认同，但是国家的价值观必须具有先进性，代表历史发展的方向，否则就没有影响力。我曾反对把"共同富裕"解读为核心价值观，这不是反对共同富裕，对于社会主义制度来说共同富裕非常重要，但这个价值还不够核心，它是生活层面的价值观。如果把它和资本主义的核心价值对比的话，反而显得我们有点低了，略显物质主义，就为了好好生活嘛！西方人会说，你看我多厉害，民主、自由、人权，你就没法提高你的影响力。另外，我还反对把"爱国"作为核心价值，并不是我反对爱国，爱国非常重要。其实，美国人也一直在宣扬爱国，但它并不直接打出爱国的旗号作为核心价值观，这为其在国际上树立了软实力。如果我们打出爱国的旗号作为核心价值观到发展中国家去做生意，效果会适得其反，人家会认为你为了自己国家的利益来掠夺。因此，我认为研究生活价值观与研究国家制度既有联系，也有区别。我们国家层面的价值观是民主、公正、和谐，即建立人民当家作主、制度上保证公平正义、每个人都得到全面发展的和谐社会。而日常生活的价值观，就可以由不同地方、不同城市的公民各自去提炼了，当然是在社会主义核心价值指导之下去建设、去提炼。

我来这里以后，确实学到很多东西。比如说，立足于"我们"，我觉得这体现了"我们的价值观"是把市民作为主体的一种价值观，主体性相当明确。"让我们生活得更好"，着眼于生活本身，是为了更美好的生活。这分两个层面看，"为了"这个词表明我们要奋斗，要为这"更美好的生活"而努力工作。也就是说，我们为了这个价值主体，依靠杭州人民，为了杭州人民，传递了杭州人民共建、共享这样一种价值观，因此我们要为了我们更美好的生活，更努力地去追求更好的生活。而加一个"更好"，就不是静止的，而是开放的，就有了创新的意思，就有了不断发展的意思。

　　对外地人来说，一提到杭州，首先的印象就是：杭州历来是"人间天堂"，有"天堂"之美誉，无论是西湖，还是富春江，都堪称人间仙境。可以说，在西湖边，心情自然舒畅，诗情画意自然而生。在这种美丽的环境中，更具有思想的创造力。另外杭州的美丽山水实际上也滋润了人民的身心，生活在这样的环境中大家自然内心和谐，精神安宁。环境美能塑造"美丽"，大家都提到了"最美妈妈"，这个美不仅仅是一个人长得美，更多的是道德、心灵的美。另外杭州有许多美丽的故事传说，像梁山伯与祝英台、白蛇传，还有苏东坡、白居易在这里都留下了传世的诗书文化，这也渲染了杭州人的底色。总之，这个美必须列为我们的追求之一。

　　而"好"呢，还有很多意象的想象，比如说第六届生活品质全国论坛，主题是为了更美好的生活，这就是一种追求，也就是说它是不断展开的，"我们"和"我"不仅仅是生活在这个美好的环境下，而且也是为了这个环境更美好，即更高的生活品质、更富有科学内涵的生活，这实际上也有创新的意思。有更高的道德境界、更高的精神追求，我们的生活品质提高实际上不仅仅是生活物质条件改善了，还有很多更加内在的一些追求、一些标准。因此，我觉得"为了更美好的生活"更能准确地表达杭州市的精神气质，可以作为杭州人的一个共识。我认为一个城市的价值观也好，精神也好，应该符合这个城市的特点。在这个意义上，我觉得有些城市的价值观概括得并不成功，因为许多概念化的价值观放在什么地方都有效，没有特点，这一点是让我们非常失望的。杭州市的价值提炼也没必要面面俱到，只要符合自己的特点，就是"为了更美好的生活"，这就可以了，而且这里面内涵非常深刻，可以作很多解释。

（作者系北京外国语大学校长、教授）

"士志于道"与杭州的价值建设实践

李文堂

杭州,一个精致和谐的城市,一个大气开放的城市,一个讲究生活品质的城市,一个充满人文关怀的城市,正以理想主义的激情,探索社会主义核心价值建设的新理念、新思路,它试图以城市语言、历史与文化,诠释什么是社会主义的核心价值,并以持之以恒的行动去建构、传播与践行这些价值,努力推进社会主义核心价值体系的大众化、生活化,形成了一个价值观建设的"杭州模式"。

杭州模式有若干方面非常符合价值观建设规律。

(1) 价值观建设既需要理论探索,也需要实践塑造。杭州非常重视理论探索,形成一个个研讨群,召开不同范围的研讨会,为价值观建设作"顶层设计",并付诸实践。杭州模式,既是想出来的,也是干出来的,或者说是边想边干的结果,很有点"内圣外王"的味道。

(2) 价值观建设需要依靠价值担当主体。广大人民群众当然是价值实践者,但价值传播要有一批自觉的担当者。杭州提出"四界联动",实际上通过各界精英的交流与共识,实现社会的文化动员。杭州各界精英都有一点士人气息,大有"士志于道"的味道。

(3) 价值实践是生活实践,价值观只有渗透到大众日常躬行的生活方式中,才能算落地开花。日常生活方式往往是历史传承与现实适应的结果。杭州特别懂得"百姓日用即道"这个道理,从改变生活方式入手,运用许多生活化的语言、符号、活动进行价值引导，立足于公众生活，引导大众的生活，提升公众生活品质。

（4）价值观建设既需要自上而下的动员，也需要自下而上的动员。杭州从价值观的"顶层设计"，到社会精英共识，最后到影响大众生活方式，这是自上而下的动员过程。但杭州也非常注重自下而上的动员过程，不断通过基层调研、大众参与、"四界联动"等方式提炼"我们"的价值观。无论是人文精神讨论、杭州特色提炼、生活品质概念的提出，都源于百姓的生活实践，"取之于民而用之于民"。正因为这样，价值观的"顶层设计"才可能获得大众认同。

"杭州模式"实际上为我们今天的价值观建设提供了鲜活的经验，有力回答了长期困扰的我们价值观建设的若干基本问题，即什么是"我们的价值"？谁是价值担当主体？怎样传播"我们的价值"？对此，我将逐一分析。

一 什么是"我们的价值"

杭州提出"我们的价值观"建设不是偶发奇想。20 世纪 90 年代以来关于人文精神、和谐创业、生活品质、复合主体等概念的讨论和城市治理实践，已为"我们的价值观"建设提供了丰富的思想准备与扎实的实践基础。在持续不断的理念创新与城市治理创新的基础上，上升到价值观建设层面来推进城市建设，可谓与时俱进的文化自觉。

价值观建设首要任务在于达成群体的价值共识，因而需要一定范围的理论探索。杭州知识群体于 2003 年就对"我们"的概念作过许多理论探讨，这些讨论，思想性很强，给我们很多启发。"让我们生活得更好"这句话也流传了很多年，比上海世博会提的"城市，让生活更美好"的口号还早。最近讨论杭州话中以"我们"指称"我"之现象，也令人印象深刻，不但很有地方文化味，也很有文化思维。

那么，"我们"是谁？我们就是"你"、"我"、"他"的视界融合。

"我们"中的每一个人都可以"我"自称，每一个人的视野中都出现了"你"。马丁·布伯将"我与你"的关系理解为一种神圣的关系，超越了"我与他"之间的利用关系。实际上，这是康德、费希特、黑格尔、马克思之后，胡塞尔、列维纳之前克服近代原子式个人主义的一个重要见解。但这里，需要阐述我的一个观点："我"与"你"的关系是超越的、开放的，永远保留着"他"的位置，否则"我们"便是封闭的，成了抱团的"我们"了。"他"虽然沉默着，却不同于"它"，"我"是无法漠视的，"他"的存在始终提醒"我们"："你"与"我"的世界不是全部，而是欠缺的，始终期待着"他"的到场。"他"不断被唤醒，成为"我"面前的"你"，与"我们"的视界融合。

因此，"我们"的视界融合是超越的、开放的。"我们"的关系不是"人种相似"，不是"血缘相亲"，不是"邻里相处"，不是"单位共事"，不是"市场相交"。因为"我"与"你"是处于同一水平的人格，只是在共同生活的不同位置上相遇而已，因而形成了不同的社会角色、文化身份。人同此心，心同此理，所以"我"与"你"之间能相互理解、扮演与超越各种不同的角色关系。"我们"不等于"我们的城市"、"我们的社区"、"我们的行业"，"我们"只是在城市相遇、在社区相遇、在行业相遇而已，因而"我们"的关系不会简单囿于这样狭小的"共同体"，而是可以不断超越这类社群，成为"世界公民"。因此，从这个意义上讲，"我们"的价值，具有超越性价值。

"你"是有尊严的。在"我"的视野出现"你"时，"你"就是与"我"一样的"人格"，这就叫"目中有人"，这就是孔子的"仁"，将他人的人格与自己的人格"一视同仁"。仁为性，爱为情。爱有差等，情有不同，但无法逃于"同仁"之间。只有在这个超越的维度上，才谈得上"仁以为己任"、"修齐治平"。

当然，"我们"的家庭、社区、行业、城市、国家、世界等"共同体",并非只有同仁关系,还有差等关系,所以孟子引入"义"的原则处理共同体中不同角色之间的关系。"义"具有"应当"与"正当"的双重意义,兼具西方古典与现代的正义观。"正义"(justice)既可指"各司其职",也可指"得其应得",因而包含了道德义务与权利正当的双重意义。

在"我"、"你"、"他"之间,有了同仁关系,又有了正义关系,那么一种"和而不同"的关系就形成了,达到了社会的"共同善"。因此,"我们"的价值就融合了中西文化中的三大社会价值,即自由、仁爱、正义,这也是社会主义的三大基本价值。通过马克思关于人的自由全面发展的理念,重新诠释传统的仁义思想,与西方文化精华相融合,是建构"我们的价值观"的基本理论维度。

当代西方思想越来越强调在人际关系中去理解个人的意义,法兰克福学派的最后传人霍耐特复活了费希特、黑格尔、马克思的社会承认理论,来克服原子主义的社会契约论,而这一理论也正好通过马克思主义与中国的传统相承接。推进社会主义核心价值体系的时代化、大众化,要特别注意融合中西文化基本价值,这样,才符合我们党十七届六中全会提出的文化定位,即"既是中华优秀传统文化的忠实继承者和发扬者,又是中国先进文化的积极倡导者和发展者"。

二 谁是价值担当主体

"我们"每一人都是价值实践主体,但是在社会生活中的价值倡导、传播与实践仍需要有一定的担当主体,需要一个理想主义的阶层,不同的文明都有这样的精英群体——一种特殊的"我们"群落,也就是所谓的"担道者"。传统文化的担道者就是士人,士人今天不再是一个独立的阶层,但中国文化中仍有一种强烈的士人关怀,这就是社会各界的"精英"。现在的知识分子概念很宽泛,行业分布很广,"海上"的、"海下"的都有,因为社会各界"精英"都知识化了。杭州党政界、学术界、媒体界、企业界的知识人、文化人的气质都很强，社会责任感都很强。"四界"为什么可以联动？因为他们都有一种士人的复合身份。这可能就是儒家文化的一个特点，尤其是宋、明文化影响的结果。士人有"共治天下"情怀，积极入世，无论政治、社会、商道，参与性都很强，阳明学也加强了这个倾向，杭州的历史文化浸淫在这个"新传统"之中。今天的"四界联动"确有社会精英"共治城邦"的味道。这种复合机制，不但可以推动杭州的城市治理，也有利于价值传播与践行，是最有效的价值动员机制。

杭州有一群知识精英和一个个理想主义群落，在推动与经营一种城市精神，这不是一种文化的偶然。杭州有良渚文化积淀，有宋文化的传承，有新文化运动激情，有改革开放发展起来的经济基础与市民文化，有十多年城市人文精神的回归与探索，终于点燃了理想主义的火焰，这是中国文化复兴之光。杭州产生了不同类型的、具有理想主义色彩的群落。城市品牌网群、阿里巴巴、杭网义工等，这些群落的一个突出的特点就是年轻、充满激情与希望。年轻、理想、激情这些在我们党的历史上最富生命力的文化元素，在我们今天的文化建设、价值观建设中，要加以保护与运用，使之成为我们的主流文化底色。这些理想主义群落，就是一个一个特殊的"我们"群落，他们是价值观建设不可或缺的担当者。

三　怎样传播"我们的价值"

价值实践是生活实践，需要日常的身体力行、躬行践履。基督教文明与儒家文明都讲入世修行。价值观只有表现为生活方式，才是一种文化，而不是理论，这就叫"百姓日用即道"、"理念的感性显现"。杭州特别懂得这个道理，立足于城市生活，运用感性的生活语言、符号、仪式、场景等文化元素，影响公众生活方式。如运河学习长廊、青少年第二课堂、节日文化主题活动、"最美妈妈"城市雕塑等，整个城市充满生活与学习交融的人文气息。"生活品质之城"的品牌推广活动，形成了系统的、常态

的、仪式化的文化运作机制，对"我们"的城市治理与公共精神的培育具
有重要意义。通过湖滨晴雨工作室、杭网议事厅、我们圆桌会、红楼问
计、背街小巷改造、公共自行车服务、行业点评、市民卡发放、市民体验
日活动、公共图书馆开放等民生关怀形式，使市民与城市紧贴在一起，对
城市产生认同感、归属感、参与感，城市文化气质因此变得更理性、更开
放、更温和、更温暖，让人有城市家园之感，城市的公共价值得以产生与
传播。

　　杭州的"我们的价值观"建构并不停留于对城市公共生活的宏观引
导，还着眼于微观的社群文化设计，如"我们"的社区、"我们"的媒体、
"我们"的杭商等。其中"我们"的社区建设理念既有现实意义，也有理
论意义，关系到中国社会文化模式问题。中国的城市社区实践与社区理论
尚不成熟。中国城市变迁太快，没有来得及适应从单位人到社会人转型。
最初的房地产开发没有考虑到城市居住方式人性化问题，空间布局上也缺
乏系统设计，没有充分考虑人际交往空间与人生"从摇篮到坟墓"的生活
需求，文化设施建设滞后。杭州社区文化建设很有自己的特点，如"三位
一体"的管理与服务机制、国学进社区、律师进社区、"和事佬"等。社
区生活是日常伦理生活场域，是中国文化价值观生根发芽的地方，是"我
们的价值观"传播的天然空间。但是，目前还缺乏最有效的传播方式，尽
管有党的基层组织与文化书屋，但其价值传播功能不足。许多文化书屋只
有一些知识性的书，没有文化经典导向与文化人的在场传播，因此主导价
值取向不明。良渚文化村发展出一种特殊的社区文化，有自己的村规民约
与基督教堂。这个取向值得我们深思。我觉得，我们将来的社区文化建设
与房地产开发中，应当鼓励书院进社区，成立社区书院。书院文化的价值
传播功能今天被我们很多人忽略了。宋朝以来民间书院不仅有教育功能，
而且有文化道统维系功能，在与佛教寺院进行文化传播的竞争中体现出强
大活力，为中国文化发展提供了新鲜血液。今天的书院功能可定位于藏
书、祭祀、讲道、养心等几个方面。这几个文化功能基本上原来就有，只

是我们要把它做得更现代一点，更接近现代人的生活气质，更贴近百姓生活方式，创造温馨的讲道、参道环境，使社区文化有灵魂皈依，主导价值在民间生活中有真正的落地空间。

杭州对怎样传播"我们的价值"做了大量有益探索，我建议在社区书院建设方面不妨作一尝试。我相信，社区书院会有力推动"我们的价值"的探索与传播，使之更加贴近百姓的日常生活，成为中国文化复兴之强光。

（作者系中共中央党校文史部副主任、教授）

以职业群体的"我们"推进价值观建设

蔡学军

这两年来我对杭州有三件事印象很深，也引发了我们从职业道德体系建设和提升职业品质这两个相对微观的视角，对核心价值大众化作出一些思考。

一是公交礼让行人。杭州公交集团公司规定，每个公交车司机礼让行人必须采用"三二一"操作法：看到行人，30 米外，松开油门，减速；20 米，将时速减到 15 千米，脚放到刹车踏板上；10 米内，停车。要"见人就让，让必彻底"。公交礼让行人，让老百姓备感温馨的同时赢得了口碑，而且带动了杭城出租车、私家车和其他社会车辆自觉礼让。由一个职业群体行为规范，促进了其他关联群体的行为校正，产生了明显的指针效应。

二是"杭图模式"。杭州图书馆自 2005 年以来，树立开放的服务观，让公众成为图书馆主人。而且，公开宣称对所有的公众平等开放。特别是"不拒乞丐和流浪汉"现象出现以后，引发了社会的关注。这样的做法实际效果如何先不去讨论。但这背后折射出公共部门从业者的"平等、包容、开放"的职业道德观，充分体现了时代精神，极具现实意义。

三是"律师进社区"。目前，杭州市六个城区 497 个社区已全面推进"律师进社区"工作。从政府的角度，通过购买服务，体现律师工作的公益性，让市民真正"得实惠"。从职业的角度看，通过"主动关联"的复合关系，"我"通过主动关联为群体提供咨询与帮助，获得群体的接受与

认同，更多的人接受"我"。在这个过程中，我的职业理念和职业精神得
到宣传，"我"的职业影响力和职业信誉得到提升。类似的职业还有医师、
会计师、建筑师等，我们称之为专门职业。它们是以自己特殊知识、特殊
技能、特殊信誉为公众提供服务的职业。同时，这些职业往往又存在服务
提供者和消费者之间信息严重不对称的问题。由于这种不对称，职业群体
间往往产生猜忌、隔阂。职业群体的主动关联和复合交叉，缓解了职业群
体间的冲突，减少了疏离，增进了互信，加强了分享，促进了渗透，进而
在更高层面推进核心价值的融合。

　　以上三个方面的实践很有意义。在推进核心价值大众化中适时引入职
业的视角，这是一个有益的尝试。在分层次、分领域推进"我们的价值
观"载体建设的基础上，如何把载体建设推进到职业领域，是一个值得重
视的问题。这不仅有利于深化、细化"我们的价值观"实践活动，也有利
于形成不同职业人群行动的自觉，下面首先分析价值观载体建设与提升职
业精神的关系，然后在此基础上提出我的建议。

一　"我们的价值观"和每个城市人的价值观

　　正如德国地理学家克里斯塔勒（Walter Christaller）的名言，"城市在
空间上的结构，是人类社会、经济活动在空间上的投影"。事实上，人类
社会活动的"投影"意义极其深远而复杂。这个投影，凝结了城市在空间
集聚、经济集聚、社会文化多元动态演进过程中人类的诸多需求和期望，
也凝结了城市中的每个人对自然、社会的理解和追求。

　　一个"城市的价值观"，来源于生活在这个空间集聚中的每个人共享
的价值观，正如这个城市中的每个人生活都丰富多彩，但是这种多姿多彩
的生活是在同一片蓝天下一样；正如哲学对于科学，是一种共识和引领一
样，价值观是城市中每个人的坚持和对生活的信念。

　　随着工业化大生产的出现，城市逐渐成为庇护个体劳动者的家园，对

于早期城市的拓荒者来说，城市意味着繁荣和便利。随着经济的发展，城市化的浪潮席卷全球，尤其是现代城市发展的空间形态，几乎每二十年就要进入一个崭新的周期。人们对城市未来的发展和建设，寄予了更多和更美好的期望。城市对于每个个体，早不只是满足物质需要和便利生活的载体，它更多地代表着每个城市人心灵和精神的追求，因此城市真正的价值，逐渐体现在满足城市内外每个利益主体对物质、精神需求与期望的能力和效用上。

但是城市并不会自己生长起来，城市并不具有自我膨胀的能力。城市的建设，离不开生活于其中的每个人，所以对于城市来说，文化是历史和人们生活的积淀，而价值观则是每个城市人精神的升华。每个人的生活和工作不同，尽管每个人所坚持的信念存在差异，但是作为城市人，我们一定能够找到一些共同的信念；尽管每个城市人对于什么是好的城市有不同的定义，但是我们相信，每一个城市人都会认同哥伦比亚首都波哥大前市长、著名城市发展与管理专家恩里克·潘纳罗萨所言："好的城市应该是更人性化、对老弱病残幼群体充满关爱的城市。为行人和骑自行车者提供的一切便利，不仅有助于人们的休闲和交通，同时也是社会对人格、人性尊重的象征"，"高度文明的城市，并不是公路四通八达的城市，而是骑在三轮车上的儿童可以安全地四处撒欢的城市"。因此，我们也认为，"我们的价值观"来源于每个城市人对于生活和工作所坚持的价值观，也凝聚了每个城市人对未来的坚持。

二 "我们的价值观"和每个人的职业精神

对于现代社会来说，区分城市中每个人最明显的标志，就是职业，而职业行为，是每个城市人日践月行的行为，因此职业行为中所体现的精神和追求，才真正凝聚着"我们的价值观"。第一，职业是现代社会划分社会人群的基本依据。从社会学的角度看，在人际对应的诸多角色中，每个

"我"有不同的社会角色：在家庭中是父亲、母亲、丈夫、妻子或儿女，在单位里是上司、下属或同级同事，在社会上还有各种各样的角色。但是在各种角色中，职业角色是主角色。职业不仅影响一个人或家庭的生活形态，同时也是评价一个人地位、声望、价值、态度的主要指标。看一个人，我们首先看他的营生。我们说这个人是"教师"，我们大体会知道这个人的生活形态、人生价值和社会地位、声望，以及他所交往的人群。所以，细化"我们的价值观"，必须重视和关注职业和职业群体。

第二，职业化是个体社会化，也是私德向公德转化必经的过程。正如前面所讨论的，"我们的价值观"的本质是在构建一个个"我们"社会生活共同体的过程中，使核心价值通过"我和我们"、"我们和我们"的主动关联和复合交叉实现在全社会层面上的互渗和传播。而这种主动关联和复合交叉首先是在职业层面上实现的。我选择当教师，我就要努力使自己拥有教师这个职业所应具备的能力，还要认可和承诺这个职业所应具备的理想、态度、责任、纪律、信誉和作风。光这样还不行，我还要融入这个群体中去，主动与人交往，不断地接受这个群体的主流价值，得到群体其他成员的认同和赞赏。这就是人的社会化，也是人的全面发展的过程。

第三，从现实看，以职业为基本依据，细化、落实"我们的价值观"，构建一个个由职业群体组成的社会生活共同体，对于消除我们在社会管理中实际存在的身份壁垒、阶层流动障碍具有重要的意义。我们的制度中还有体制内和体制外、职工和农民工、城镇居民和外来人口等词汇。在职业视角下，没有这样的划分，都是一个个的"我们"。都是以职业为基础的社会生活共同体。现在杭州每四个人中就有一个新杭州人；在小学，一半的孩子是"新杭州人"。要平等地、一视同仁地把他们纳入"我们的生活"，纳入核心价值体系建设，职业视角是最彻底的视角。

所以，可以看到，"我们的价值观"来源于城市中每个人的职业价值观，同时更应该看到，"我们的价值观"一旦形成，就要引导城市中每个人去坚持这种价值观，因此我认为，以职业为基础，分类推进"我们的价值观"，这种方法最具有包容性、群众性和富有效率的实践性。

三　引领职业精神建设的建议

正如前面所分析的，"我们的价值观"一旦形成，就要去引导城市中每个人坚持这种价值观，而最具包容性的措施，就是引导城市中每个人去坚持他们的职业精神。如何推进呢？下面是我的思考。

第一，先行先试。职业道德体系建设是一个长期复杂的过程。建议结合杭州经济社会发展实际，确立几个特色职业和重点职业，推进职业道德体系建设。重点关注以下议题：一是如何理解和把握职业道德体系内涵和框架，以及与"我们的价值观"的内在联系。二是我们的城市、我们的社会需要什么样的职业道德和职业精神？三是如何培育和提升"我们"的职业道德和职业精神？

第二，扩大参与。重视和发挥各类社会组织特别是专业组织的作用。从职业演进的角度看，技能的专业化和完备的职业道德体系，是成熟职业的标志。要珍视和发挥职业群体在职业道德体系和"我们的价值观"实践活动中的主体作用。

第三，国际视野。在职业领域大胆借鉴和吸收国际通用的职业理念、职业准则。特别是在会计、税务、建筑、工程技术等专业服务领域，要把职业道德体系建设摆在更加突出的位置，通过加强人力资源能力建设和职业道德体系建设，提高各类人才的国际化水平和国际竞争实力。

（作者系中国人事科学院副院长）

传统文化的当代演绎和发展

何 俊

"我们的价值观"主题实践活动在杭州市已经开展一段时间了，杭州师范大学许多师生也参与到"我们的价值观"的讨论、实践活动当中。我把我们参与和实践的一些体会和大家作一个交流。

第一，我们是怎么理解这一问题的。首先，我们在今天提出深化"我们的价值观"、凝炼"我们的价值观"，这种诉求和实践实际上是当代中国发展的要求和折射。它是中国社会经过改革开放 30 多年发展到一定的程度之后，对各方面提出的问题的聚焦。杭州作为一个东部沿海城市，其经济发展、社会发展等各方面发展都走在全国前列，同时各种各样的矛盾、冲突也同样凸显，我们是在这样的背景下从事这样一个工作的。但是如果只是放在当代的背景下来看，对这个工作的意义的认识还是不够的。其次，事实上我们现在提出、探讨、实践"我们的价值观"，是近代中国历史节点演进的反映。晚清以来的中国近代社会走的一直是一条背弃自己民族风气、希望拥抱代表着现代和未来的所谓西方文明之路，这样的历史进程在一百多年当中不同时期、不同程度地出现。随着改革开放不断推进，中国社会发生了巨大的变革，中华民族在国际上逐渐和平崛起，民族的自信心、文化的自信心有了很大程度的提升，在这样的背景下我们重新来理解、反省、认识我们民族是否有自己的重要价值观念，提炼"我们的价值观"，使我们不容易被抛弃，这是我们理解这一问题的第二个方面。再次，纵观中国的文化史,大约从9世纪中叶开始,随着中国的政治、经济、文化重心由西向东、由北向南转移,杭州成为中国历史文化的重心,从那个时候开始到今天,这条线一直是没有断过的。很多地方在宋代同样是文化大省、文化的核心区,但是到了元代就不行了;有些地方在宋代、元代、明代都还行,比如说江西省,但是在清代以后就不行了。只有浙江几乎可以说是唯一一个从中晚唐以来,经过宋、元、明、清,一直到新中国成立、改革开放,始终走在中国文化最前沿的区域。所以杭州市深化"我们的价值观"实践的过程,在某种意义上也可以理解为9世纪末以来,中国千年文化在当代的演绎过程。只有放在这样一个历史的长河中去看,才能理解我们开展这样一个活动的历史和当代意义。

第二,很多同志都提到了,在杭州的"我们的价值观"的实践和提炼过程当中,存在着一种模式,这一模式有以下一些特点:第一个特点就是杭州的深化"我们的价值观"主题实践活动和它的价值提炼过程不是一个自上而下的灌输过程,而是一个群众广泛参与,政府、社会良性互动的过程。事实上,整个社会有一种内在的要求和行动上的实践,通过这个要求和实践推动了政府来很好地引导工作。政府发挥着重大的作用,如果没有政府的引领和疏导,源自民间社会的诉求就很可能夭折或者得不到正确的导向。

第二个特点是深化"我们的价值观"主题实践活动的基本内涵是非常清晰的,非常具有指向性,这就是社会主义的核心价值体系。同时在词语的提炼表述过程中,始终保持着开放性的特点。现在"我们的价值观"每个月的主题实践活动,也同样是在开放的过程中进行,这是对"我们的价值观"的一个全面的、完整的梳理。所以,"我们的价值观"主题实践活动既开放,充满活力,同时又具有指向性。

第三个特点是杭州开展的"我们的价值观"主题实践活动,并不是为了提炼而提炼,而是紧紧围绕着小康社会建设的生活品质诉求,规定"我们的价值观"的基本内涵,这个内涵是"让我们生活得更好",而不是一个纯粹的形式化的概念。

这是对杭州市开展"我们的价值观"主题实践活动的基本特点的一些认识。同时，我们也要认识到杭州开展的"我们的价值观"主题实践活动也面临着当下和未来的挑战。这个当下与未来的挑战，应当在三个不同的层面上都有所反映。

第一个从大的层面来说，中国社会当下和未来的发展大趋势或者大问题是什么？在我们看来，这个发展的大趋势大概集中在两个问题上，第一个大趋势处理的是人与人之间的关系问题。中国 30 多年的改革开放，虽然整体的经济实力迅速提升，但是城乡发展严重失衡。如果把国家 GDP 的年增长率和我国农民的年收入增长率作一个对比的话，那么这种差距是触目惊心的，即使拿杭州城区和周边农村地区相比，依然存在很大的差距。中国社会未来的发展是走城市化的道路，逐渐实现城乡一体化，这仍然是一个大的趋势。因此在这样一个大的趋势当中，如何使"我们的价值观"达到某种和谐？第二个大趋势是处理人与自然的关系问题。目前在浙江，虽然环境保护在全国可能还走在前列，甚至杭州空气的质量、水的质量可能还处在全国的前列，但是事实上我们的生态、自然环境正受到越来越严重的挑战。如何来处理人与自然的关系，在生态文明这个大的框架当中来提升、重塑我们的价值观念，是至关重要的。传统社会中人与自然的生态问题，实际上不是一个具有挑战性的问题，传统社会的价值观主要解决人与人的关系问题，可是在今天和未来的社会当中，生态文明可能成为一个压倒一切的价值观导向。所以，有关人的生活理念、生活方式，人的发展和均衡、幸福等方面的问题是构建"我们的价值观"要进一步思考的问题。

第二个层面上的问题，看看我们中国的历史，宋代正是一个重新塑造社会价值观的时代，通过观察那个时代可以发现，宋代的知识分子在推进新儒学文化运动的时候，他们不仅注重地方与中央的互动，而且同时注重地方与地方的互动。从现在的情况来看，我们非常注重中央与地方的互动，但在地方与地方的互动方面还做得不够。地方与地方的互动在当今时代，它的视野不仅要立足于本土，还要放眼于国际。比如杭州不仅要跟成都或者南京互动，而且更要增进与其友好城市波士顿之间的互动，这样才可能真正实现杭州的文化建设、价值观建设。

第三个最终的层面是价值观最终还是要通过人的语言表述出来，通过经典的文本表现出来，所以今后在进一步深化"我们的价值观"主题实践活动过程中，如何形成我们新的经典，如何恰当地提炼出核心概念，仍然是值得讨论的。在中国千百年的政治智慧当中，中央很多的政策、很多的指令并不是完全由中央来决定的，常常是地方经验的中央化。所以从这个意义上来讲，杭州开展的有效工作，构建有意义的价值观，同样能够做成既是杭州的，也是全国的，甚至是世界的经验。

（作者系杭州师范大学副校长、教授）

合作治理与价值引导

贡　森

近年来，杭州市委、市政府坚持以人为本，不断丰富和完善"党委领导、政府负责、社会协同、公众参与"的社会管理格局，探索形成了以"合作治理"为特色的社会管理新模式。

一　党政机关以身作则，积极践行"参与式、合作式民主"的价值理念

近年来，杭州市积极运用电视、报纸、网络等媒体工具，在全国率先构建多个民情沟通和参与平台。"我们圆桌会"、"杭网议事厅"、"市民议事广场"等平台的设立，拓展了各界人群沟通和利益表达的渠道，为政府和社会建立及时、有效的良性互动关系奠定了基础。在街道、社区层面搭建社情民意沟通平台，直接向市委、市政府反映民众呼声，是杭州市疏通利益表达渠道的另一个创举。以上城区湖滨街道为例，"湖滨晴雨工作室"是市委、市政府依托湖滨街道设立的一个社情民意直报点。

在城市建设重大工程中，杭州市坚持"四问四权"，拓展公众参与渠道，创新公众参与方式，引导公众有序参与，逐步建立、完善了民生工程中的民主参与机制。

近年来，杭州市委、市政府高度重视借助外脑来提高决策科学化水

平，与浙江大学、中国美院等著名院校组建战略联盟。

杭州市依托产业协会，大力培养综合性社会组织，如丝绸与女装产业联盟、动漫行业联盟、杭州茶都品牌促进会、杭州美食行业联盟、"九大生活"行业点评组等。在政府主导下，这些组织有机整合党政机关、高等院校、研究机构、新闻媒体等资源，制定行业发展规划，协调开展重大商业活动，有效提升了杭州的产业形象，强化了相关产业的竞争地位。

多年来，杭州市始终坚持"让人民评判、让人民满意"的理念，不断拓宽市民有序参与政府评价和监督的渠道，目前已形成了一个稳定、开放、覆盖全市的公民参与网络。在原有市长热线的基础上，杭州市创建了12345电子信箱，设立了手机短信平台。十多年来，杭州市共有16万余人次参加社会评价（满意评选）活动，提供意见和建议（经归纳整理）7万多条，为推动政府职能转变、创新政府管理和服务方式作出了重要贡献。

2011年7月，杭州市又向全国公开征集"我们的价值观"主题核心词。

在当前我国民主政治中，"参与式民主"的主要内容是：公民个人或社会群体反映自己的政治要求，对政府或者执政党工作提出批评建议，对权力机构及其领导者行为问责监督等。这些政治参与行为，是对"代议式民主"的重要补充。

二 公共服务机构带头，稳妥推进平等的价值理念

当有人抱怨乞丐读者不卫生时，杭州图书馆褚树青馆长回答："我无权拒绝他们入内读书，但您有权选择离开。"无数网友在微博上表示了对馆长的敬意，被感动的网民把杭州图书馆称为"史上最温暖图书馆"。我们的很多公共服务嫌贫爱富，公园、图书馆迈出了第一步。更让人感动的是馆长一句话所体现的平等、自由的理念。我国很多地方的公共图书馆已实行零门槛开放多年，本来是正常之事，但褚馆长对此解释得最清楚，执

行得最彻底。

另外,在杭州只要缴纳了保险费,外来务工经商人员就可申领社会保障卡,与市民卡基本通用。持卡人可以同等享受多种公共服务,包括培训补贴。这些也是杭州公共服务中的亮点。

三 强化公共服务的社会管理功能,维护社会和家庭伦理

以居家养老为例,这项工作将在杭州市普遍推开。根据《杭州市社会养老服务体系"十二五"规划》,到"十二五"末期,杭州市要构建起"9064"的养老格局,即老年人口中,以社区为依托、社会化服务为协助的自主居家养老将占90%,享受政府购买服务的居家养老占6%,入住养老机构集中养老的占4%。而且,杭州市推出了《杭州市社区(村)居家养老服务标准(试行)》,专门对居家养老服务的对象、实体、内容、标准、保障措施和检查考核作出明确规定。在全国,率先提出了养老服务标准。

国家《城市最低生活保障条例》规定,老人申请低保,其收入应包括法定赡养人应当给付的赡养费。但在实际操作中,很多地方只计算共同生活成员的收入,这就导致有些儿女与老人分家,造成老人因贫困而领取低保的道德风险。而在杭州市,低保工作人员兢兢业业,基本能做到严格估算赡养人的收入和应支付的赡养费。

四 鼓励以传统组织为依托,弘扬和谐友爱的传统美德

杭州在全国率先开展了创建和谐劳动关系活动,根据和谐创业的要求,明确和谐劳动关系的具体含义,制定了和谐劳动关系的评价标准。杭州市有关部门还对在创建和谐劳动关系中表现优秀的企业实行税收、劳动保险等方面的优惠扶持政策,推动了这项活动深入开展。

浙江传化集团是创建和谐劳动关系的典型代表，坚持把"企业关爱员工、员工热爱企业"作为企业文化，通过稳定提高劳动收入、平等提供发展机会、优化提供工作环境等举措，把构建和谐劳动关系摆在企业发展的核心地位，有效提升了企业发展水平。

杭州车骑士汽车维修有限公司将《弟子规》引入企业，员工的礼仪水平和精神面貌有显著改善。另外，一些社区也在探索"国学进社区"。

五 与大众日常工作和生活相结合，将"我们的价值观"内化于心

核心价值理念的权威性来源于强制性权力与自愿性权利的共同认可。只有在国家权力与社会各方都认同某种价值理念的前提条件下，由国家设计和社会支持的国家核心价值建设制度，才具有价值的正当性与技术的可行性。

核心价值理念在杭州是分行业提炼总结且与每月的节假日密切相关，以潜移默化、简洁明了的方式渗透到公民日常生活之中的，逐渐成为大众的日常生活理念，形成核心价值理念与日常生活秩序相互需要的良性关系。

六 宜将初步形成的核心价值理念贯穿于现代化建设各领域

一是在社区层面、企业层面推广合作式民主。在党政机关层面，杭州市已经实践合作式民主。在村委会和居委会层面，可以借鉴机关层面的理念，充分吸收社区居民参与辖区各项公共服务的决策、执行和监督。成都市村民议事会制度值得学习。在企业层面，要充分发挥职工代表大会、工会等的作用。

二是以就业和参保年限为条件，允许外来人员同等享受更多公共服务

和福利，以强化工作理念。目前外来务工经商人员只要在杭州参保，就可在当地享受最基本的公共服务。杭州市可以再往前走一步，向缴费年限较长者提供更多的公共服务。年限越长，劳动和缴费贡献越大，外来人员就可享受更多更好的社会待遇。

三是按照家庭伦理审视和指导各项公共政策。家庭伦理已在杭州市养老服务和低保中得到充分体现。在很多公共服务和保障领域，家庭理念也应得到贯彻。比如，杭州市有的区县对重度残疾人实行供养补贴，补贴标准视供养形式而异。在敬老院供养年补贴标准是 8000 元，而在家供养补贴标准只有 3000 元。再比如，我国医疗保险的参保是以个人为单位，不像国外那样实行供养家属连带保险，也不像我国计划经济时期实行半费医疗。

（作者系国务院发展研究中心社会发展研究部副部长、研究员）

学习型城市建设中"我们的价值观"

宇文利

探索、坚持和实践全社会共同信奉的核心价值体系是当今世界所有国家的共同选择，也是国家意识形态建设、文化和价值观建设的必然途径。纵观全球，几乎没有一个国家不重视作为国家意识形态的社会核心价值体系建设。以中国邻近的若干亚洲国家为例，越南、朝鲜和缅甸的社会主义价值观、新加坡的"共同价值观"、印度尼西亚的"Pancasila"和马来西亚的"Rukunegara"等，均是其国家意识形态核心的价值体系。2006 年，党的十六届六中全会提出了建设社会主义核心价值体系的重大战略命题，同时构成了社会主义和谐社会意识形态建设的重大任务和根本使命。杭州"我们的价值观"实践是在建设学习型城市过程中推进社会主义核心价值体系本土化、时代化和大众化的具体表现，它不仅是一个响亮而有标志意义的思想动员，更是一场地域价值观重塑的社会实践。

一

从党的十六届六中全会提出建设社会主义核心价值体系的命题到党的"十七大"明确社会主义核心价值体系在我国意识形态建设中的定位，从胡锦涛总书记在 2011 年"七一"讲话中提出"必须把社会主义核心价值体系建设融入国民教育、精神文明建设和党的建设全过程"的要求到党的十七届六中全会提出的"社会主义核心价值体系是兴国之魂，是社会主义先进文化的精髓……必须强化教育引导，增进社会共识，创新方式方法，健全制度保障，把社会主义核心价值体系融入国民教育、精神文明建设和党的建设全过程，贯穿改革开放和社会主义现代化建设各领域，体现到精神文化产品创作生产传播各方面"，近年来党和国家对于社会主义核心价值体系的提倡和建设是沿着一条从粗略到精细、从宏观到具体、从表象到实质，在性质定位上逐步把握本质、在建设布局上逐步规范领域、在实践思路上逐步明确方向的道路前进的。这揭示了社会主义核心价值体系在时代化的进程中不断本土化、地域化和大众化的精深推进和广泛普及之势。

社会主义核心价值体系的核心和灵魂是价值观。关注社会主义核心价值体系必然要求我们聚焦社会主义价值观问题。一个国家、民族和社会有其核心价值观，一个城市、地区也有其城市精神和城市价值观。城市价值观是社会价值观的组成部分，是既体现社会统一要求，又彰显本地特色的"地方魂"。杭州市"我们的价值观"的提炼概括和学习实践活动，正是在全国上下深入学习和践行社会主义核心价值体系、深入探究社会主义核心价值观的进程中率先开展的价值观学习教育活动。这一活动响应了中央精神、适应了发展要求、承接了学习传统、彰显了地方特色，具有鲜明的理论探索精神和突出的实践教育价值。可以说，"我们的价值观"是一个应时而生、应运而生的问题，这个问题既包含理论意义和理论张力，也具有现实价值和现实针对性。近年来，在构建学习型城市的过程中，杭州市委、市政府坚持以社会主义核心价值体系为指导，努力贯彻和落实科学发展观，统筹本地本市的历史、文化和社会资源，把城市的硬件建设和软件建设统一起来，把经济发展和社会建设统一起来，把物质文明建设和精神文明建设统一起来，把科学价值培育和人文价值培育统一起来，在此基础上提出了建设具有杭州特色的"我们的价值观"的人文精神发展目标。"我们的价值观"反映了公共性、自觉性和指向性的统一，反映了事实与价值、目的与规律、知性与理性的统一，反映了杭州人民的价值自觉、价值自信和价值自强。

二

在建设学习型城市的过程中，杭州市开展了"我们的价值观"概括提炼和学习培育活动。这一活动具有重要的实践意义。

（一）落实科学发展观、全面建设小康社会的具体体现

科学发展观是我们党领导进行中国特色社会主义建设的指导思想，全面建设小康社会是我们党领导的中国特色社会主义事业在 21 世纪将要实现的基本目标。科学发展观的要义之一是实现全面、协调、可持续的发展。全面小康社会也要求物质文明、政治文明、精神文明和生态文明之间实现有机协调。杭州开展的"我们的价值观"提炼、概括和学习教育活动，不仅是在落实科学发展观和建设全面小康社会的背景和要求下实现本地区高度发展和全面繁荣的题中之义，更是落实科学发展观和建设全面小康社会的根本实践和具体体现。

（二）社会主义意识形态和核心价值体系建设的有益尝试

核心价值观在具体的时空中有具体的应用和体现，在某地则体现为融共性于个性中的地域价值观。杭州市开展"我们的价值观"概括和提炼活动，从形式上看是一种由党和政府领导的理论发动和思想宣传活动，但从本质上看，则是探索地域性社会意识形态和核心价值体系的理论和实践活动，是发掘社会主义意识形态和核心价值体系在杭州具体表现和实际运用的有益尝试。

（三）社会主义先进文化和群众性精神文明建设的基本要求

价值观是一个文化概念，也是一个精神文明的范畴。由先进的政党所倡导并由最广大人民群众推崇践行的价值观势必具有先进性和引领性。杭州市在推进本地价值观建设中提出的鲜明口号——"我们的价值观"不仅是对杭州市民共同价值理想的探寻，也是社会主义先进文化内在价值的发掘和对人民群众精神文明生产与建设能力的开发。"我们的价值观"是人民群众共同尊奉和追求的公共文化意识和价值目标。社会主义先进文化的引领性、群众性，精神文明发展的现实性都体现在"我们的价值观"及其实践中。

（四）现代化和全球化进程中城市精神价值传承创新的实践起点

现代化对城市的最大影响是要求其培育和发展现代意识、追寻现代价值，而全球化则在提高城市的开放度的同时也极大地提高了城市的寻根觉悟，唤醒了其价值自觉。杭州市"我们的价值观"命题的提出就是杭州在面向全球化和推进现代化的进程中对人们的公共价值认同、城市的精神自觉和价值寻根的拓展。"我们的价值观"的实践是杭州追寻居民的共同价值目标、丰盈现代城市精神和价值观、实现城市价值传统传承创新的起点。

（五）学习型城市开展国民教育和全民学习活动的价值保障

学习型城市所提倡的学习是全面学习、终身学习和生活学习。支撑学习型城市中市民学习观念的内在价值驱动力和价值导向力，从根本上来说就是全体市民所信奉并体现为城市精神和城市价值的共同价值观。正是这些共同价值观决定了城市品格，塑造了城市的人文气质，培育了城市的发展目标，也决定了城市的生存力和生命力。"我们的价值观"概括与提炼活动，是一场全民参与、进行教育和自我教育的学习活动，为开展国民教育和全面学习活动提供了价值保障。

三

"我们的价值观"概括提炼和学习教育活动，是一场在深化地方学习践行社会主义核心价值体系中探索本地价值观建设模式的实践，也是杭州城市建设中文化自觉和价值自觉的表现。活动在构建杭州城市独具特色的居民价值观方面积累和收获了经验，也为其他地区、城市开展价值观建设提供了重要启示。

（一）敢为天下先的精进意识和探索精神

"我们的价值观"是什么，怎样表述和概括才能符合事实、贴近规律、赢得民意？在全国各地深入研究和学习贯彻社会主义核心价值体系之际，杭州市"我们的价值观"活动主题鲜明，口号响亮，立意深远。活动的开展反映了一种敢为天下先的精进意识和探索精神，反映了杭州人民在党和政府的领导下解放思想、实事求是、与时俱进的思想风貌，体现了杭州人锐意进取、大胆探索的"拼闯"品格和进步意识。

（二）立足于城市实际，体现地域特点的价值观建设模式

在任何一个社会形态中，价值观既有一致性，也有差别性，其建设的原则是在坚持主导价值的前提下尊重差异，包容多样，实现有机整合。价值观的生长点就在于尊重价值对象的真实性和客观性，并且和价值主体的实际、实践相结合。"我们的价值观"活动立足于杭州的地域特色，尊重杭州的文化历史传统和现实发展状况，联系本地的实际和实践，发掘本土价值特色，打造适合本地情况的价值观塑造和建设模式。

（三） 善于激发最广大人民群众的主体意识和参与热情

人民群众的参与、支持是我们的事业成功的保障。只有人民群众的主体意识得到了尊重，并在活动中得到充分的发掘和激发，他们才能够全心全意地投入，活动也才能获得最充分、最丰厚的力量和最有力的保障。通过广泛发动和千方百计的组织调动，"我们的价值观"活动得到了最广大人民群众的参与和支持。不论是民意投票，还是主题活动，成千上万的居民积极参与，热情支持，显示了杭州人强烈的主人翁意识。

（四） 善于发掘利用和整合方方面面的资源

善于发掘利用和整合方方面面的资源是杭州"我们的价值观"学习教育活动成功的经验之一。在"我们的价值观"概括和提炼的主题活动中，组织者在思想内容上承接了杭州的文化传统和历史底蕴，在主体运作上发动了杭州市民的广泛参与，在实践支撑上提供了坚强有力的资源保障。人力、财力、物力和智力的有机融汇和有效整合，保证了"我们的价值观"活动的实效性。

（五） 有强大的领导支持和政策指导

"我们的价值观"活动是在杭州市委、市政府的领导下全民参与的一场群众性的精神文化创建活动，也是一场有目的、有计划的文化价值自觉建设实践。活动的开展自始至终都有强大的领导支持和政策指导。在对活动进行政治领导和政策指导的过程中，从建立健全机构到完善政策法规，从搭建工作程序到整合协调资源，从组织安排决策到发动群众参与，都是在强有力的领导支持和政策指导下展开的。

（作者系北京大学社会经济与文化研究中心主任、研究员）

把沟通和参与作为价值建设的重要载体

张碧涌

社会主义核心价值体系是我国意识形态的主体和灵魂，是维系社会进步与政治发展的内在精神动力。核心价值观要实现其功能，需要实现"价值观大众化"，内化为公众的日常行为与政治态度。核心价值观大众化的成效如何，直接影响到党的执政能力与执政基础。

社会主义核心价值观大众化必须借助一系列的现实载体与途径。当前我国社会主义核心价值体系大众化工作主要面临一些值得重视的问题，如渠道低效、单调，缺乏灵活有效的工作平台与沟通机制；各地普及核心价值观重灌输而轻沟通，重说教而轻汲取；在核心价值观大众化进程中，一些地方政府没有起到应有的示范作用，反而因理念落后、方式粗放造成了党和政府价值体系公信力的下降。各种情况表明，沟通载体的单调，沟通理念的落后和沟通条件的缺失，日益成为制约我国社会主义核心价值体系大众化成效的关键因素。

杭州市深入推进"我们的价值观"主题实践活动，在社会主义核心价值观大众化方面进行了有益的实践，为探索当代社会主义文化体制建设路径提供了宝贵的经验。

一　杭州经验:"沟通"与"参与"并重的共识型治理

杭州市在核心价值大众化上较好地解决了沟通载体、沟通理念以及沟通条件三大问题,真正做到了意识形态与社会价值思潮的有机结合,走出了一条与众不同的核心价值观大众化之路。

杭州的各类"我们的价值观"主题实践活动,可分为"沟通"和"参与"两大载体类型。"沟通传播"型机制侧重的是党和政府自上而下对核心价值体系的转播与引导;而"参与共建机制"突出的是社会与公民个体主动学习、实践核心价值观的过程——二者只有相互融合、共同促进,才能保证核心价值观的上传下达。

(一)沟通传播类机制

打造灵活高效的沟通载体是社会主义核心价值观大众化的根本制度保障。杭州市在此方面进行了艰苦的探索,推出了一系列颇具特色的主题实践活动。正是有了这些极富时代色彩的沟通传播机制,社会公众才有机会深入体验和理解社会主义核心价值观的具体内涵。

1. "我们的价值观"每月主题实践活动

杭州在广泛调研和征集群众意见基础上,策划推出了"我们的价值观"每月主题实践活动,根据每个月重要节日的思想文化主题,确定了"民生、礼仪、诚信、感恩、奉献、关爱、信仰、责任、科学、爱国、创新、和谐"12个主题关键词,并组织开展系列主题实践活动。如3月份,围绕"诚信"主题,结合"3·15"消费者权益保护日活动,针对近年来国内外相继发生的"毒奶粉"、"染色馒头"等恶性食品安全事件,倡导全社会讲诚信、讲道德、讲责任。5月份,围绕"奉献"主题,结合"五一"国际劳动节,邀请全国劳动模范、全国五一劳动奖章获得者与市民代表畅谈感恩与奉献,开展系列活动,以活动促实践。

2. 西湖读书节

在每年一次的西湖读书节上，杭州结合时代特色，推陈出新，采用新颖独特的方式满足社会各类人群对知识的渴望，推广符合社会主义政治文明与价值文明的思想潮流。2011年的西湖读书节主办方针对当今数字化阅读潮流，着重推出了"数字阅读"体验项目，通过"电子书载体"这一新兴平台，向新时代的年轻人社群传达积极向上的价值理念。西湖读书节深受全体市民的欢迎与支持，政府也借此平台深入了解了市民的文化生活现状，以生动活泼的形式推广了与主旋律有关的文化作品，潜移默化地向市民传播核心价值观。

3. 杭州市民体验日

杭州市民体验日则针对本市市民阶层。在2011年的市民体验日上，活动主办方组织学者和市民代表总结提炼出12条最能代表杭州生活文化内涵和精神价值的学习体验线路，通过快乐式学习、体验式学习与参与式学习的方式，进一步弘扬社会主义核心价值体系，真正有效地将主流价值信仰融入市民日常生活之中，达到"内化于心、外化于行"的境界。

4. 国学文化进社区

杭州市委、市政府在高校范围内招募经过专业培训的大学生志愿者，深入全市6个主城区47个社区吟诵古文经典，向居民讲授《弟子规》等国学内容，杭州市广大社区也充分发挥积极性、主动性为学习国学文化创造环境。主办方还通过晚会、展览、博物馆等方式向社区群众集中展示中华传统"五道"及"六艺"，用现代手法展现国学文化的内在精髓，使社区居民足不出户就能够在学习国学经典中陶冶情操，提高人文素质和精神境界。这一实践形式受到了市民的热烈欢迎，极大地普及了中华文化传统美德与主流政治价值。

（二）参与共建类机制

要将社会主义核心价值观真正变为全民共识，关键是要形成先进的沟通理念与沟通条件，赋予社会各阶层发出自己心声的权利，在社会与政府的良性互动中促使公民个体自觉理解与实践主流价值观。杭州在更新沟通理念和创造沟通条件两方面进行了卓有成效的创新。

1. "我们的价值观" 系列表述与构建活动

"我们的价值观" 系列表述活动是杭州市结合学习型党组织和学习型城市建设的经验，精心设计的旨在推进核心价值观大众化的新型实践载体。"我们的价值观" 活动第一步是 "提炼" ——通过各种途径，与社会各个领域和群体一起进行 "我们的价值观" 的提炼活动；第二步则是提炼后的 "展现" ——侧重于将表述提炼后的价值观，通过各种方式向社会大众传播并推广，使社会主义核心价值观基本内容和具有杭州特色的 "我们的价值观" 为广大群众所理解与接受。"我们的价值观" 表述提炼的关键意义就在于，杭州市政府能够在施政过程中真正重塑沟通理念，主动贴近人民群众的日常生活，注重帮助大众通过自己的思考来理解社会主义核心价值观。

2. "我们圆桌会"

杭州市有关政社联动、合作治理的尝试不仅在于对社会意见的倾听与理解，还在促进社会各类行动者参政议政方面迈出了实质性的脚步。"我们圆桌会" 作为一档由市委办公厅、市政府办公厅等单位主办的电视访谈类栏目，其角色定位与节目形式无不体现出鲜明的 "杭州色彩" ——开放式决策，共识型治理。"我们圆桌会" 以杭州市政为节目主题，自开播以来坚持每周连续五天对 1~2 个时政民生话题进行探讨。每期节目以主持人与不同背景的嘉宾在演播室进行交流讨论为基本模式，充分考虑到社会各个群体的利益诉求。节目的主体定位仍然是 "我们" ——杭州市委、市政府正是意图通过这样一个公共媒体平台，使参与节目的党政、市民、媒体、知识界、企业界等各界代表均以主人翁的姿态，就社会管理议题展开理性交流，从沟通理解中汇集民意、达成共识，进而寻求最佳的管理路径。这种新型的价值观大众化实践载体，向我们充分展示了在资讯发达的时代，政府应当如何利用大众传播媒介，高效地普及官方意识形态，促进社会对核心价值体系的情感认同，在施政中实现和谐发展的目标。

二 杭州经验的现实启示

如果说杭州市核心价值大众化体系中的沟通传播机制主要解决沟通载体问题的话，那么参与共建机制则旨在更新现有的沟通理念，创造富有时代特色的沟通条件。

杭州市委、市政府在核心价值观大众化建设上的种种创新，向我们展示了一种独特的共识型治理模式：这一模式注重将政府主体性与社会主体性相互结合，以多元联动、合作共治的施政形式，为社会提供优质、高效 便捷的公共服务。概言之，杭州市决策层用社会主义核心价值体系的价值理念来指导构建新型政府治理机制，这些治理机制在实践中又反过来促进和彰显了核心价值观的人文导向和目标追求。

这一颇具特色的杭州经验对当代中国社会主义核心价值观的构建具有重要的现实启示。

1. 构建符合现实社会形态的政治社会化机制

杭州经验最为显著的特点就是在普及核心价值观的过程中坚定地强调"我们"这一主体。当代中国社会结构呈现高度碎片化、高度个性化、高度个人化的特征。在这一语境下，杭州市所强调的"我们"，所指既非古代的伦理共同体，也不是单位制下的"集体"，而是拥有个体理性的现代社会利益共同体。这一共同体在私人领域与公共领域均倡导对公民个体自由的尊重与保护，身处其中的个体也极其珍视自身独立自主的公民权利。我国传统的主流意识形态遵循的是由"我们"推及到"我"的逻辑，而当代社会所遵循的则是由"我"组成"我们"的思路。只有意识到这一"偏差"，社会主义核心价值体系大众化的实践才能在正确的道路上发展与完善。当代中国核心价值观大众化实践必须从"我"入手，从广泛分布在社会各个角落的不同社群入手，在充分沟通与交流的基础上形成价值共识和政治信仰，这样公民个体才能对主流意识形态持有真正的归属感与认同感。这正是"杭州模式"所给予我们的最大启迪。

当代中国的核心价值大众化工作，应当借鉴杭州市决策层所提出的"我们的价值观"这一思路，以公民个体诉求为基点，以政社之间平等沟通为抓手，以构筑有机生活共同体为依托，在日常交往与公共生活领域里确立符合社会形态的主流价值观。

2. 从"运动式管理"到"沟通式治理"的转型

核心价值观大众化实践不仅涉及政治社会化过程，还与政府的社会管理创新息息相关。前文已述，意识形态工作成功的标志，是国家权力与社会形态结成稳定的关系。杭州在弘扬核心价值体系的同时，成功地实现了由传统"运动式管理"向现代"沟通式治理"的共识型治理模式的转变。我国传统的"运动式管理"侧重于自上而下地运用集体主义国家话语对社会大众进行政治动员。这种管理方式依赖于政党的强制动员能力，强调的是对国家战略毫无争议的贯彻实施，因此并不符合当代中国的政治社会形态。

现代"沟通式治理"则青睐于政治系统与社会系统之间的良性博弈，从利益沟通中达到利益整合，从而实现国家的"善治"。杭州市共识型治理模式较好地体现了"沟通式治理"理念，施政者在社会管理中尊重社会群体的主体性，以政社联动的方式追求统治秩序的动态稳定。分析至此，我们便不难理解核心价值观大众化之杭州经验所蕴涵的重要现实意义了。

当前，如何认识当代中国社会形态，如何重新树立社会主义核心价值体系在社会建设中的核心地位，从而构建更为健康的社会关系，是摆在中国各级党委政府决策层面前的重大任务。杭州市的"我们的价值观"主题实践活动，是一种鲜活的核心价值大众化实践，准确把握了时代脉搏，开辟出一条值得借鉴的文化体制建设道路。

杭州经验将政府教化疏导与社会参与共建有机地结合起来，以共识型治理平台为载体，以多元共治为沟通理念，以服务型政府及学习型组织为沟通条件，使社会主义主流意识形态获得了新的社会生命力，真正内化为市民的行为原则与价值规范。杭州经验的发展与推广，对提高政治社会化工作效率、增强党的执政能力与扩大党的执政基础，具有重要的借鉴意义。

（作者系光明日报社记者部主任）

"我们" 讨论会

编者按

为了构建、宣传和推广"我们的价值观",以讨论、交流、互动促进社会的价值认同,由杭州市发展研究中心、杭州发展研究会等单位牵头,于2011年下半年开展了"我们"讨论会系列活动。讨论会以"让我们生活得更好"为理念引领,邀请来自党政界、知识界、媒体界、行业企业界和社会组织的专家学者从文化、价值视角讨论、分析和解读社会经济现象,进行思想的互动和价值的传播。这里摘录了"我们"理论讨论会、"我们"与社会讨论会、"我们"与文化产业发展讨论会共三次讨论会的内容。后续讨论继续展开。

关于"我们"与社会的讨论

——"我们"：个人与社会的互动、个性与共性的相融

时间：2011 年 10 月 12 日

地点：湛碧楼画舫

* "我们"是一个复合主体

胡征宇：当前，杭州正在倡导构建"我们"价值观的活动，并把它作为城市发展、社会治理的核心理念。我们也陆续在不同社会群体中开展"我们的价值"大讨论，包括公益事业参与者、行业企业家、文化创意的人群等，我们一直希望能够在互相交流、沟通中，形成互相的关联，同时也能形成一些有利于社会发展的平台，这实际上也可以说是对我们原来所提出的社会复合主体的延续。通过一种能够互相沟通的氛围，逐渐形成一种"我们"的关联关系。"我们"这个复合主语包含"我"和我所面对的"你"和"你们"，这个词表示一种普通的、日常的主动关联。这种主动关联既有我的主体性，又包含作为对象的"你、你们"，而对象又与主体存在互动，可以说是互为主体，互相渗透。这个概念同时也是个体性和群体性的关系，延伸开来，就是个人与社会的关系。在平时"我们"这个词使用的频率是比较高的，但有时越是普通的词，越鲜有人去关注。如果能够挖掘这种普通词汇的深刻、丰富的含义，可能容易被大众所接受。

前段时间，大家在互相沟通、交流，以及构建"让我们生活得更好"的价值理念的过程中，深入一种理论性的思考，提出一些问题：到底"我

们"是什么?"我们"与个人、社会的关系是什么?这个概念能不能成为能立得住的主体概念?它是一种复合的主体,与我们的社会这一复合主体到底有什么关系?尤其是"我们的价值",这个"价值"到底是什么?当然"我们的价值"的核心词还在于"我们",但在提法方面可能需要更多的思考,通过思考和讨论能够为我们下一步各方面工作的开展奠定基础。对我们这些年所形成的一些概念、内涵及相互的关系,对"我们"、"生活"的概念及相互关系("生活"这一概念在之前探讨"生活品质理念"时已经讨论得比较多了,包括文化生活、经济生活、休闲生活等)开展更深度、更细致的交流。下一步我们还可以有更多的交流活动。在交流过程中,我们会把各个社会群体串联在一起,形成一种互动的结构,共同来开展一些活动。同时,在价值层面也形成一种个性与共性之间互相影响、互相指导的关系。今天我们就围绕这些问题,在新的形势下,深入挖掘一下"我们"的理论,为下一步工作奠定基础。

罗卫东:"我们"这个词是日常生活中普遍使用的词,但如果我们赋予这个词更理性、更多生活实践的内容,使之形成一个综合性、成长性的概念,倒是很容易被人接受,变成家喻户晓的概念。但让这个概念上升为一个意识形态的概念,这个过程还是有很多困难要克服的。从马克思主义角度去理解,"我们"是一个类的概念。人就是一类,不论种族、地域、或是性别,人都是一样的。在马克思的《1844 年手稿》中也特别强调:人是一类,有类的特征,正因为这个特征,才把个体连接在一起,如果没有这个特征,那么人和人之间就是分离的。马克思主义理论中认为人是一类,那么人怎么由一类变成不同的个体,就要归因于分工私有制。个体做不同的工作,拥有各自的财产,最终形成分割的自我意识,就是"我",人类由"我们"变成了"我"。其实在早期的原始部落时代是没有"我"的,就是原始共产主义。

在传统和简陋的原始共产主义社会中,人是不可能有个人主体意识的。那时财产十分稀缺,如果一个人占有,其他人就不能维持最基本的生存，主体意识一旦形成，原始部落就会解体。这是物质基础决定的。大家必须形成一种共同的集体意识，这种意识中只有"我们"，没有"你们"，这就是群体意识。所以在很多部落里面，个体甚至都没有自己的名字。在私有制和财产出现以后，"我"的意识成长了，因为需要给财产确定一个主体，并且可以表明"我"的个人意识。马克思在构建共产主义价值观时，认为最大的一个问题就是：私有制虽然是有效率的，但却增加了人与人之间的隔阂，加之社会分工使每一个人的认知被限制在具体的职业当中，更加深了"我"和"你"的特征界限，使类的特征逐渐弱化、迷失。所以马克思认为摧毁私有制是非常重要的，因为只有把个人财产权摧毁掉，才能摧毁"我"的意识，形成新的、真正的人类自我认识。马克思的这个价值观与我们所理解的单纯反资本主义价值观不同，它是一个人类解放的概念，也就是类解放的概念。它强调人一定要有作为人的尊严，要有团结，要有共享，而如果没有公有制这些是做不到的。当然，马克思所提的公有制绝对不是一个部门所有制，或是国家所有制，它是所有财产被所有人共同占有这样一个非常理想和美好的状态。这样的理想也激发了20世纪西方很多学生运动。这些学生虽然在日常生活中已经很富足了，但他们仍觉得很不满意，因为分工和私有制仍然牢牢地禁锢着每个人的观念，他们觉得非常不自由。类的观念被丢掉了，实际状况还是"我"、"你"、"他"的社会分割，彼此不理解，就会产生各种矛盾，如性别歧视、财产分割等现象，逐渐变成了资本主义社会的常态。

张建明：在很多时候，人们往往淡化了"我们"的意识，强调个人主义，也就是"我"的意识，这也是与社会制度和环境有关联的。

＊通过社会合作形成"我们"

罗卫东：我觉得中国现在有一个比较大的问题，就是我们正在重走古典市场经济和所谓的现代性下的一个老路，这条路在中国绝大多数地区已经不可遏制地在走了：不断的产权细化和社会分工，强化了每个人的职业和财产特征，使得个体得以强化，甚至固化在个人的自我意识当中。当然这也是有一定好处的，因为个人利益在这个过程中的凸显，可以鼓励竞争，但同时对合作的破坏也是非常大的。所以如果要形成一种兼容合作和竞争两方面好处的一个新体制，则需要重新思考构建普通价值观。构建一种新的社会秩序，使之不仅有竞争的效率，还有合作带来的益处，成为有利于人类生活的真正保障。

在过去的自然环境中，我们根本没法跟其他动物相比，因为单个人去获取资源是做不到的，这是显而易见的真理。人类之所以能够战胜自然，过上舒适生活，就是依靠"我们"的观念。它是一个组织和协作的观念：我们要团结，我们要形成社会。如果没有这一点，人类没有那么大的力量去战胜自然。但近代"我们"这个概念逐渐淡化和缺失，这也与人的感知误导有关。因为产生合作的制度建构是无形的，不管是文化、社会资本，还是宪法的结构。人们在日常生活中感知不到，只是看到自己的感受，所以会强化"我"，却忽略其背后的结构是通过"我们"的合作锻造出来的。

潘一禾：我也体会到现在的高校，从各级领导到普通老师，很多人做事情都是有突出的"我"，却没有整体的"我们"，若有，也是利益上暂时密切相关的"我们"。

罗卫东：个体认为理所当然应该享受的东西其实都是合作的结果。所以今天我们很多人，尤其是年轻人，在很大程度上陷入一个认知误区，无视这种真正的、无形的合作结构。比如，有些个体甚至会无视父母亲为他所作的贡献，他都不会意识到自己其实就是父母亲合作的结果。实际上，在整个人类的自我认识方面，对这种合作和类的特征并没有一种好的认知机制加以呈现。可以说，人的认知能力实在是太局限了，我们真的不是很清楚我们背后的决定力量。

胡征宇：现在确实存在理论观念与现实行为脱节的问题。从现实行为上看，我们都知道做成一件事，既要有自己的主观意图，有个人的努力，又要争取他人的协助、配合和参与，也就是要在"我们"之间。但理论上，总还是要么绝对从自我、从个人出发，要么绝对从他人、从社会出发，总希望他人、社会来创造好的环境。

罗卫东：每个人一方面分享很多的共同体，与他人合作形成的共同体；另一方面，个体有责任去维护和践行公共价值，这一点是现代社会非常重要的一个特征。其实在西方社会是很强调这一点的，所谓公民而不是私民。在一个公共领域中，个体呈现一种公共的德行、公共的责任感，或是与别人同心共感的能力，这是作为一个公民应有的一种责任。在哲学层面，这是我对"我们"的一个认识和理解。

张建明：这里所谓的公共领域也就是指社会，所以公民也可以引申为社会公民。社会公民的意义是，人所做的任何事情与其身边的事物都产生一定关联。在这样一个背景下，人更注重自己的行为举止，更符合"社会人"的概念。所以在社会中，更强调的就是"我们"。

＊"我们"是一个情感和价值的共同体

罗卫东：从组织上来讲，"我们"肯定是一个统一、协同的群体。在一种特定的文化和框架当中，把很多不同职业、不同类型和不同特点的人统一起来。这个协同的群体，其组织特征实际是有很多种的。比如市场，作为一个协调者，其组织特征是通过价格、交换协调了群体，可以分享很多的合作成果。亚当·斯密早年最大的贡献就是证明了这一点，市场发挥其作用，协调不同个体的行动，如同"看不见的手"一样，像一个乐队的指挥，奏出很和谐的交响曲。这是古典经济学中，自由市场理论非常重要的精神内核。但实际上我们又发现，在市场运行的过程中，按照这样一种市场理论往前走，又会辩证地走到另外一个方面。因为会造成很多分裂，所以需要有一些补充性的制度设计和架构来弥补。比如说，市场失灵这个概念。很多个人的市场行为产生了一种不能自我内部化的外部负效应，对其他主体造成损害，但因为没有人为此埋单，就使得大家竞相采取不负责任的态度去对待公众利益。这个时候在法律和管制层面上，政府就不得不凸显，需要通过法律和管制方式去做些工作，而手段不外乎两个方面：一方面是行政或法律手段；另一方面就是道德自律，使个体能够有自觉意识。一个人如果完全靠他人的推动，才意识到什么是该做的，什么是不该做的，这样的成本是很高的。而道德自律是一种内化的、自觉的，可以说是一种实行起来没有成本却产生公共利益的途径。

胡平：在现代社会中，肯定需要法律等制度安排来规范统一每个人的行为和意志，使个人集合为群体。但是制度只能规定我们外在的，甚至是表面的关系，而共同价值观的建立才是我们内在的、本质的关联。

罗卫东：我们怎样才能够在构建过程中，在几种行之有效的途径中形成平衡，这是我们区域发展中很重要的问题。第一我们的政治不能伤害市场；第二政治必须要能够弥补市场的缺陷；第三是特别要创设出一种社会机制，去解决市场没有办法提供的产品，比如市场不能提供爱和互惠机制，只能提供经济、物质产品和劳务。互惠机制是并立于市场的另外一种机制，在整个人类发展过程中，它常常是受到市场挤压的，只可在小范围内实行，比如我们在一个稳定的村社里面可以实行互惠。更大范围的互惠机制是很难建立的，因此我们组织的尺度不能太大，太大尺度的组织可能会导致这样一种结果：只是通过一个冷冰冰的架构机制来维系流动的个体关系，难以满足人类生活的全部需要。这也是为什么现在西方有很多人希望回归原始的村舍，因为他们发觉当人离开了互惠，产生隔膜，生活就不美好了。他们不缺物质，缺乏的是相互之间的关系、理解和认同。如果在一个稳定的村社，就容易形成稳定的互惠关系。比如我没油了，可以不用买就直接去邻居家借一点。像中国现代性、铁桶般的严密组织形式和市场在发展的时候，应该允许一些小规模的组织成长。首先是恢复家庭的作为一个基本的互惠主体的地位，另外就是家庭之间的连接，像社区的发展，这里的社区指的是自发性的社区，只有自发才能真正让资本有内生性的增长，而内生资本如果有政府的干预就会消失，因为政府的强制做法会导致内生资本发展不起来。社会资本是需要靠感情连接的，这与依赖投资的经济资本不同。

胡征宇：这其实就是一个根本的价值取向，单纯从理性的角度，人类的法律、科技、工具，会无限地扩张，但实际上人是情感与理性的融合，这两个方面是互渗和平衡的，如果分割将导致理性与情感都走向各自的极端。

林乃炼：我觉得中国传统的邻里模式有很多可取的地方，不管是城市还是乡村，人与人之间的关系是以情感为纽带、利益为辅助的，邻里之间的互帮互助是社会和谐稳定的基石。现在很多老人为什么不愿意与年轻人住在一起，不愿意住进高楼大厦，就是因为现代的邻里关系中几乎丧失了人与人最基本的交往与情感，人会有很强的孤独感和寂寞感。因此，我们在建设城市新社区的过程中一定要重视人与人之间的情感联系，这样才能巩固我们社区这一个社会最基本的单元。

罗卫东：中国这么多百姓，绝大多数生活都比较安定，物质生活还在不断增长，这样的情况确实是人类历史上很罕见的。但是绝大多数老百姓仍是不满意的，这是一个很大的问题。我觉得这个问题需要我们自己去承担责任，需要我们自己来构建和生长某些东西。我们很多经济学者也在讨论，现在社区的功能扩展应该是可以有效地补充宪法，起到很大的协调作用。如果在小型的社区中，个体之间互相关爱，那么有很多问题就可以在内部消化掉。但现在社区功能似乎已经到了特别形式化的程度，导致社区只会推脱责任。不像以前的村里有自己的村规民约，其运行规则很有成效。现在中国的情况很复杂，林林总总，如果只按照统一的文件来执行，就一定会产生、堆积很多问题。

张建明：其实这就可以说百姓找不到主体。村规民约最早的形态有很明确的主体，能够迅速解决问题。

罗卫东：主体缺失这个问题是很严重的。比如现在大学生得抑郁症和自杀，很大程度上都是觉得没有归属感。所有的负担、前途和焦虑都要个人承担，没有真正的朋友，没有真正的依托。从小受家庭宠爱，却缺乏对家庭的责任感。但人又必须是社会的动物，是要用自己的情感和理性进行交往的，如果没有交往，也就失去了做人的属性。

胡征宇：现在这个社会缺乏多层次，并能够彼此认同的主体。许多社区、街区、园区、行业的价值认同缺失，人一下子被抛入一个很大的公共空间。社会应该是由多层主体、多样关系构成的，比如劳资关系、医患关系、师生关系、父子关系等。但每个人都有自己不同的性格、脾气和情绪，现在一下让它跨太大尺度，这样就很难形成多层和丰富的主体。当主体不能形成时，就会产生问题，有可能会激化矛盾。

罗卫东：百姓都会将问题归咎于政府，因为中间环节的很多人会以政府没有授权为借口而推卸责任，那么百姓的问题只能去找政府，所以也就会产生仇官、仇富的状况。

曹工化：这就是中间没有合适的主体。要么是个人，要么就直接到了政府这个大的层面，中间缺乏合适的主体。

罗卫东：网络时代造成了一个新的问题。网络交友和交往，因为是虚拟的，所以没有真情实感，而且太多人都是带着"马甲"和化名，所以个体仍不能找到归属感。但个人的情绪可以在网络上形成一种巨大的声浪，并且可以付诸行动，这就会带来很大的危险。

从组织形态上来讲，"我们"这个概念其实就是构建社会，是要真正地建设社会。只有社会才能形成"我们"的组织，"我们"的关键含义就是形成我们的组织。像劳资矛盾，是因为劳动者没有"我们"的感受，他们也不能把资本家变成"我们"可以团结的人，这就形成了一种分割。这个问题在一定区域中应该通过一种更加渐进、演化和建设性的方式来解决，应该是有所举措的，像杭州这样的城市应该在社会建设方面有更大的举措。前几年搞城市建设和城市经营，已经构筑了很大的让社会生长的物理平台。现在这个阶段，我觉得应该有政府的制度、机制方面的引领，形成一些更加自主的社群。当然这种社群是需要有尺度的，怎么把握这个度是要考验我们政府智慧的。在构建过程中，政府可以观察社群的成长模式，采用合适的调节和互补手段。

政府应该思考怎样以有效的途径尽快播下社会的种子，让他们有一定的自主权，有自己的事可以做，并且形成一种可以让他们积极表达美好情感的渠道，这样就会形成一种社会认同，逐步形成"我们"的一种工作机制。在国家层面，大家会认同这是"我们"的国家。像现在杭州人对"我们是杭州人"的自豪感和优越感越来越强烈了，从感官和身体意识上都是与城市紧紧联系在一起的。但怎样进一步促进他们在精神和文化层面的对接，还有很多工作是可以做的。这就是胡征宇秘书长所讲的，我们还需要开展很多更深度、更细致的关于文化的讨论，使认同扩展，从杭州市民群体扩展到国内同类型群体，使他们觉得杭州能形成一个分散认同模式，并且整体上可以形成一种国家形态的典范，这是非常值得做的。这就是我对"我们"这个命题的主要理解。

＊"我们"的价值源于日常生活

胡征宇："我们"的概念里面实际上是包含主体的情感的，这里面包含"我"这一主体，所以也有一种个性化的情感在里面，是呼应生态性，能够自然连接的一个概念。如果简单讲个体或讲共鸣，是个体与社会，小"我"和大尺度空间，而"我们"的概念可以是无限的，因为"我们"可以不断复合，比如"我们"这个群体，可以是"我们"杭州，也可以是"我们"中国，可以扩展到无限。但"我们"的概念又可以是一个主体，这里面有一个情感边界。这个主体连接实际上是强调主体与客体、情感与理性的相互关系，是一种互相认同的主体。"我们"群体是可以连接不同主体的，这实际也跟我们东方传统中，情感与理性的相互关联、形成多样互渗的空间是一致的，与西方的个人与社会大尺度空间的相互整合有所不同，"我"与"我们"是可以形成一种互补关系的。我们当然要鼓励个性的张扬，因为"我们"中有"我"，原来东方"我们"的文化可以说是对"我"的内在提升，但往往会造成对"我"的虚无化，对"我"的压制。

大家可以对主体与客体、个人与群体这样的一种复合性的关系进行讨论。

胡平：如今社会中人与人之间的隔阂和对立，我认为还是比较普遍的。讨论关于"我们"这个话题，我觉得很有现实意义。通过这样的探讨，使得原来那种隔阂和分离的东西能够很好地融合和统一，使我、你、他能够成为"我们"，这应该是和谐社会构建以及当下非常关注的社会管理创新的应有之意。这就要引到我们的价值观问题上。"我们"不是因为带有强制性的禁忌、法律和制度而成为"我们"的，而是由于共同的生活、信仰和价值观成为"我们"的。我们过去讲到的价值观，至少现在看来，比较多的还是从国家形态、意识形态这样的角度居高临下来灌输的，所以使这个价值观变成一种很僵化、很教条、很抽象甚至有些霸道的东西，缺乏生活的气息，缺乏感性的温暖，这种价值观与日常生活实际上是疏离的甚至是脱节的。这种脱节也是导致国家与社会、权力与民众相分离的原因之一。所以我觉得真正有活力的、可持续的价值观应该是源自日常生活，也就是感性的、生活的价值观。马克思认为，人的价值观既不来自天国的神的启示，也不来自理性的自明推演，而是来自人类日常的生产和生活，来自人们经验的归纳，这就是一种感性的、活生生的价值观。不论是价值观的提炼，还是宣传，与我们日常生活很好地沟通是十分必要的。因为从价值的本质出发，价值这个东西应该是源于生活的。如果价值观脱离了我们的日常生活，纯粹变成一种意识形态的东西，那就不会是真正的我们的价值观，而会成为我们的价值观的对立面或他者，讨论它也就失去了意义。我们现在谈的比较多的这种固有的价值观，在日常生活中难以让人们遵从，在日常生活中人们不会按照这个去做。同时我们要注意这样一种普遍倾向，日常生活中好的价值观不能得到较好的提升、提炼、普及，相对来说不好的价值观却会传播得很快，这种现象的产生我认为是很不利的。所以我们现在讨论的这个价值观，是不是能很好地与我们的日常生活结合起来，不至于脱节，这是很关键的一点。

孙颖：这一点我很认同，"我们"的价值观，一定是源于我们的日常生活，是在生活中自然成长和发生，同时通过生活中"我们"彼此间的复合而渗透和扩散。

胡平：中国传统社会有一点比较厉害，就是能够把最抽象的价值观、最高的价值观与最具体的社会关系、社会活动联系在一起。现在社会缺乏的就是这样一种东西，我们所推崇的那种很高、很硬的价值观与社会的分离度太大。在传统社会中，比较强调的是家族或是私人的关系，如父子、夫妻关系和师生、朋友关系。三纲五常中的"三纲"，是指"君为臣纲，父为子纲，夫为妻纲"，既要求臣、子、妻必须绝对服从于君、父、夫，同时也要求君、父、夫为臣、子、妻做出表率，它反映了封建社会中君臣、父子、夫妻之间的一种特殊的道德关系；"五常"即仁、义、礼、智、信，是用以调整、规范君臣、父子、兄弟、夫妇、朋友等人伦关系的行为准则，归根结底还是血缘关系。

李勇：任何一种有益于社会进步的价值观，总是能够将政治上、组织上倡导的准则和公共生活（包括各种差异群体）的需求较好地结合起来，形成推动进步的合力。无论是传统社会、现代社会，还是革命年代的成功的组织，都会有这样一种合理的价值观及其构建活动，这也是社会建设不可或缺的内容。

胡征宇：这就是价值的抽象和具体的问题。现在往往把抽象的东西视为高端的，把价值的具体形态、具体表现出来的东西，作为一种过渡，或是说作为一种手段。实际上，从人们的生活状态来说，感性的、快乐的氛围，美的感受和体验，其本身就是价值，就是目标。目标是在过程中予以表现的，不是说理性的价值就高于感性的氛围。从现在哲学的角度上看，这也是现象与本质的关系，不能说"本质"高于"现象"，或"本质"先于"现象"。

罗卫东：现在人们普遍认为理论是绝对的、稳定的、最重要的和最实在的，所有易消失的东西都是其次的。

张建明：我们谈到的价值观就存在于日常的生活当中，不需要去探讨人们这么做有什么目的性，他们只是出于爱好去从事这些活动，如果硬要把一些概念的东西加进去，就会让这个活动失去它本身的意义。

胡征宇：背后存在的价值也是值得肯定的，比如说休闲文化、茶文化、丝绸文化，其背后肯定有精神价值，可以去提炼。提炼出来的内涵、规律和原则等，便于更好地理解和思考，在更大范围进行交流和传播，使之更有持续性和延续性。但不能把它绝对化、神圣化、凝固化，精神价值只有在感性的、生活的存在中，才是有生命力的，也就是在"我们"之间才是有意义的。

胡平：如何把价值观这种概念的东西和日常生活进行有机的结合，是很重要的。要建立我们的价值观，我想提四句话：共同生活，共同创造，共同规范，共同享受。第一个我要说的就是共同生活。不论生活状况怎么样，我们都是共同生活在这个世界上，这种共同生活不是聚集在一起的、外在的物理空间状态，而是内在的、有一种情感认同、利益共生的生活共同体和生命共同体。第二个就是共同创造。共同生活就会共同创造，不仅创造物质的生活，也创造精神的生活。共同创造的东西包括物质财富，如生产活动中分工合作、分配消费的关系，还包括精神财富，如日常的生活态度、情感模式和价值追求。第三个是共同规范。人们在共同生活中创造的价值观，它往往无需强制，甚至无需明言就具有规范和引导的功能。从积极的角度看，它有激励人的一面；从消极的角度来看，它又有一种限制性功能，以遏制破坏性行为的产生。第四个是共同享受。我们说共同的价值观是人们生活中一种非常重要的财富资源，是形成社会资本的源泉。在和谐社会的理想状态中，人们享受的不仅是有形的物质财富，更重要的是享受那无形却又充盈在生活每一个领域中的价值观和精神财富。在创造我们价值观的过程中，应该更多地提倡一种开放的、参与的意识。社会中的每个人、每个组织都要共同参与。那么政府在共同创造这一方面该做些什么呢？我认为主要是为社会创造一个尽可能好的共同生活或公共生活的平台，这样的平台单靠老百姓去创造是做不到的，因为他们没有这么大的能力去整合如此多的资源。这个共同生活的平台既有很多的物理平台，比如广场、剧院、公园等，更有丰富的活动平台，比如各类听证会、烟花大会、蟋蟀比赛、邻居节、公交自行车等。

汤筠：因此，这是一个政府与民众、媒体等社会各阶层共同创造、交互影响的过程。只有这样，不同群体对价值观的认同才能建立在共同生活基础上，才能有共同的认知和理解，才能形成共同的理想目标，也就是一系列"我们"所蕴涵的本意。从这个角度讲，"我们"与价值观本身既离不开群体之间的交互，又是一种源于生活且反哺于生活的创造。

＊价值观需要理性层面的建构

胡平：我觉得很有必要重新审视和推进社会复合主体的建设。社会复合主体建设，从某种角度来讲，就是把政府作为社会主体之一，和其他主体共同放在一个平等的关系上，来探讨共同性、共创性，这一点非常好。我们过去讲社会复合主体建设主要是停留在生产和事业发展上，是一种组织上的创新。但是放到今天来讲，这个社会复合主体的建设，与和谐社会的建设、价值观的构建有一种很好的衔接。社会复合主体本身就是一种新的价值观，同时也是实现我们的价值观的重要载体。当前很强调社会管理体系创新问题，虽然也讲到了发展、治理、建设，但我觉得从中央的角度来看它是侧重于管理，侧重点在"防"上，还是比较基本的，它希望建立一个有序的、安全的、稳定的环境。杭州市社会复合主体的建设，我认为很多理念相对于社会管理创新来说更超前。社会管理创新不过是四句话：党委领导，政府负责，社会协同，公众参与。实际上这也是通过社会复合的过程，来解决社会管理中出现的问题。杭州市社会复合主体正是在连接党政界、知识界、媒体界和行业界的过程中，实现着社会管理和社会发展中的"党委领导，政府负责"，并且通过与知识界、媒体界和产业界的复合创造了"社会协同，公众参与"的具体载体和渠道。杭州市的社会复合主体建设与社会管理创新、和谐社会建设、科学发展可以作好几篇大文章,因为杭州有很多经验可以总结,许多方面走在全国前列。

提倡我们的价值观要更感性一些、更生活一些,并不排斥我们的价值观需要理性层面的建构。价值观的理性层面,不仅仅是做几个课题、提炼几个概念、发表几篇论文那么简单,关键是把价值观落实到具体的制度、政策中去,通过制度和机制的创新,来凝聚和引导这个社会,这就是它理性的一面。现在我们的一些制度尤其是不少政策不能很好地凝聚和反映我们的价值观,甚至同我们的价值观相悖和冲突。

胡征宇:在理性的引导下形成规范和制度,就是为了在更大的空间、更长的时间里来进行我们的关联,进行社会的整合。

胡平:价值观理性层面的表现形式是比较稳定的,它不像日常生活中有些东西那么多变,它有一个制度的构架、机制的构架,能够凝炼而成。把价值观落实到制度、政策和机制中,能够更好地促进社会管理、社会治理的创新,并能够更广泛和深入地与日常生活发生直接的关系,使得价值观的理性层面与感性层面、制度层面与生活层面能够很好地对接起来。

* "我们"是一个有边界的主体

曹工化:我觉得在杭州谈论这个"我们",特别有意义。我们刚才讲的"我们",和真正意义上的"我们",一个是趋于无限的,比如说"我们的祖国",一个就是"我"。我觉得这个"我们"应该是一个有限的主体,它不是无限的,所以说它的有限是合理的,它不是一个人,也不是一个国家,包括"你"也不是无限的,比方说在网络上你认为"你"是无限的,那么"你"便会融化在这个无限之中,就根本不存在"你"的概念了。因为无限"你"就可以不负责任,有限"他"才可以互相制约。从价值观角度讲,也应该是一个价值共同体,就是有共同的价值。我认为在杭州讲"我们"这个概念更有意义,因为现在的杭州人都有很强的自豪感,如果在外面和别人介绍,他们会说"e们杭州",就和以前上海人一样,上海人以前开口就是"阿拉上海宁",是有自豪感的。

潘一禾：这个"阿拉"既可以代表个体也可以代表群体。

曹工化：这个词既可以表示单数也可以表示复数。实际上在吴方言区，"我"和"我们"的意思大致相仿，因为杭州属于吴方言区中的一座孤岛，所以杭州话和普通话比较接近。比如杭州的女性会说"e们老公"（这里的"e们"是"我们"的意思，杭州方言），又比如绍兴话中的"阿"（绍兴话"我"）就是我们的意思，吴方言区中"我"和"我们"的概念分得不是很细，因为它本身就是一个复合体。不仅是因为语言有其自身的特点，还因为人在交往的过程中，思维方式也是不同的。

潘一禾：其实这里讲的"e们老公"，是我们家的意思，或是说我们两个人，是把二者结合起来了。

曹工化：其实"我们"是一个有限的主体，这个主体的角色是老公，所以就说"我们老公"。

林乃炼：事实上，外地人来杭州是很难一下子理解"我们"这个概念。我有一个朋友到杭州之后跟我说，他很吃惊地发现杭州人说话的时候第一人称都用"我们"而不是"我"。这其实是非常有意思的一种现象。语言在很大程度上反映了一个地方的思想、文化和习俗。这个现象也从一个侧面反映了杭州人的社群团体意识远远强于浙江其他地方。

曹工化：这就是一种价值观，杭州这种自发的小社团特别多，自古以来就是如此，杭州人都是一帮帮的。现在不管在哪一个城市，都有一批杭州人自发地组织到一起，一起玩香、玩茶，研究文学、绘画、唱戏，这些都是自发的。

潘一禾："杭儿风"也是这样，只要有一个好的点子大家都跟风很快。

曹工化：而且这个群体是有限的，不会无限蔓延，基本上都是我们这一帮人，已经成为一个价值共享体系，包括每一个层面的老百姓，都有一个"我们"的概念。像现在出门坐公交车，就会看到很多这样的小团体，基本上都是上了年纪的人，他们自发地聚集到一起，喝茶聊天，这就是一个例子。在普通人眼里，上了年纪的人独自出门，还是有一定风险的，但是在他们看来，他们也要找到他们的一个群体，寻找一个"我们"。他们的这种团体不像我们讲的行政概念上的社团，要注册登记办理很多的手续，并且要任命一个会长。它是自发形成的，里面不存在任何的等级制，这个"我们"是一个有限的、平等的主体。像杭州这样自发的社团，我认为在全国都是比较少的，它不需要去登记，都是自发地进行归类，哪一类人就和哪一类人聚集在一起，比如说艺术家。艺术家的圈子还是比较模糊的，而且相对而言都比较有个性，不太容易打交道，但是他们也有自己的社团，绘画也好，写作也罢，他们自发的活动很多。

潘一禾：这种自发社团是自由而又松散的，就是进出随意，根据召集人的人缘人脉、参与者的具体需要和不同活动主题而随时聚散。但重要的是这类组织会提供给参与者不同于工作单位的社会认同和团队情感。

曹工化：像这样一些社团，成员之间都会互相融合，有一种复合关系在里面。比如说我是玩香的，你是玩茶的，他是绘画的，但是通过某一个事件把我们都串联起来，集聚在一起。比如说现在有一个活动，既涉及茶道的知识，又融入了音乐、绘画的元素，那么这就把二者有机地结合起来了。通过这样的复合，群落也随之由小变大，但是也不能无限地发展，那会导致人和人之间关系的疏远。好比我们现在的会议室就这么大，如果换个比这个地方大四倍的地方开会，我想应该就很难像现在的状态了。所以说这些社团一定是一个合适的、有限的价值共同体。在杭州还有一个问题就是"我们"的价值体系，其表现形式上和"我们"的本质实际是分离的，我们所谓的价值观都是形式上的，和老百姓没有多大关系，所以就算我们提出价值观，老百姓也是不认可的，他会认为这是你的价值观，不是我的，这就导致民众参与度不够。因为民众会认为这些都是政府要求他们做的，不是他们的本意，不是真正的"我们"。

∗ 价值构建要重视社群的需求

林乃炼：我觉得"我们"是一个集合的概念。特别在"我们的价值观"构建的初级阶段，我们一定要重视从比较小、比较活跃的社群团体入手。每一个社群团体都有共同的兴趣爱好或者共同的价值观，否则不会聚集在一起。所以，我们杭州在构建"我们的价值观"时一定要从这些社群团体开始，引导它们向好的方向发展。

曹工化：目前来看，我们杭州还是比较强调"我们"这个概念的，毕竟大家都会关心杭州的事情，并且都会为杭州自豪，在这里可以找到一种归属感，就像是自己家一样，家园的感觉在杭州向来是有的。为什么我们现在谈的这个价值观会和日常生活有些隔断呢，原因在于杭州这个城市，其方方面面都是日常生活化的。无论把什么搬到杭州，都会成为日常生活中的一个艺术品，这也是因为现在的社会结构与以往有所不同。以前的观点就是：你是什么就是什么，比如老百姓日常生活中唱的越剧，就是纯粹的越剧。包括现在很多人画的画，其创意实际上也是从生活中来的，没有与日常生活割裂开来。杭州的老百姓特别注重日常生活，杭州一些小的社团，可以自发地聚焦在一起组织活动。这些小的社会团体把自身的一些矛盾化解了，他们为自己寻找一种更好的生活方式，在这个过程中他们也不会要求政府为他们做什么，这就是一种自主的有限的价值共同体。

胡征宇：这里主要调节的就是个人的心态。一个人如果心态不好，就会对相关的社会群体不满，日常生活中都带着一种负面的情绪，会对社会造成一些负面的影响，说到底还是一个心态的问题。这些小的有"我们"认同感的群体，会让人们的心灵有所寄托，心态有所改观，我觉得这是很根本的一点。

胡平：这就是现在老百姓的生活比任何时候都好，但牢骚却比任何时候都多的原因。

曹工化：这就引到有限的价值共同体上。有一些东西在你交往的过程中一步步地被削减掉了，这也是我们刚刚所谈到的，就是人们现在的生活缺少的并不是物质上的保障，而是人与人之间沟通的纽带。在杭州这种沟通的场所相对来说比较多，而且之前很多的会议都提到，要把这种社群和网络空间紧密地结合起来，形成一个复合主体，我认为这一点是比较好的。

潘一禾：这是因为大的认同和小的认同他们都想要。社会性的认同与参与团队、兴趣组织以及居住社区的不同层次认同都是人们在现代生活中需要的。

胡征宇：这也就是刚刚讲的，理性和感性的结合，有限和无限的主体，需要更好更大的发展。

林乃炼：他们的群体之间也需要互相渗透。

曹工化：关键在于这些有限的社群是自主的，他们不会把社团的问题拎出去叫人家帮忙解决。这好比是以前的一个家族，有一个族长，完全有能力处理自身的问题，不需要到县长那里，因为他们感觉不是很有必要。之所以称这种社团为价值共同体，是因为他们有自己的价值观，他们的价值观外人是不明确的，需要自己来作价值判断。因为任何东西都是有价值观的，一个价值共同体可以通过自身的判断解决问题。我们如何把这些小的社团建设好，是很值得思考的。

胡征宇：上次一个讨论中也讲到，现在很多方面缺少民间的自发的积极性。如果一些活动，如"无车日"等，能让民众自己先搞起来，然后政府作辅助，作一些有益的倡导，并给予一些扶持，慢慢地让规模变大，这样也许会更好。因为现在很多自发的社群也希望能对社会做出一些贡献，他们既需要社会价值，同时又要结合个人的兴趣，如果两方面都能兼顾，对自身发展来说也是一件好事。

林乃炼：这就是他们自己内心的需求，自身有了需求，就会自我约束，如果是外面强制对他进行要求、施压，有时候反倒会造成逆反心理。

曹工化：上次我去做一个节目，里面谈到了关于修路的问题，有关部门为了搞休闲产业，把山上的路都开辟好了，这反倒引起了某些人的不满，因为他们感觉这样失去了登山原有的乐趣。有时候就是这样，政府在一些方面做得越多，引起的不满也越多。

李勇：城市规模扩大了以后，这种群体不可能完全按照传统的组织方式发展，它是在熟人社会的基础上建立的一种小的社团。刚才也提到，就是开会的规模，如果今天你放四五张桌子在这里开会，也许就不会有这么好的氛围。因为规模大了以后就一定要借用现代的组织形式。如何将这两者进行结合，确实是值得我们思考的问题。

林乃炼：目前，政府对社团的管理模式需要改革。现在中国社会发展到一定阶段，人们参与社会建设的主动性和积极性都很高。社会建设不是政府一家的事情，需要全社会的参与，如何引导和发挥各种社会组织特别是公益组织的作用是当前要着重解决的问题。

胡征宇：这也是现在一个很棘手的问题。大家如何形成有建设性的东西，比方说你要建一个什么设施，这里面就会有反对的声音，而且这些声音会聚集起来，进而形成一个反对联盟。所以这里我们也要强调一个建设性心态，如果控制不好就会造成两头的恐惧，所以我们现在提出一个复合主体的概念，我觉得是很有现实意义的。复合主体的构建，一方面可以说是我们的一种愿景，另一方面又是很现实的、具有可操作性的一类事物。个体如果不赞成复合，那你就是一般意义上的个体，包括群体也是一般的群体，会产生一种排他性。这种情况的出现，又会造成心理上的一种对抗情绪。在西方已经形成了一定的制度框架体系，而在这种制度体系面前，只要你没有破坏性的举动，无论是你指责政府还是埋怨政府，政府都不会过分制约你，这一方面是因为其法律法规相对完善，另一方面就是已经形成了这样一种社会心态，一种新型的社会心态。这也是东西方文化的一个本质差异。

* "我们"和社区

曹工化：我们现在认为社区是比较吻合"我们"的管理理念的，因为有共同的利益。在社区这个概念没有出现的时候，邻里之间也是有"我们"这个概念的，但随着现代城市化进程的加快，邻居的概念已经没有了，隔壁住的人都不认识，所以这个时候要重建这种关系的话，就需要社区。但是现在我们讲的社区已经不是传统意义上的社区，不是自发形成的，而是通过政府建立起来的社区，变成一个政府机构了。比方说原本社区是一个价值共同体，邻里之间一吵架就有很多街坊邻居来劝架，但现在基本没有人来管这个闲事了。两个人如果调解不好，就自己到社区调解，社区对这类事情也很苦恼，因为两边都不能得罪，这就是自我调节机制的一种缺失。

张建明：上次一个研讨会上，有位专家提出的现在的社区概念我觉得很有意思，他认为现在的社区不仅不能促进邻里关系，反而加深了邻里之间的隔阂，最后导致邻里之间没有任何沟通渠道，有什么事就找社区，由社区进行调解，调解不成就上法院。邻里之间关系越来越疏远，最后完全等同于陌生人。比方说现在两个人闹矛盾，第一个想到的就是找社区，而我们以前说的左右邻舍来劝架，这种现象现在基本不会发生。现在我们知道的社区，其实就把人与人之间的这种友情、邻里之间的关系淡化掉了，也反映了我们改革开放30多年来实际上走了很多弯路，是唯制度论产生的一个恶果，什么都要借助制度来解决。

潘一禾：我们原来认为一个社区要和睦，就一定要共建。

张建明：从理论上分析，这就是制度万能论的恶果，认为制度是万能的，什么都要依靠制度，然后就有越来越多的制度订立，犹如之前说的恶性膨胀。包括我们自己也一样，解决问题先找一个机构，一个机构解决不了再找另一个机构，这就是制度万能论的失败。

曹工化：一个是制度万能，一个是经济万能，认为经济发展快了就是好的。

张建明：制度万能就是建立在经济万能的基础之上的。我们现在的这个社区在某种层面上讲是强化了"我"的意识，泯灭了"我们"的意识。每天繁忙地工作，工作忙完之后回家，人与人之间的沟通少了，每个人都个性独立，最后，就找一个抽象的、外在的东西来解决一些发生的问题。

所以说现在的概念里完全没有"我们"了，多数都强化了"我"的这个意识，我认为这点是很可怕的。

胡征宇：所以现在很有必要研究一下社区的人际关系，现在的人彼此之间好像都很陌生。所以现在社区的主要问题是，如何既能让现代人这种个性化、隐私化的东西保留，又能加强"我们"之间的连接，作为一个公共发展的平台，我认为是很重要的。

张建明：这里还有一点有趣的就是，每个人附加在自己身上的东西不同，也左右了他的交往。在日常生活中我们可以看到这么一个现象，就是凡是退休的人员，他们互相攀谈起来就比较随意，但是有身份、有工作的人，一般不会主动打探别人的信息。这说明离退休人员的身上所附加的东西少了，是一个真实的我，我就是我。但凡谈论邻里之间家长里短的，都是一群离退休人员或是上了年纪的人。如果你是一个西装笔挺、一脸严肃的上班族，去跟别人问东问西，别人就会对你起戒心，这种"社会人"一般没人会主动搭理。所以不论从社会层面，还是自我层面上看，这类人身上社会附加的东西明显减少后，就会还原一个真实的自己。

曹工化：包括之前讲独生子女的问题，现在基本上每一家都是独生子女，少了一个娘舅的角色。因为在传统社会里，家里出现一点矛盾都是找娘舅调解的，现在这块空白没有人填补，所以很多的问题也较难处理，这对社会的和谐、家庭的和谐也造成了一定的影响。

* **"我们"有一种真正的认同**

张建明：刚才谈到的一个问题又启发了我，就是有关资本主义和社会主义这两大社会形态。资本主义在发展到 20 世纪中期的时候，暴露出了很多的问题，同样当时社会主义也出现了很多的问题。之后在 70 年代末 80 年代初的时候社会主义国家的共产党人，都开始试图寻找这个社会的真谛，提出了一个人道主义的概念，其实人道主义的本质就是希望回归"真我"、"我们"。我印象最深刻的就是当资本主义发展到后工业社会时期，很多社会问题都相继暴露出来，包括反战、劳资关系平等问题，当时东西方也都在探讨，反思我们这样的一个社会组织、这样的一个社会形态到底出了什么问题。资本主义从当时开始反思到现在，其社会主体还没变。我们国家改革开放之后，人们的生活从国家形态转到了个人形态，人与人之间的关系更加密切了。到了80年代初，开始提倡"爱我中华"，发扬爱国主义精神，一直到现在的和谐社会，也相继提出了很多的口号。其实我觉得今天提出来的"我们"这两个字，是古往今来，不论东方还是西方，最能阐述当下社会关系的一个词语，因为它既有个性的层面，也包含群体的层面。但唯一让我困惑的一点就是如果把它作为一种科学的理念，是否太口语化了。很多的事情不太好用这个"我们"来诠释，不论作为一个学科也好，一种意识形态也罢，或者说是一种价值观念，都给人以过于口语化的感觉。比方说你跟别人交流，而对方是外国人，这中间可能就会产生问题，包括中国人南北方之间的差异也会导致对这个词义的曲解，这就是最令我困惑的地方。当然不能否认"我们"这个词表明的理念是非常好的，因为多数人在听到这个"我们"的时候，还是能被引到一个概念中去的。所以我想如果能把这个词更加深化，不要过于平民化、口语化，效果是不是会更好？

汤　筠：从这个思路延伸下去，对于"我们"及其含义的理解和诠释，是一个交替往复、螺旋渐进的过程。这个期间，既有从口语化、大众化向理论化、深层次的引申和演进，也存在从逻辑化、学术化向时代化、通俗化的解读和阐释。这种高度辩证统一的反思，本质上就是对"我们"的一种追索和实践，也是前面罗校长提到的这类概念随着人类社会进步而不断发生的变化。需要注意的是，由于"我们"之中有一个"我"字，所以人人皆可言"我们"，也就意味着谁都可以为"我们"贴上个性化的标签。换言之，无论是资本主义还是社会主义，都有"我们"的存在，关键在于不同的"我"对于"我们"的理解和追求，是从哪一个维度开始和展开的。

张建明：至于"我们"这个价值观之前也讨论过无数次了，它的理念肯定是没问题的。因为这个"我们"涵盖了很多方面，这里面就包括之前提到的社区。其实不仅是在杭州，在北京也是一样，虽然旧社会宫廷里面互相争斗得很厉害，但北京人依旧在天桥上演戏、茶馆里听戏，这点与杭州人类似，包括遛鸟、养狗的都有，所以说"我们"这个概念还是很广的。就像现在国外也是一样，以我上周收到的一条彩信为例，讲到英国有一个小社区，社区里面的27个人集体组织去澳大利亚旅游，这些人都是互不认识的，包括剃头的、开茶馆的，他们时常聚在一家咖啡店里喝咖啡，然后店主提议大家组织一次活动，于是一呼百应，27个人便很快组织起来出发了。其实这跟我们国家的社区差别不是很大，因为之前也提到，我们现在的社区也在开展一些全民参与的活动，包括群体之间的互动。但存在的一个问题就是，如果一旦把这种活动放到单位开展，马上就变成工作层面的事情了，大家各司其职，又少了一种互动。出现这种现象是什么原因呢，我想更多的是对于"我们"这个概念的理解，国内更多的是停留在国家、制度层面上，国外就比较少地与这些关系挂钩，所以这也是我们一直以来遇到的障碍。举个例子，今天我和你坐在这里开会，但是哪天我去了你的单位，我就不会像在会上和你那么随意交谈，因为我要顾及你的身份。所以我在想，以后我们在研究"我们"这个概念的时候，如何挖掘出一些细节上的东西，一些比较容易让人忽视的东西。在研究这个概念的同时，如何做到更好地推广，把它与一些具体的活动相结合，这两点也是很重要的。最后我想谈谈"驴友"，我认为中国社会现在最大的进步就是"驴友"的出现，之前有人对它进行过批判，说它是一种个人极端主义的表现，但现在就不一样了，我感觉这就是社会的一种进步。不过仍有些东西至今尚未被认可，主要原因还是其中隔了一道坎，让人无法逾越。

胡征宇：前面讲到概念。其实一个概念基本的意思确定下来以后，概念本身可以给它丰富内涵。有很多概念的内涵也是后人在不断给它加以丰富和延伸。

张建明："我们"这个概念，有时候大家不能很好地理解，对"我们"是什么感到困惑。后来我也感觉到"我""我们"这个表述太过口语化，在传播性上好像还存在些缺憾。

曹工化：张站长这个理念还是停留在古典哲学的层面。其实到现代、后现代，哲学都是很日常生活化的。比如说萨特（法国 20 世纪最重要的哲学家之一）的存在主义。

张建明：我们希望能够把"我们"的价值观和理念进行更广泛的传播。口语化的好处是比较能够说清楚，因为它不是很深奥的概念。但是如果要把它形成一种学问、一种理论，就不能太过口语化。

罗卫东：是的，形成一种"我们"学、"我们"理论。

曹工化："我们"就不对了，是"e 们"。这个概念要跟语境结合在一块。比如说卫东在浙大我们称呼他为罗校长，但是在这里我们叫他"e 们"卫东。

罗卫东：曹工化讲得很有道理。"e"们这种表述确实是一个亲近团结的概念，它不是一个所属的概念。

张建明：上海话中"阿拉"与"我们"在写法和读音上都不同，而杭州方言中"e 们"与"我们"的发音不一样，但写法是相同的。杭州话的语音确实很有特色。比如说我们之前讨论过生活的构建，而"生活"这个词有无数多的含义。

胡征宇：原先"生活"的概念就是指消费、享受。后来我们逐渐使它丰满，给它重新定义，使生活的概念也包括创业。

孙颖："我们"的内涵如果能够诠释得很到位的话，它应该是一个普适性的概念。最近清华大学的王名教授看了我们前面两次讨论会的内容，对"我们"这个概念以及"我们的价值观"是非常赞同的。王名教授主要从事社会组织研究，以他的专业视角，他认为"我们"这个概念从社会主体、社会运行、社会秩序等多个方面都能够作出解读。他认为公民是一个很理性、很大的概念，而"我们"是包含多个层次的，它兼顾了群体与个体，兼顾了理性与感性。

张建明：一般来说，公民比较强调个体，如主张公民的权利等。而"我们"既涵盖个体，又涵盖群体，所以说这个概念是最好的。

曹工化：如果要下定义的话，我认为"我们"是一个有限而合适的价值共同体。

张建明：从制度层面来说，"我们"是一个可自我修复、可自我生长的概念。西方的社会组织形态，如最典型的美国联邦制，它实际上具有自我修复的功能。而改革开放以来我们一直探索的某些东西，最大的特点就是不可自我复制、不可自我延伸、不可自我修复，所以要重新来过。我认为，"我们"是最本原的东西。无论是从社区来讲，还是从国家制度层面来看，"我们"这个概念所表达的很多形态和范围都要可自我生长、可自我修复，尤其是要可自我延续。凡是可延续的，就是本原的。

罗卫东：真的是这样。这是柏克森（英国著名哲学家）哲学中很重要的一个命题。

张建明：讲到后工业社会，马尔库塞（美籍德裔哲学家）曾把希特勒的国家社会主义定义为"一次成功的失败"。当年无论是国家还是个人层面，由于阿尔萨斯等地区被割让，整个日耳曼民族人心涣散、精神恍惚，人已经丧失本我，没有"我们"了，只有一个个孤立无援、弱小无助的"我"。而希特勒的国家主义又把德意志人、日耳曼精神凝聚起来了，当然又走到了另一个极端，所以说这是一次成功的失败。

孙颖：阿伦特（美国著名思想家、政治理论家）书里面写的原子化、碎片化就是这种心态的一种反映。

罗卫东：它是一个假认同，不是真正的认同。

张建明：这牵涉到制度问题。现在还出现了一个新情况，如随着城市化的推进，现在很多人都租房住，这导致社区居民相互之间产生了一种恐惧感而不是亲近感。而且目前的社区管理存在很大的漏洞，比方说一些外来人口搬进小区后并不登记。所以小到邻里关系、人际关系，大到国家安全，从这些角度来看，目前的小区制度都有很多的问题。

罗卫东：美国热播电视剧《绝望主妇》有几集就讲到，外面的人要搬进社区必须要经过小区居民的集中表决，大家先审查这个人的个人纪录、信誉等。

张建明：这种心态继续演化，就成为一种排外现象。其实现在很多国家的排外现象都跟这个原因有关系。一个小区最后变得很排外，往往是因为小区的住户没有安全感。这种情况在美国、欧洲的小区经常出现。

潘一禾：排外倒可以用法律来规范。但在我们这种社区制度中，像"楼道长"本来是真正有感情纽带、有交往距离的非常重要的角色，但他现在完全被虚化了。你现在去找楼道长解决问题的时候，他没有任何的权力和影响力，因此只能推脱。至于那些社区的真正负责人，跟小区住户是没有关系的。这是非常可怕的事情。比如说来了一个新的租户，我们怎么去了解他大概的情况？如果发生问题可不可以找他去协商？在现在这种社区制度下，我们所需要的协调人的角色是完全没有的。我觉得小到社区中一个"楼道长"怎样发挥社会作用，大到一个社会里社会自发组织怎样来实现社会功能，都是非常紧要的。

林乃炼：这个问题其实是人与人之间的隔阂造成的。我们传统的城市和农村的社区都是熟人社会，一个陌生人进入之后马上就会被发现，而且也会引起人们的注意和警觉，陌生人也很难做什么坏事。人与人之间的隔阂、族群与族群之间的隔阂、种族与种族之间的隔阂造成很多问题，造成人与人、人群与人群之间的冲突，甚至被一些政治势力利用，对社会具有极大的破坏性。这些问题要引起我们的注意。

* 从"集体主义"传统看"我们"

潘一禾：下面我讲讲我的观点。我一直认为，如果杜威（美国著名哲学家）在一个类似时期集中讨论的是西方的新旧"个人主义"问题，那我们这个阶段应该讨论的是新旧"集体主义"问题，这也是"我们"的价值与实践问题。将中国文化和西方文化进行对比，如果西方是个人主义的话，那么我们可以说是一种集体主义文化。中国的集体主义文化其实有三个发展阶段：传统的集体主义、新中国的集体主义和现在需要构建的新集体主义。传统的集体主义是邻里关系、家庭关系和社群关系的互动，比方说强调"合群"。合群中很重要的一个概念是"孝"，提倡"百善孝为先"和"老吾老以及人之老"，也就是说一方面孝的内涵很丰富，另一方面光孝敬自己的长辈还不行，还要向全社会成员推而广之，同样地孝敬其他人的长辈。

这种概念与西方是不同的，西方社会认为我们对一切的爱源于对自己的爱，而中国则强调我们对一切的爱源于对父母的爱。如果你不懂得孝敬父母、了解你跟家庭成员的关系，你就没有办法了解社会和他人，也不能真正地、很适合地爱自己。也就是说，我们的文化出发点本身就是强调关系、强调互动、强调复合的。每个人在最初认识自我的时候，要从人与人相互支撑的关系角度去理解。但在新中国时期的集体主义里面，这种关系被极端化了。在一个时期里，由于外族势力入侵以及内部腐败，整个中华民族自身是存在原子化、散沙化现象的。为了凝聚战斗力和提高反抗力度，一种新的集体主义应运而生。但现在回过头来看，这种战斗式、军队式集体主义在社会治理、人际关系处理等方面的负面作用越来越大，而且其自相矛盾的东西实在太多了。这种集体主义会怕你自组织，但它本身又是高度组织化的；它想解决和化解一些内部矛盾，但又仿佛无法真正解决问题。因为要真正地解决问题，势必涉及它在和平时期治理的合法性以及组织工作的有效性。目前我们却觉得许多问题堆积起来，迟迟得不到真正有效的解决。所以我以为要解决现在存在的一些问题，必须要对不同社会发展阶段中的不同"集体主义"或不同"合群"方式进行反思，创建一种大家能够平等参与、共建共享的新集体主义，要相信这种共同参与所产生的社会影响是我们今天改革开放中的社会能够接受和承受的文明力量。这是我的第一个观点。

李勇："我们"的价值在于它既是"集体"的，又是"个人"的，它在"我们"和"我"之间实现了一种合理的融合。在"我们"中，既要有每一个参与其中的"我"的自主性、主动性、积极性，又要有"我们"之间的关系，即彼此主动关联、特色互补、相互支撑、合作共赢。在革命及战争年代，组织具有高度统一性；但即使在强调"个人服从组织"的情况下，也需要有个人能动性的发挥。问题在于，革命结束后，我们的革命思维并没有随着和平建设年代的到来而有所变化。一味强调"个人服从组织"，而忽视个人对于组织的意义，就使得我们倡导的"集体主义"失去了它的合理性。

潘一禾：第二个观点，在建设新集体主义的时候，我们真的不能够仅仅去找关键词。社会建设包括社会意识建设、社会能力建设和社会组织建设。通过传统文化的建设、关键词的寻找或价值观的张贴等方式来加强社会意识建设，其实已经逐渐失效了。今天在来开会的路上，我注意到传统"孝文化"的广告也贴出来了。这种传统价值观本来是比较"落地"于日常生活、人人可以随时介入的，它有可能比我们目前的国家意识形态更普世一点，更能够跟我们每个人的日常生活相连接。但对于"孝"本身的内涵，要好好重新阐释一下。孝文化真的可能是普及性的，若解释得好，它跟我们的社会组织和社会能力建设一点都不矛盾。与其总在调整或拼凑价值观的"关键词"和广告语、试图自上而下地不断进行思想教育，不如共同认真讨论一下眼前的问题和传统美德的现代内涵，通过广泛参与的讨论强化社会意识，发现每个人都具有的社会建设参与能力，并且让这些意识、能力与社会组织也连接起来，社会才可能真正和谐而又具有活力。

第三个观点，我觉得现在社会组织跟政府之间、各种组织之间的互动，已经到了节骨眼，一定要让它们之间的关系展示出来，让相互的影响力衔接起来。

上次参加了公益组织座谈会以后，我感到在今后的价值观建设方面，除了引导性的、比较温和的东西以外，其实还要有一些比较强硬或者说比较规范的东西。举个简单的例子，比如志愿者到路口劝阻行人不要乱穿马路的时候，不仅不能够得到尊重，甚至还会面对公开的轻蔑和不屑。我们目前的价值观建设方法，碰到这样的事情一点办法和力量都没有。所以我觉得价值观建设不能是完全温和的东西。

胡征宇：一些法律规范还是非常重要的。形成共识以后，应该用一种制度或法律的形式把它固定下来。就是刚才胡老师所讲到的，要形成一种可持续的、在更大空间里大家可以参照的东西，而且它应该是强制性的。

潘一禾：对。就像纽约市长布隆伯格所说：你们（"占领华尔街"示威者）可以占领部分街道，但是一旦违法，我们就得履行自己的职责：执法。但现在我们的情况可能是：对于肯定正确的价值观我们很愿意呼吁与倡导，但遇到日常的违法违纪行为，则往往不敢拿出相应规则和惩治方式，普通人也不知道自己可以做什么和怎么做。所以我觉得不仅道德观建设要"落地"，行为规范建设也要"落地"。我们现在要有一些能把规范和日常生活、社会意识、能力和组织建设衔接起来的途径和方法。我们现在的老百姓真的是很爱发牢骚和提意见，但这其实是一种很好的积极性，应该将这种关心社会和关心生活的热情引导到惩恶扬善的日常行为上去。比如说看到马路上有人超车、有人乱穿马路、有人破坏公共设施或环境，大家都要主动地、毫不犹豫地去制止或报警，这种主动参与的行为最终都会得到好的结果。应该看到，社会自治的精神与主动做好事的精神是社会迫切需要的，关键是目前怎样把它们更明确地加以倡导或调动起来，推动社会文明的进步。

* "我们"与社会

林晔：刚才听几位老师的发言，我很受启发。有几个比较重要的背景简单说一下：一个是胡秘书长之前一次开会时曾讲到"社会在哪里"这句话。我们提社会治理、社会建设，那么这个社会在哪里？三十多年的改革开放、市场经济进程，实际上是一个物质化的过程，社会建设没有得到很好的推进。像现在学术界进行社会组织、社会管理、社会建设等方面的研究，很多人都会讲到居民社区里面去。把社区理解成社会建设，而不是更广义的共同体，明显是比较片面的。另外一个大的背景，正如刚才罗校长所讲到的，杭州在城市规划、城市建设等硬件方面都做得很好，但是软件还有所缺乏，这个软件就是一座城市的精神和气质。我们现在缺乏什么呢？一是很缺乏安全感。现在很多人都有漂泊感，要通过不断的竞争、不断的获取才能获得安全感，要依赖更多的物质条件，甚至是通过不计环境、信用等代价掠夺性地获取财富才可得到片刻的安全感。从安全感这个角度，完全可以分析很多社会现象，比如说当前邻里之间不亲近的问题。二是缺乏信任感。现在这个社会中，大家好像对任何东西都不信任。

李勇：老百姓变成"老不信"。这种现象从根本上讲就是社会建设的缺失造成的。现在，单边的"经济发展主义"（西方称之为"发展主义"）或是我们现在常说的"GDP控"确实对社会造成了很大的破坏。举一个例子，现在连小学也成立集团公司，医院也叫"某某医院集团公司"。本来是以公共生活服务为主导的领域，由于片面追求经济利益，失去了它支撑社会生活的作用。所以，"天价医疗费""天价学费"等，给普通老百姓生活带来了极大的损害。而我们现在有些宣传又是另外一套，难怪老百姓对许多事情心存疑虑，甚至形成了一种思维定势，把原本正确的事情也看成有问题的了。所以，在重塑社会价值观的同时，还必须从理论及实践上对单边经济发展主义予以澄清和纠正。

林晔：三是内心的缺失。我感觉现代人变得更加个体化、碎片化、沙子化。每个人不管成功与否，都有永无止境的欲望追求，因此他就会永远存在失落感。不管处于什么地位，不管拥有多少财富、多少权力，现在多数人都有失落感。在城市发展那么快、硬件建设那么完善的情况下，为什么会出现这么奇怪的现象？这是因为我们缺了很大一块东西，那就是我们的灵魂，也就是人内心价值的缺失。到底是哪些价值观出了问题，应当用哪些价值观去引导他，这些都是国家战略层面需要研究的大命题。而对于杭州这个层面而言，城市精神，或者说是杭州城市价值观的构建是一个很有意义的目标。中间层次的目标是要把过去我们讲的生活品质、城市人文精神和发展特色延伸下去。我认为我们讨论的目的是为杭州下一步发展战略找到一个本土的理论基础。之前是多年来大家一起探索的与"生活品质"相关的城市发展理念，而下一步要在这些理论和实践的基础上梳理和归纳出我们作为市民整体的公共价值观。今天听了各位老师的发言，"我们的生活"，可能就是下阶段我们城市发展的总体战略思路。把"生活品质之城"与"我们的价值观"有机衔接，以价值观聚集我们，由我们合力营造一种有品格、有品位、有品质的生活。

微观层次的目标应该是把我们近两年的重要实践和成果引入社会。复合主体本质上是一个开放性的、多元参与的、公益性的组织。我们要把我们的复合主体模式在这座城市多加推广。构建社会组织，用行政手段去授权、去赋予是没有用的。在现有的政策框架下，单独依靠社会组织的自发力量也很难，而且有些自发的东西还可能走偏，不一定是良性的、我们所需要的。现在社会上有很多小的复合主体或社会组织，甚至有很多没有经过相关机构认可的组织或团体。因此，在之前所做工作的基础上，把我们的社会复合主体推向或者说导入社会，可以作为下一步工作的小目标。

侯晓琛（杭州生活品质调查中心调查研究主管）：我认为我们可以形成社会复合主体孵化器的模式，在"让我们生活得更好"的理念下，整合多方资源，对社会组织的培育提供引导性的指导和支持，使其形成有利于缓解某些社会矛盾、体现多元价值、构建和谐社会的良性组织。

林晔：接下来讲手段。要把复合主体运行过程中的基本规则和框架，进行有意识的宣传和推广。比如说，现在有了"草根之家"，我们要主动地去给它提供帮助、支持和指导，并通过具体的培训、咨询等形式把它们培育成为更有活力的社会组织。

孙颖：是的，我们现在接触过的很多社会组织确实有这种需求。如果给它们一点阳光，它们一定会更加灿烂。

林晖：要把现在网群一些有价值的实践规则（比如开放性、主体的互变、大家的主动关联性等）推广出去。先寻找几个外部的社团或社会组织，试试看能不能把我们的这些实践导入。如果在一家能够试验成功，我们就可以将其继续推广，复合主体、网群等概念也就会更加清晰起来。

再谈实践路径。在这里要强调一点，"我们"之所以存在，是以共同的价值观或价值认同为基础、前提的。接下来要回答一个问题，我们的价值观是什么？它的核心单词是什么？（著名的价值观研究专家罗克奇把价值观分为两大类：工具型价值观和终极型价值观。）我认为我们要寻找具有杭州特色的好的价值观。之前我们讲的城市精神、人文精神，如"精致和谐、大气开放"等，这就是提炼价值观的基础。我们现在要找的是一种老百姓、社区、社会团体和组织等能够真正理解并认同的东西。一定要建立在价值认同的基础上，建立价值共同体，只有这样才会有现实意义的"我们"。空泛地讲"我们"，就变成我们单位了。

胡征宇：但最后也要化到、融入我们单位中去。

林晖：我们讲单位时，一种是经济性质的公司，一种是体制内的政府、机关事业单位。现在单纯谈这块领域的"我们"意义不大，我们要重点关注体制外社会组织的成长和发展。

张建明：能否形成具有城市特色的"我们"价值观，我觉得跟城市的社会发展和政府管理层面是有极大关联度的。比如说在 20 世纪八九十年代，无论是物质文明建设还是精神文明建设，广东在全国都是领先的。为什么进入新世纪之后，它没有取得新的成就？为什么近年来在人文社会科学发展方面，它总结提炼不出新的东西，而杭州可以？包括杭州十年前提出"精致和谐、大气开放"的城市人文精神，这跟杭州市委、市政府的执政理念都是紧密相连的。这是第一点想法。

第二个想法，跟林院长不同，我个人觉得价值观这个东西不是要推广，而是引领和示范，给大家一种思路。

胡征宇：是一种交流、互相参照。在相互交流中，形成共识，这也是一种引导。

张建明：对。第三，这种价值观提炼、引领为什么在杭州可行，在其他地方可行性却不大？这里有一个前提条件就是杭州城市化程度相对比较高。在全国范围看，凡是城市化程度比较高的地方，城市文明程度都相对高一点。中国的发展实际上是非常不平衡的。一般而言，城市化进程一般要完成80%以上，甚至到90%才是汽车社会。而我们的城市化率最高的才40%多，就进入汽车社会了，这样大量的矛盾就出现了。这不是文化的问题，也不是人性善恶的问题，而是一种结构性缺陷、制度性缺陷所造成的客观存在，实际上是政府给自己造成的难题。所以，从可行性上看，我认为我们以后提出话题、进行讨论都要进行很精细的剖析，因为这跟城市发展和社会发展都有关系。

林乃炼：我接着张站长的话讲两句。我们现在难在哪里？难就难在各种发展水平、发展阶段以及不同的人群都凑在一起。从发展水平看，汽车时代、自行车时代以及步行时代等不同的阶段都凑在一起；从个人层面看，各类人群都同时存在。如我们杭州有国外留过学的、受过良好教育的精英分子，也有刚刚进城的外来务工人员，还有一些最普通的市民，有各种不同的群体。

讲到"我们"，我觉得中国古代社会虽然有很多不好的东西，但也存在一些可取的地方。我经常想，我们在谈这些东西时，最好还是要基于中国的情况，要把老百姓心里面沉淀的东西考虑进去。我认为，"中华社会"的构建基本上还是以两条路径为主：一是以血缘为纽带，从家庭扩大到"房"（其实就是各种亲戚），然后再形成一个"族"，最后到一个邦、一个国；二是地理认同，从村到乡、县，再到省。这两个认同中有三个特点：一个是具有协商性。我们认为"中国传统是专制的"这种观点是不科学的。像原先的族长，其实他解决问题主要是通过协商，并不具有强制力。二是附属性。三是相互依存性。但这两种认同基本上都是以圈为主，圈内圈外分得很清楚。

汤筠：两位的精彩发言其实都提到了"我们"中蕴涵的差异性，也强调了"我们"所代表的时代性。既然"我们"会受到所处历史发展阶段和社会发展水平的影响和制约，那么对于"我们"的理解就不可能脱离现实基础。杭州这些年在社会复合主体、民主民生以及"我们的价值观"方面的一系列探索与实践，一方面建立在杭州自身快速发展的基础上，具有良好的时代特征和杭州特色，另一方面这种实践又是以一个城市整体为核心开展的，尽管最终落实到一个个单元和具体案例上，但究其根本还是依靠以政府为主的推动来唤起社会的自发和自觉。应该说，这样的过程，高效、务实、可塑性强，但也存在灵活性不足、对时代变化响应较慢的不足。

林乃炼：我们现在怎么来构建新型的社会关系？我认为肯定要从圈到网，打破原先比较封闭的格局，构建一种身份、人员更加多元的"我们"。上面胡平老师讲到，价值观理应是"共同生活、共同创造、共同享受"，我觉得归纳得非常好。之前到中北创意街区走访调研时，看到杭州人可艺术中心有句话："人人可以欣赏，人人可以享受，人人可以拥有。"这跟胡老师所说的道理是相通的。这给我们一个启发："我们"是一个共同体。怎么样来构建这个共同体呢？我归纳了一下，有四个途径：一是以兴趣爱好为核心；二是以情感联系为纽带；三是以共同事业为基础；四是以价值认同为追求。我认为可以基于这四个途径，来构建一个完整的"我们"的概念。而且它涵盖了各个层次，其中我认为价值认同应该是最高层次。

参与人员：

罗卫东（浙江大学副校长、教授）

胡征宇（杭州市发展研究中心主任）

潘一禾（浙江大学传媒与国际文化学院教授）

张建明（中国日报浙江记者站站长）

曹工化（中国美术学院客座教授、文艺评论家、作家）

林　晔（杭州市科技信息研究院院长、杭州发展研究会秘书长）

胡　平（浙江工业大学党委统战部部长）

汤　筠（杭州市委政研室经济发展研究处处长）

孙　颖（杭州市发展研究中心政治文明建设研究处处长）

林乃炼（《杭州》杂志社总编）

李　勇（杭州生活品质研究与评价中心副主任）

侯晓琛、王胜楠、邱天、吕山、刘伟

关于"我们"理论的讨论

—— "我们"：传统与现代、理想与现实的交合

时间：2011 年 8 月 23 日（周二）上午 9：00

地点：湖畔居

* 让我们生活得更好

胡征宇："让我们生活得更好"这句话我们讲了很多年。"我们"、"生活"、"更好"，都是很平常、很普通的词，但都包含了深刻的含义。现在提出"我们的价值观"，关键词也是"我们"。今天我们讨论的视角，就是"我们"。可以将"我们"作为主要的立足点或者出发点来探讨。我们，是我和你、你们彼此的复合，延伸开来，是个人与社会的复合、自己与他人的复合。过去讲立足点，往往是两极，要么讲他人、社会，要么讲自己、个人。我想"我们"的概念，可以作为"让我们生活得更好"讨论的开篇。下一步我们会逐步拓展一些交流，形成"我们"行业、"我们"城市或者"我们"个人、"我们"社区等，通过"我们"去扩展，去连接。让"我们"成为一个基本的立足点；"生活"就是我们的存在方式，"更好"就是我们的追求目标。

曹增节："让我们生活得更好"这个命题我们很早就提出了。从社会影响来看，不管是官方、学术界，还是民间，实际上已经被大家所认同。讨论"我们"的概念很重要，社会发展到这个阶段，大家会达成一种共识。中国处在非常快速的发展之中，30 多年来，可能有很多东西我们来不

198

及很理性地去思考、酝酿，发展到今天，大家才开始慢慢地反思。实际上，在我们这个群体中，甚至在中国目前的状态，很多人都是把"自己"与"国家"分开的。网上有一些特别流行的段子："中国，请你慢点"、"中国请你停下飞奔的脚步，等一等你的人民"，这是很典型的现象。人们在社会发展过程中形成了这么一种想法，即国家、社会的发展与个人是没有关系的，我有我自己的想法，有自己的价值观。这说明了一个问题：城市、群体发展到这个阶段以后，本应该有一种归属感和一种价值认同，但反而是作为一个问题被提出来了。现在社会矛盾比较多，"我们"这个概念之所以能够集聚起来，很大程度上就在于沟通、交流和对话。原来大家都是"捂"着行动，相互之间的思想、价值观的对话比较少，每个个体在参与各种各样的行动时，会时有冲突，融合性不够。

潘虹：中国社会从未像我们今天看到的这样，不同职业、不同社会层次乃至不同年龄的人群，在精神上有着这样如此相同的"聚焦"——那就是对生活、对生命以及对社会进步和文明发展的价值衡量和判断。何为"幸福"，何为"成功"，何为"意义"，每个人都在自己的立身点位上，依着生活给予我们的教诲和我们因此而生的感悟，思考、探寻着答案。

曹增节：我们更多的要提倡一种相互理解、相互对话和沟通交流。其实每个个体之间，每一个"我"坚持的价值观之间，有很多是相似的，也许自己觉得和别人很不相同，但在本质上是相似的。比如，浙江有这么多院校，学生走出去，很难分辨出你是来自哪个学校的，但美院的学生走出去一看就知道是美院的，因为他一定要个性化，跟其他人不同。但如果每一个人都想和大家不一样，在别人看来，每个人就是"一样"的了。个体往往反映一种群体的特征，想完全脱离这个群体是不可能，你一定是带有这个群体的某种特质的。比如浙大学生和工大学生在讨论同一个问题，虽然我们从外表看不出来，但讨论的过程和结果肯定会不一样，因为群体是不一样的。每一个人都想很有个性，但是实际上还是共性的融合。当然，有很多人的个性要保留，要发挥，但作为一个群体而言，我们看到的是一个大的文化背景，它矗立在群体中的每一个个体后面。我们说"标新立异"，是站在共同体基础上的个性化，你要完全脱离社会群体是不可能的。现在提倡"我们的价值观"，提倡"我们"的概念，在现在这个社会阶段是特别需要的。现在大家谈到社会是高度碎片化、高度个性化、高度个人化，实际上我们自己也是这样，工作十年，或者只是一年、一个月，当回过头来想想，自己所做的工作很长时间也没有一个连续性的时候，这个感觉是很可怕的，这就是怎样形成社会认同的问题。所以，我觉得，在个体碎片化的时候，我们要看到背后文化的重要性；在加强沟通、加强对话的时候，更需要把我们后面共识的价值提到前面来，让大家能够在一个大的平台上相互融合，"我们"概念的重新提出，是很有意义的。

苏健：我接着曹增节教授的话题，谈一点自己的看法。刚才讲到群体与个性化关系，有一句老话叫"物以类聚，人以群分"，这个"群分"，是在某种状态下的"群分"，是由于彼此的某种认同而聚到一起来的。我们提出"让我们生活得更好"这个理念，我认为很好地满足了人们对个体与群体之间、个人与社会之间，寻找更多认同、更好的和谐、更大生活空间的诉求。不论是宗教的角度，还是社会的角度、政党的角度，如果要把人们聚在一起，很重要的一条，就是要有一个让他们接受的理念。这些年来，"让我们生活得更好"的这个理念，在杭州被很多人认同，被很多专家认同，也在很大程度上被社会认同，这里"让我们生活得更好"这个"我们"非常关键。它强调了我是在群体中的，是群体中的我，强调的是将自己融入群体，与群体共建、共享"让我们生活得更好"，我只有在"我们"中才能生活得更好。

我也很赞成刚才曹增节教授讲的，就是为什么现在社会在不断发展，但是人们却不一定都能感受到生活更好。"我们"这个概念，很好地诠释了人与群体的关系和作用，只有在一个群体里，才能让你的作用发挥到极致。一个人的观点、理念，也只有被这个群体接受，或者通过这个群体让更多的人接受，那你的理念才会有价值，才会有更大作用和社会影响力。

从这个角度来讲，现在强调"我们"这个概念，更深地去挖掘"我们"的含义。我认为，这是一个很好的切入点，可以在今后的讨论中不断深化。

曹增节："我们"这个概念也体现了现在的社会组织形态。有些想法的年轻人，或者个性学者，他们做事情往往是以个人化的形式来做，认为"我"可以做任何事情，其实现在科学发展，一个很重要的特点就是合作。举个例子，就像100多年前爱迪生那个时代，他一个实验室可以有1000多项发明，震惊全世界；但是现在，一个实验室可能一项发明也做不出来。为什么，因为现在都是大实验室在做，大的科技成果都是由几个国家、几百个实验室合作产生的。所以，一定是一个共同体，有共同价值观，为了同一个目标，才能做大的事情。小的事情你可以做，但是你永远做不大。

苏健：科学技术不断发展，它涉及的门类越来越多，领域越来越广，一个人不可能具备这么多知识，涉足这么多领域，科技成果越来越成为一个群体合作的产物。

* 我们的价值观

胡征宇："我们"概念与原来我们讲的"集体"概念是不一样的，"集体"指的是客观的群体性组织。我们在讲"我们"的时候，是有"我"这一主体在里面的，"我"是主动介入和参与的，在这当中我和你、你们介入，"我们"概念实际上是彼此穿插和互动的。有些人单纯地自保，自我封闭，碰到事情就说你们应该怎么样，政府应该怎么样，这是把自己放在群体的外面，没有主动参与性；有些人只讲"个人奋斗"，沉浸在自我膨胀中，这样的人不太能和别人合作，在工作中可能会到处碰壁；也有一些人，只是依附着群体，没有主见，随大流；还有一些人以"我"来代替"我们"，会说我们怎么样，但实际上是以"我"来强行地要求"你"，而不是我们共同来怎么样。

林乃炼：我觉得"我们"是一种新型的社会关系，这跟原来的概念还是有点不一样的。从感性上说，就是刚才苏老师讲到的"物以类聚，人以群分",我想,这其实是一种同质性的人的集合。我认为这里可以分三个层次,一个是共同爱好,一个是共同社区(这里的社区是指社会学意义上的社区,指的是居住在一起的人、共同行业的人、共同组织的人),还有一个就是共同价值观,这三个层次的人构成"我们"的群体,最后通过沟通交流,达成共识,个人才对组织群体有一种认同感和归宿感。我们讲"我们的价值观"的时候有个误区,我们很多工作容易从价值观入手,从最高的那个层次入手,它其实达不到这个效果,反而是通过共同爱好、共同社区的人群推动,才能达到共同的价值观。有时候直奔共同价值观做一些活动,活动的效果可能会事倍功半。我觉得,要从共同兴趣爱好、共同社区这两个层次着手,才能达到共同价值观。市里在做的"我们的价值观"这块工作,直接从最高的价值层面去入手,包括价值主题词的征集,可能都过于庞大,不能深入到真正人群。所以我的结论是,我们讨论"我们",就是要关注最基本、最细小的人群,从最基本、最细小人群开始做这个工作,然后慢慢影响中间人群,最后才能达到大的共同价值观的人群,否则工作达不到这个效果。

胡征宇:是要立足于日常生活中的一个个"我们"群体。有的人曾建议"我们的价值观"最好是改成"我们共同的价值观",我觉得"我们"本身就包含共同的含义,同时又包含"我"的含义,也就是个人与群体的互动性。"共同"理解得不好,就会单纯变成一个群体性的概念。

林乃炼:"我们的价值观"还是"我们共同的价值观"都可以做出来,但是做出来的价值如果与人们不互动,社会还是不认同的,我们肯定要从最基本的人群层次切入。

胡征宇:价值观既是理性的,又是感性的,所以每个群体都有它的独特价值追求,同时互相之间有呼应,有共识和同感,形成价值的彼此认同。这里面应该包含差异,但差异不是冲突,而是能够与共识相互呼应。"我们的价值观"中,"我们"本身有"我"的概念存在,也就是有个人的感受、生活的感受,但又有我与你、你们彼此的认同。

林乃炼：太笼统的思维惯式是浮在表象，没办法深入老百姓的。人们对这个东西不了解，认为跟他没有关系。我们可能要通过各种各样的群体，形成目标一致、有一定差异性、又能互相连接的价值体系，然后慢慢聚拢形成整个社会的共同的价值。这个过程，比最后形成几个字更为重要。

潘虹：我们现在提倡包容和谐的社会，在理解"我们"的时候，不宜把它理解为固化的概念。"我们"应该是变化的，甚至是游移的。通常我们在说"我们"的时候，会把兴趣或是利益呈相同方向的群体称为"我们"，如果我们是不尽相同的，或者是逆向的人群，我们是否也可以称之为"我们"呢？所以，对"我们"的理解如果是固化的话，可能是不太适合现在这个提倡包容和和谐的社会的。

国外一些大公司的高管，他们都有相关的工作守则，守则之一就是你不可以对同行业的对手进行抨击和批评。每个高管都有一个很完整的公关课程，包括你对媒体的发言、神态等各方面，都有一个很完整的培训，课程中非常重要一点，可以作为一票否决的就是，不可以对同行业的竞争对手进行抨击。这不仅是遵循一个基本的礼貌原则，其实也是遵循一个战略和生存原则。那就是"我们"的概念意识，你把竞争对手打倒的同时，也把你自己打倒了，而对手的拓展空间、利润空间很多时候也就是你的空间。

* "我们"的主动关联

王伟础："我"和"我们"之间还存在着一种竞合的关系。竞不如合，我可以融入和我一样的或者同向的"我们"，也可以从另一个角度或者采用另一种方式融入和我不一样的或者不同向的"我们"，这样"我"的视野才会更宽广，思想才能更多元，自我价值的实现途径才能更多，实现效果才能更好。相应的，"我们"的对象才会更丰富，"我们"的选择才会更多，从而能够把消极的变成积极的，把被动的变成主动的。所以对于"我和我们"的理解不能过于局限。

潘虹：我们看百事可乐与可口可乐，品牌可以做得这么大，谈不上什么特殊的高技术，却多少年生存、发展下来，成为全球最大的产业巨头之一，从中也体现了对"我们"这个概念的践行，即在利益不尽相向的、逆向的关系中，也可以构成"我们"。

比尔·盖茨运作的慈善基金会，其中基金会章程特别强调受援方跟基金会的"对等关系"，在实施的过程中，就是一个"我们"的关系。有些哲学概念的运用，不是脱离实际或者说仅仅是作一些形而上的思考，它对实践可能有着非常重要，甚至是很伟大的指导意义。再回到我们的工作实践、我们的生活态度，就是怎么理解和认识"我们"，概念放得大一些，不从固化的思维去理解，可能对我们处理与同事的关系、与工作团队的关系、与社会各个层次人群的关系，都有很具体的实践意义。

胡征宇：把握好我们之间的关系确实需要一种技巧，这是一种生活的艺术。个体既有特色个性，同时又需要和他人保持交流沟通，在群体中保持互相认同。彼此交谈也是这样的，如果你讲话我什么都附和，那就没有了自己的个性，也交流不起来了，内容就不丰富了。但如果什么都针锋相对，自说自话，不倾听别人，那也就是从"我们"中退出来了。

潘虹：比如有两个极端点，一个是极度的和谐，还有一个是极度的斗争、竞争。任何事物都有个黄金分割点，我们做不到完美，但是可以用自己的感悟，用自己的智慧，尽量向这个点靠近。

林乃炼：我特别同意刚才潘虹老师讲的关于"我们"的理解。我再谈两个观点，一是我觉得我们现在跟原来单位制的最大差别在哪里？比如刚才提到的美院人，和其他人是没关系的，这个"我们"就是固化的，"我"跟"我们"实际上是一种动态的关系。比如曹增节老师，他不仅仅是美院的，也是网群的，在与"我们"的关系上，他其实是多种身份、动态多元的。二是我想讲的"我"与"我们"的关系，或者我们内部的关系，用孔子的"和而不同"是最能准确表达的。不同的人，他肯定有个性、有差异性，但他到最后肯定是"和"，因为通过沟通交流，大家的目标是一致的。"不同"就在"我"，"和"就是"我们"，是这么一个关系。

苏健：刚才潘老师讲的，让我想到自然界的发展规律，不论是在动物界，还是在人类发展中，有对手，有竞争，是有益的。从自身的角度调整自己，提升自己，从对方身上学到东西。有对立面，才能够促进发展进化。

林乃炼：这就是"竞合"，既竞又合。现在组织和组织之间、人与人之间就是竞合，既有竞争又有合作，其实是这么一种关系。竞合这个词蛮好的。

苏健：实际上竞合才会有发展。从"我们"的概念来讲，也是有很多积极的意义。这也很好地诠释了共性和个性，也是体现和谐的。而且个性的东西也是在变化的，在这个过程中变化。"合"就是群体的概念，也是在变化的，是向上的，有利于自身和人类发展的。

张晓敏：我很认同对"我们"进行一种动态的理解。从语法上说，"我们"是一个代词，而现在的理解，是把它理解成一个动词。刚刚讲的竞合也好，融合也好，要把不同的群体进行竞合或者融合，或者把同一价值观的群体整合起来，不同价值观要共存，对立的价值观要相互包容，也就形成了我们的一个竞合的关系。这个观念网群比较早的时候就提出来了，一直成为网群的文化。我们的联动、内部的复合，实际上也是在做一个竞合或融合的过程，现在已经逐步走上社会认同的"我们"的观念。

*别让"我"在公众中迷失

张建明：我觉得我们提倡的除了最终目标以外，应该有个实践的途径，达到的手段，怎么来做这件事情。比如乃炼讲到我们现在从最高端出发，群体的东西我们做到了，比如网群的展评会、点评会，还有国际日活动，都是群体性的。下一步，就是让"我们"这个价值观念也能够渗透到每一个人，让每一个人在其中都能享受到一种快乐，从这个价值观里享受到快乐。就像刚刚潘虹讲的红十字会，做志愿者会觉得很快乐，不用号召，这个就是价值观在召唤。我想到上大学时读的普利高津的耗散结构理论，我觉得对我们也是有启发的。他是个化学家，获得过诺贝尔奖，他提出的这套科学哲学思想很有名，后来变成了一个流派。打一个比喻，一个水壶中的水在不断地沸腾，蒸汽有出去也有进来，这其实体现了一种耗散结构：它是一个非常有活力，但又非常稳定的结构。一些国家很稳定却没有活力，一些国家非常有活力但社会不是很安定，我们要像这个耗散结构一样，活力需要不断沸腾，有不断的"出去"也有不断的"进来"，我觉得这个最符合网群的概念，它很有活力，不断地有新鲜血液进来，不断把陈旧的东西放出去。我们现在做的事有点像这个，非常有活力。我希望网群以后能够在实践的途径、表达的手段等各方面探索怎样从整体转化到个体，让更多参与的个体能接受我们的价值观，还能享受到这个价值观。享受价值观是非常重要的。我们很多人忘了本来的目的，关注这个社会价值，却忘了人文本身价值。很多人穿名牌就是这个概念，是炫耀，也是表达一种心境，但真正享受的是，这个名牌的确穿着很舒服。

胡征宇：确实，现在名牌很流行，但穿的人有些不知道这个名牌到底意味着什么，代表什么品质和文化，这就是盲目跟从。盲目的追求，实际上是没有自觉个性的。他想要不同，但不同的是什么却不知道。盲目的个体极端很容易走到盲目的整体极端，比如说排外情绪，盲目的、极端的爱国主义情绪等。不光是我们，其他一些国家也有极端的情绪。个人的极端的碎片化、原子化，同时也会趋向于极端的一体化、从众化。

张建明：从哲学角度而言，这是一种异化。跟着别人走了，已经忘了自己，自己的影像在其他人身上体现出来，和自己无关，别人穿名牌，他也穿名牌，不知道是什么。有些人很想表达个性，享受生活，但找不到实现途径和手段。西方的宗教为了表达"我"的一种美好的向往或生活，可以每天做祷告，礼拜天斋戒。即使是形式，也是一种表达的手段。中国的佛教很朴实，很简单，它有两句很著名的话：苦海无边，回头是岸；放下屠刀,立地成佛。它给了个途径,人们可以非常快速、便捷的,不用经历生死挣扎来体验这种价值,享受这种价值。实现价值的途径和手段非常重要,革命时期共产党人提出"回家种田地",当年中国有五亿人口,其中4.3亿是农民,土地满足了他们的诉求,这个值得我们研究。

胡征宇:当时对不同群体在宣传上有不同的侧重面。比如,对知识分子讲的是独立民主,对农民侧重于"分田地",对妇女讲"男女平等"等,学生也还有共同的价值宣传,如推翻"三座大山"。

张建明:我觉得价值观的实现手段、表达途径有时候是至关重要的,否则就是一种思想专制。网群现在有这么广大的一个社会基础,实际上应该说是有了一个"普及"的概念,让每一个人都可以接受。在一个群体活动之外,每一个老百姓如果真的了解我们这些核心理念和核心价值,就很容易从我们这个概念里得到一个享受。理解很重要,但能够分享更重要。

王伟础:今天听了各位老师的发言很有启发。刚才说到,以前很多人不懂服装,盲目地认为只要是个名牌,穿到我身上就好。这从某种角度讲也反映了个人与群体、我与我们之间的关系,可以说明"我"还是需要"我们"的。大家可以思考,其实穿西服的变化就是说明了从"我"到"我们"的过程。西服刚引进来的时候,很多人穿西服是为了体现个人的身份,他袖口上的标识是不拆的。但是慢慢的,知道了这个标识要拆,要符合大众的衣着规范,否则则显得无知。到现在知道不仅要品牌,更要穿着合体、合身,要量身定制。这个过程说明"我"需要"我们"的认同,同时,也只有在"我们"中间,"我"才能得到不断提高和升华。我在想,"我们"是谁?每个"我"可看做各种各样的鱼,鱼只有在水中才能生存,才能长久,才能活跃,才能"鱼鱼共鸣"。但这个"我"也有不同的分众,比如水有海水、溪水、江水、淡水等,需要根据"我"的不同,分散到某一个群体里面去,所以我理解"我"是永远离不开"我们"的。央视新闻联播有一则"百万记者下基层,深入到生活中间去"的新闻,有一句话说得好,用在这里很合适。他说我们要像鱼一样,融入我们这个群体,而不要像青蛙一样，需要水的时候跳进去，不需要水的时候就跳出来。应用于"我们"理念，就是不能太自我，不是当"我"需要"我们"的时候，我融入"我们"中去；当"我"不需要"我们"的时候，"我"就抛离"我们"。所以我觉得，"我"跟"我们"就是鱼跟水的关系，不同的"我"就像不同品种的鱼，不同的"我们"就是不同类型的水，不同的"我"有不同的选择，不同的选择追求的都是一个融合与升华的过程。

苏健：穿西装在改革开放的初期是一种时尚，但人们对西装的认知不多，对名牌西装了解更少，西装袖子上原来用作选择西装品牌功能的品牌唛头，被一些人误认为是表达和传递个人身份的标识。实际上这也是一种人以群分的表现，一种希望被认同的表现。而"我"与"我们"用不同的鱼与不同的水的关系，这个"水"则是凝聚"我们"的理念，使认同相同理念的各种各样的鱼游到一起，从而鱼鱼共鸣，发展壮大。

王伟础：第二个理解，也是刚刚乃炼讲的，网群发展到现在，我们做了很多关于"我们"理念的事情，中间也牵涉到小"我们"和大"我们"的关系。我们不能分众到一定程度变成一种极端，变成一个个"小我们"的概念。所以我觉得我们现在这个机构组织很好，有纵向、横向，有线、面、块。但在其中，我们一定要非常谨慎，注意不要变成一个个小范围的小"我们"，当形成单体的小"我们"的时候，我们就变成一个失败的"我们"机构了。第三是我们做"让生活更美好"价值观的时候，可以分解成三个层面：首先是"让我们更好"，要把这个理念传递到非常基层的地方去，如果我们一下子要把很崇高的东西都灌输到社会层面或老百姓心中，他很难接受，所以我们现在是先要从更广泛的角度认知"让我们更好"，然后才能具体化地实现"让我们生活得更好"，最后能让每个"我"在心中切实感受到"让我更好"。我觉得宣传或者策划也应该分这三个层面来做。

潘一禾：我觉得任何一件事情只要愿意让它通过众人的认真讨论来展示，该问题的很多点和基本面就会自然地展示出来。我们今天这个时代其实是需要不断去反思时代变迁和文化变迁过程的，因为一切都变化得有点太快、太草率，让人内在地有紧张感和想知道自己到底处在什么历史和社会的位置上。其实今天的讨论一开始就讲到我们曾有大量的标语、大量的口号，这个是新中国文化的现象。比方说，上海世博会提的"城市，让生活更美好"，"城市"其实是一个客体，它怎么能让我们更好？但换个角度来看，这其实是中国文字、汉字中最普遍的一种表述方法，就是它的指代是不明的，主客体是不分的，说的好听点叫作"天人合一"，说得不好听就是"我们"缺席，我们"被"（什么人或什么政策、什么发展计划）变得"更好"了。这样一个标题翻译成英文，直译的话人家肯定会说语法是错误的，因为城市怎么能让你更好？西语在语法上是不允许犯这种"错误"的，我们犯这个"错误"的原因我觉得可以理解，因为我们曾经就需要这个指代不明，来表现一个既是大家都明白的意思，又是少数人更有特权的这么一个现实。

胡征宇：我们提出"让我们生活得更好"，这句话的主语是"我们"。这句话可以转换成"我们让生活更好"，但用"让我们"，是表达一种我对你、你们的邀约、建议和商请，同时又赋予了一定的感情色彩。

潘一禾：我认为从让"我们"都来参与、由"我们"自己来让我们生活得更好这个角度来讲，杭州的口号应该更强调我们的主体性。自古以来中国有个问题，就是未"参与"的人更多，只有少数人"主导"或"参与"，这也是一个阶层差异的问题。比如这个口号："城市因你而骄傲"，城市是不可能为你骄傲的，但是城市管理者有可能说：你做的这个事情让我为你而骄傲，所以"参与"城市发展并有成就感的人往往是管理层。而被管理的人，会觉得"城市因你而骄傲"中所指的"你"不是"我"，最多是那个被×××看中的"我"（或我的一个方面），这里面的实际内涵其实挺复杂和微妙的。所以中国人的"参与"最有意思的地方就是，他不是完全不参与，也不是真正参与，每个人的"我"都多少处于一种"有限参与"，一种有限主体的参与。当然有些人自认为是全力参与其中的，因为他可以决定的事情很多，但大多数人会暗中衡量"我"参与的程度是多少，我的利弊得失是多少，这是个非常灵活和需要经常权衡的事情。

那么，在这样一个一直延续到今天的思维模式背景下，今天来讨论什么是"我们"、什么是"我们的价值观"和我们为什么要回避"我们共同的价值观"的说法时，就非常有意思了，因为这实际上是要我们对我们整个文化的基本表述方式有一个反思，有一个观念上的扭转。刚刚王伟础讲的比喻其实也很有意思，比如他说的淡水鱼和咸水鱼有没有共同价值？如果说它们都需要共同的"水"的话，这就是一种抽象的"水"，不是具体的水，具体的水肯定是有区别的，但抽象的水是可以共享的形而上的概念。鱼是肯定需要水才能生存的，但淡水鱼到了咸水中就不再可能是活鱼了。其实这也涉及汉语里的抽象和具象表达。汉语里抽象和具象这两个概念可能是模糊的，或者说我们不太习惯讲它们的根本区别。比方说，如果淡水鱼和咸水鱼要有共同价值观的话，那本身要有对抽象的价值观的认同。共同价值观要认定这个共同是对所有的人，不但是管理者，而且包括被管理者；不但是捐赠者，而且包括被捐赠者，对所有的人都是对等的。你要真正意识到这一点，你才能理解这个价值观是共同的，而且这个价值观提出来是对所有人都有感召力的，是不可阻挡的。换言之，我们的价值是需要不断地从具体出发，从问题出发，通过众多主体参与者的讨论和协商，通过不断的发现和经常的对话，来维持和享有的。它不是一个现成的口号和一堆空洞的概念，大家一起喊，一起照着做，然后就是我们的价值观了。它也不是因为有具体的人或事做不到、做不好，就可以随便嘲讽和轻易放弃的价值观念。

所谓现成的"我们共同的价值观"里面非常常见的一种现象，就是它对某些人有感召力，对某些人感召力不够；对某些人是真感召力，对某些人来讲是作秀，这里面涉及的不光是我们讲话的方式，还有我们思考的方式。

胡征宇：应该说，"我们的价值"中，包括共同的、能理解的价值观，同时"我们的价值"中因为有了"我"的主体性、个体性，所以还包含了个性化、能感受到的价值。这样，把价值放到了生活中，放到了"我"的主观心理感受与面向群体性的普遍理性的相融中。当我们把价值放到"我们"之间，放到个体感受与群体理解的统一中，这样价值就有可能不再是外在的强制律令和信条。

潘一禾：我觉得现在的中国在观念、组织方法和治理形式上都正在出现真正深层次的改变。在这种改变里，我也比较同意林乃炼讲的，就是要有共同的社区、有共同的组织、有共同的价值观，这里面涉及工作程序、秩序和怎么分工的问题。

具体就价值观的讨论而言，我认为塑造价值观确实需要找些关键词来表达。发起者们能想出来的这些关键词肯定是正确的，但是如果堆得太多，大家反而都记不住，而堆得太少又不能够让所有的人因共享价值而聚合起来。这个价值观建设的工作不做也是不行的，所以我个人认为这个工作也需要一个好的分工。有些人的工作就是不断地去讨论和谈论价值观，比如我们现在的一些学者在做的很多事情，就是把最古老的真理、最恒定的一些常识，换一个方式再说一遍，或把一些必要的道理又煞有介事地做一次讲座，这其实也是必要的。有点像国外的布道者，他们的布道其实也就是把一些最核心的价值理念每天换一个例子，换一个语调，换一个心情，换一种听众再说一遍。

胡征宇：我们、我和你、你们是一个个平常的词，与抽象的"人"、"公众"不同，我们的价值就是平常的、普通的生活中能体验和理解的目标追求。应该有一部分人去研究、提炼出一些普遍的成分，抽象出一些比较稳定说法。这种抽象的说法、普遍的成分，是在个性价值与文化互动中形成的。同时，也只有融入具体的情景中、个性的环境中才有意义。

潘一禾：我也非常同意林乃炼说的另外一个意思，具体做价值观工作的话还要有非常实际的东西，如具体的、从下到上的东西。这个原来我们做得是最差的，差在哪里呢？我觉得就像刚刚讲的，中国对竞争、对立的理解与西方的理解不太一样，我们害怕的是观念和理解对立之后就会有不和谐，甚至就会直接奔向暴力和革命了。既然想有竞合，也就肯定会有竞分。在出现竞分的时候，我们怎么去掌控局面呢？过去我们在这方面经验比较少，担忧也比较多，所以现在为什么要做基层的工作，就是要真正理解现在大家的苦难是什么，需求是什么。其实竞合与竞分都是很正常的情况，两者都在场、相互作用才会有社会的活力，在竞分中努力就会出现竞合。价值观的稳定应该是一个动态的稳定，而且事实上对每个主体而言，可能很多实体的稳定（财富、地位、智力、身体）都不如价值观这个形而上的东西稳定。

我们过去比较固定的社会身份，或者比较有固定提法的价值观到现在都松动了，因为我们的工作单位、我们的生活都变动了，现代城市生活都具有特别大的流动性，新的想法和活法也非常多。最后想起来，我们一生中真正坚持到底的，我二十岁时喜欢的东西和我五十岁还在关注的东西，究竟是什么？确实是兴趣、志向，是经历风雨、一生坚守的基本生活价值观。

林乃炼：在中国历史上，社会结构和社会关系大多数时间比较稳定，但是一旦不稳定，就会发生重大革命，就是所谓的"合久必分，分久必合"，其实我们需要的应该是改良式的、渐进的社会改革，这样的话对社会的破坏性会小一些。改革开放以来，随着经济的发展，社会结构和社会关系又发生了重大变化，那么构建立足现在、面向未来的新型社会关系，也就是大家所说的"我们"，是今后一段时间的工作重点，现在必须重新来梳理组织与组织、人群与人群、个人与人群、个人与组织等各种关系。

潘一禾：还有就是要关注落实"我们价值观"的社区建设，这跟我们过去的单位和受教育方式的确是很不一样的。我们系列讨论的后面会讨论到怎样去看待社会兴趣组织、社会志愿组织，怎么去关心社区这些内容。我觉得我们现在这个社区既不像我们传统的单位宿舍，又不像西方的邻里社区。我们现在的社区人际关系的确很可怕，门关上里面是自己的，门一开外面全部是别人的，或者说是自己不参与的。出现在门口的任何一点点事情都是打电话叫物业来处理的，不是自己或邻里之间互动地去自治或解决。这样的生活状态使"我们"的观念非常虚，哪怕价值观上有这样的一个"我们"，你也很渴望和你的邻居有一些互动，但事实上在工作方式、交往方式上，目前是没有制度、没有技巧、没有礼仪、没有仪式、没有活动，这些落地的东西都没有。所以我也很希望我们再往前走的话，大家能有分工，在不同的领域，用非常恰当的工作技巧，让"我们"真正互动起来。然后共同的价值观在互动中自然地生成，不断地强化，与最基本的、核心的价值观互动起来，那应该会很有意思。

＊连接"现实的前厅"与"精神的后花园"

孙丽平：我觉得从"我"到"我们"，是从一个独立的个体到不断增量的群体，这是非常有意思的过程，包含了一种彼此的分享和认同，这个力量是可以改变世界的。刚才大家都讲了很多，我觉得有这么几句话可以概括我的感受，即彼此分享，丰满生命，建筑心灵的后花园。也就是我们所做的，在我们回忆的时候会觉得那是很美好、很宽慰的。刚才谈到邻里关系，各个社区情况可能都不一样，有些社区关系比较融洽，比如要下雨了，会相互提醒收好晾晒的东西。而且，现在养宠物的人越来越多，宠物成为增进社区邻里关系的一个媒介。

胡征宇：这也体现出一个现象，当人与人的关系淡漠到一定程度，人们会从宠物身上寻求一种情感的依靠。我们首先是人的个人性和群体性的关系，逐步扩展到个人的物质存在和群体中的动物、植物和整个自然界，这是很正常的。但如果因为人与人的关系处理不好，彼此不能成为"我们"，不能互为支撑，导致精神上的寂寞，而去动物处寻找精神的安慰作为补偿，这也可以理解、同情。但我们更希望首先在人与人之间有认同，有彼此的寄托，又能延伸到人与物之间。

张建明：如何正确处理人和动物的关系，是一个社会问题。宠物越来越多,也反映出现在社会冷漠、分裂的状态,人们只能转向大自然,转向"心灵后花园",通过养花养草养宠物,在动物、植物身上寻找对人的一种爱,表达很多感情。从哲学角度讲,心灵是精神层面的东西,"前厅"是你世俗的面貌,"后花园"则表达了一种人性对美的追求,保留了一种很美好的东西。有些人的"前厅"和"后花园"对比可能会很强烈,"后花园"很美、很阳光,"前厅"也许很凌乱、很幽暗。构筑"心灵的后花园"其实反映出我们整个社会群体面临的困惑,因为没有能力去改变现状,只能从"小我"进行调节。我们希望"前厅"和"后花园"都能很美、很阳光。

潘一禾:白天的工作,因为体制、环境的力量过于强大,可能人会做着自己不完全认同、欣赏的事情,因此需要一个宣泄的空间。

林乃炼:我觉得李泽厚讲的一段话很好,他说儒道互补,"儒"就像古代人家的前厅,坐在这里有方圆规矩;后花园是"道",是一个可放松的地方。

胡征宇:自我的避世、个人超脱等可以说是"迫不得已"的表现。"后花园"和"前厅"应该互相联系起来。人本身天然地具有两种属性:个体性和社会性。"我们"的概念也是一个复合主语,包含了与他人的互动。如果一个人跟社会隔阂的话,会走向自我封闭,产生个人心理问题。

* 网络与 "我们"

张建明:社会发展到现在这个节点,从社会管理和人文关怀上都有了很大的进步。比如,在"驴友"这个问题上。其实做"驴友"也是一种个人极端的表达,但是当驴友遇到困难的时候,政府会动用行政的、社会资源去帮助他们,这就是一个很大的开放和进步。

曹增节:虚拟性的"我们"也很能说明问题。最早的网民希望自己能够"隐藏"起来,但实际上不行,还是会找网上的"社区",有个交流。原来的"我们"是物理上的概念,现在心灵的空间也得到了拓展。

胡征宇：网络为不同社群提供了很好的交流平台，既能最大程度地让"我"得以表现，又能最广泛地关联到"你"、"你们"，进行彼此的互动。每一个人在网络上的选择最多，他能够以低成本扮演自己喜欢的"角色"，做演员、做评论人、做作家、做商人等。

潘虹：网络很大的一个特色是它可以摆脱人际关系的羁绊进行交流。1949年以来，我们社会形态经过这么大的变化，生活给予我们那么多正面反面的磨练和刺激，我们对社会、生活的理解力、感受力是非常特殊的。现在中国人对西方的了解远多于西方对我们的了解。

胡征宇：与欧美不一样，我们的特点是群体之间的距离特别大，比如沿海地区，它的经济发展水平、生活理念已经达到发达国家水平，但是内地或偏远地区就差异很大。如果都是无差别地来对待，就没有"我们"群体之间的差异性了，对整体发展和个体发展都不利。

张建明：确实，中国沿海发达地区在生活水平上不比发达国家差，特别重要的原因是我们所具有的包容性。从历史发展的角度看，凡是包容度大的国家和文明都有生命力。我们这一路走过来，都是在不断地包容。

胡征宇：所以我们说，现在中国发展的可能性是无限大的。当代中国不是"东方的传统"，而是中西方文化的高度融合、再生融合。但是，现在还只是"可能性"，我们大的发展框架是存在的，需要在构建方面将东西方文明融合共通。日本是精细化运作，它从理念到文化、细节、产品、行为，都有一整套比较精细化的制度。如果我们能把这些融合的东西逐步吃透，我们的发展是无限的。所以，我们现在讲，我们面临极大的危机，但也包含了极大的机遇。关键是以新的立足点，把东西方关于"人"的愿景融合起来。这个新的立足点，就是"我们"。

潘一禾：是的，不光情绪需要宣泄，制度也应该留有一些让人能不断参与和运作、讨论和重建的空间。

* "我们"是东西方文化的再整合

张建明：从制度层面讲，要给人以一种安全的设计，从精神层面讲，要有"笑看花开花落"的那份从容和淡定。

林乃炼：在发达国家，因为法制的健全，公民对其自身的未来、对资产安全和人身安全是很有数的。由于我们是发展中国家，特别是经济快速发展，社会结构和社会关系一直处于变动之中，既得利益者对于自身利益缺乏安全感，这对于经济和社会的可持续发展是非常不利。

潘一禾：还有生态、制度方面的建设和保障也不能或缺。

胡征宇：一般而言，西方有两个党，一个谈个人权益，另一个谈社会福利。个人主义的发展需要整体主义的支撑，这既是两个极端，又相互牵引。我们的传统中，不是绝对的整体也不是绝对的个体，是一个"中"的概念，在制度、文化、经济方面都有一整套的东西，让我们"守中"。现在两者结合，也需要有个配套的东西整合起来。现在网群也在探索，怎么把制度文化与协商文化结合起来，确实要把东方文化与西方文化结合起来。

张建明：延伸到我们网群工作，很多种运作可以把西方对个人的激励机制和东方的"模糊"有机结合起来。网群有很多的事业和空间，在大的框架制度下，可以根据自己的发展空间和兴趣爱好做事情。

胡征宇："我们"既包含"我"的主体性、个体性，又有"你"、"你们"的客体性、群体性。一方面能通过群体性的法和制度的建立，来处理个人与群体的关系，如决策机制等；另一方面又要有情感的东西，形成互补，形成个体与群体的互动。

王伟础：要在一定的规则里面，确定方向，更多地发挥我们的主观能动性，处理好规范性与灵活性、主动性之间的关系。

曹增节：这里我想起小岗村的案例。小岗村书记劳累过度去世，新华社有个评论是值得我们深思的。小岗村其实是最早的个体发展的案例，它的建设主要是社会投资。现在这位书记去了以后，说要由完全的个体走向集体，但是村民不同意，工作开展不起来。这个案例给我们的反思是，社会发展有不同阶段，从最早的大一统到分散再到极端的分散，会出现问题。我们需要找到一个黄金分割点，既能找到个体的利益，又能保持集体的作用。

胡征宇：今天关于"我们"的讨论是很有收获的。原先"人"的概念里，要么是个体人的问题，要么社会人的问题，现在，"我们"是把两者结合起来，有一个新的立足点。今后行业、社区、企业、院校等不同的群体，可以通过不同的载体和媒体来讨论。内容可从主体层面，延伸到存在方式、目标导向领域，而且会越来越具体，落实到操作，落到具体的各个方面。行业是"我们"的行业，社区是"我们"的社区，个人是"我们"的个人，这提供了一个新的视角、新的出发点。

参与人员：

胡征宇（杭州市发展研究中心主任）

曹增节（杭州市城市品牌促进会秘书长）

潘　虹（钱江晚报资深编辑）

苏　健（杭州市城市品牌促进会行业事务总协调）

林乃炼（《杭州》杂志总编辑）

王伟础（杭州市城市品牌促进会常务副秘书长）

张晓敏（杭商研究会常务副秘书长）

张建明（中国日报浙江记者站站长）

潘一禾（浙江大学传媒与国际文化学院教授）

孙丽平（杭州创业研究与交流中心理事长）

吴玲虹、沈玲玲、叶彬松、苏晓晓、商文芳、陆悠、章文韬

关于"我们"与文化产业发展的讨论

——"我们"的文化融合是文化产业发展的源泉

时间：2011 年 8 月 31 日（周三）
地点：江南名石苑

＊主动关联的文化生态系统

胡征宇：当前，杭州在倡导"我们"价值观的活动。之前，我们也提出"让我们生活得更好"。"我们"既包含主体，又包含客体，体现的是你中有我、我中有你，彼此主动关联。今天在座各位都是在杭州从事文化创业、文化经营工作的从业者，对于文化产业来说，它包含着个体创造与群体关联、文化内涵与经济运行等互相关系。形成基于"我们"主动关联、特色互补、互为支撑的文化创业生态系统，探索以文化价值和特色来开展文化的经营、运行，将具有十分重要的意义。今天我们就围绕"我们"交流与创作话题，分享一下各位在文化创业方面对于"我们"构建和创作的经验。

王伟础：我认为，杭州城市品牌的核心理念——"让我们生活得更好"的关键词是"我们"两个字。围绕"我们"价值观的构建，这句话还可演变成"我们，让我们生活得更好"。"让我们生活得更好"与"我们，让我们生活得更好"两者有共通的方面。"让我们生活得更好"的"我们"是全社会的我们；而"我们，让我们生活得更好"的"我们"是特色我们，是小"我们"让大"我们"生活得更好。小"我们"是一个

218

个特色的我们，它让社会的大"我们"的生活丰富精彩起来。因为文化本身有个特征——共享性。文化只有具有共享性才能被一个群体或者一个社会接纳，也才能被社会的"我们"所接受。如果文化变成个人的怪癖或者独有的封闭的东西，这就不能称之为"文化"或者"文化现象"。现在社会发展中产生了一个新词——"另类文化"，但即使是"另类文化"，它也有一个群体。这是牵涉到小"我们"中的"我"和"我们"的关系，"我"只有融入大"我们"中，文化才有传播力。而传播力正是文化的关键词，没有传播力，文化就要死掉。我们现在的文化语言中有继承、传承、融合、和谐等概念，说明文化是多元的，相互之间是能够包容发展的。现在有个词叫"文化力"，倡导的也是传统文化与现代文化的结合。用句形象的话说："只有让菩萨坐上奔驰车，文化才能被更好地传播。"当把文化的特征与"我们的价值"对比后，我们会发现文化发展的本身就已经包含了"我"与"我们"等诸多文化含义。

胡征宇：是的。文化的创新创造，更多的是我们主体的创造力，和自我主动的想象力；而文化的认同、传播、则更多地需要面对你、你们，需要我们彼此的交流。但创新创造过程中，又需要有交流和碰撞。而传播的过程，也是一个创造性传播，创造性经营的过程，这两个方面又是统一的，这就是"生活"。

王伟础：人生在文化中，审美情趣、道德规范、消费习惯等文化的内容，就像地球的大气层包围在我们四周。从这个层面上来理解，作为文化事业的实践者、服务者，我们必须要形成一种共同的价值观和共同体。中国最早的演艺文化，就包含多种特色文化的融合和演绎，比如遇到喜事、亲友相逢等唱的《祝酒歌》，就包含了音乐艺术、演唱艺术和文化产品（酒）等多种元素。既然文化尤其是艺术作品是一个共同体，作为文化事业的从业者，我们更要相互融合，彼此关联。单体的特色"我们"让大"我们"生活得更好是做不到的，一个个特色"我们"结合起来才能使得社会的大"我们"生活得更好，才能对生活方式、生活习俗、城市文化进行引导。事实上，我们正是引导者，起到输血的导管作用。又比如，杭州人熟悉的茶。最早的茶从业者炒茶、卖茶，是为了生活。而现在的茶已经上升到一个文化领域，这样产生出了茶艺师培训、茶艺、茶道，通过文化传播使得我们的生活变得丰富，单纯的口渴喝茶是简单的生理需求，但除此之外现在还有文化需求，因此才产生"以茶交友"、"以茶会友"的文化语言和文化环境。

程俊：这正如台湾曾仕强先生所说的，文化就是生存的花样。但无论如何解释与定义，或者表现形式的雅和俗，我们今天所探讨的文化是属于价值观层面的东西。真正优秀的文化必须是符合与提倡社会美德的价值观，倡导真善美、感动心灵、丰富精神的文化。它具有一种正向的能量，能引导我们走向生命的大道，实现让生活更美好的愿景。

王伟础：那么，"我"要怎样才能融入其他的文化状态和环境中，实现相互支撑、融合发展呢？我认为我们的文化创业可以尝试构建一些文化社会共同体，如把书画、演艺、茶艺、休闲活动作一个结合，因为只有在结合中才能传播一种整体生活方式，形成一种文化品位，也只有这样才能使"我"更精彩。为什么呢？因为只有我们通过引导将某些文化变成为全社会所接受的生活方式和消费习俗，"我"和"我"的企业才能兴旺发达，这也就是我们经常提到"城市品牌、行业品牌、企业品牌互动"。所谓的企业品牌，"品"是物品、产品；"牌"是牌子，就是文化。比如喝茶，人们会挑有品牌的"和茶馆"，这说明"牌"只有真正融入茶文化中，个体的品牌才能凸显出来，这就体现了"我"与"我们"之间的关联。演艺也是如此，以前的美声、交响乐等高雅艺术，普通百姓听不懂，逐渐封闭起来后变成小"我们"，慢慢地变成孤家寡人，不被社会接受，最后逐渐退出文化市场。这也就是为什么现在的文化团队要改革，改革就是要融入社会中去，融入大"我们"中去，被"我们"所接受、欣赏，这样才能获得发展。再比如现在歌舞团的管弦乐队都喜欢融入企业、城市等传播活动和公益活动中去，这样事业才能获得更大的发展。

何方：从这个角度讲，杭州文化生活的极大丰富、文化消费的持续升温，正体现了"我们"理念在文化创业中的成功实践。我们看到，一家成功的文化企业，总是既能彰显自己个性特色，同时又能积极主动地融入城市文化，引导市民参与，推进行业协作，在相互的交融、彼此的嵌入中，获得丰富多彩、持续稳定的发展。

王伟础：总之，"我"和"我们"是密切相关的，只有相互融入、相互关联、相互结合，我们的文化事业才能得到更好的发展。我作为一个文化从业者，对此很有感触，我策划的文化类的东西都是采集于社会，再融入社会中去。这样策划出的产品才能完整，才能被市场所接受，企业才能发展。

程俊：杭州市品牌办最早提出的"品质生活"概念，我觉得特别好，我们一直沿用到今天，我们每天的工作就是希望创造一个有品质的生活。现在提出"我们"这个概念，我也有自己的理解。人生下来，便有了"我"，慢慢长大成熟后又从"我"变成了"我们"。小时候迟到，找的是"妈妈没叫我"、"堵车"、"下雨了"等理由，责任不在"我"；慢慢长大后，迟到的理由变成了"我没调好闹钟"、"我没有做好这个事情"，责任在"我"。所以说，从"我"到"我们"是一个心智逐渐成熟的过程，是一个成长的过程。当"我"变成"我们"，"你"和"他"也就消失了，关注的东西也更多、更广，"我"与别人的区别感、冲突感、对立感也逐步变少了。再扩大一些，很多的"我们"就是社会公众。如果我们内在关注的是公众群体，这就是一种社会的进步。以前听一位居士讲课，有位企业家问，什么是渺小，什么是伟大？居士回答说，当你心中只想自己一个人时便是渺小，当你心中想着很多人时便是伟大。

苏健：从"我"变成"我们"是一种社会的进步，也是一种社会的需要，当"我"希望在社会活动中发挥的作用更多、更大时，"我们"就成为"我"的有力支撑。

程俊：我认为，从社会管理层面说，"我们"的价值观是一种心智的成熟，是一种社会的进步，是一种化解矛盾的思维方式。它有非常丰富的内涵，具有社会发展的前瞻性。当想到"我们"的时候，就有了一种"一体感"。佛教认为，无缘大慈，同体大悲。你是否切身感受"我"，这也是一个怎样看世界的问题。如果仅仅从小"我们"来看问题，会非常痛苦。因为我与你、他都是有关联的，比如生一个孩子，不光需要男人和女人，还需要水、空气、阳光等因素来维持生存。同样，"我们"还可以大到一个团体、一个国家，"我"与"我们"的关系可以大到团体之间、国家之间的关系。如果单个团体、国家不是只以自己为本位考虑、处理事情，不是以自身利益为最高，世界也就不会有这么多矛盾。

胡征宇：对。所以我们常说，"我们"与一般意义上说的"大家"、"人家"是不同的，"我们"是包含个体、主体的，强调的是"一体"的概念。而人家、大家、公众则往往是单纯的群体的概念。现在一讲到群体，往往讲"大家"如何、"社会"如何、"公众"如何，将"我"与"我们"分开来，其实是一种冷眼旁观。

王伟础：说到"我们"，"我"在"们"里；说到"大家"，"我"则在"们"外，是在对着"们"里面喊。

胡征宇：是的。所以，有些人抱怨社会、抱怨别人，将自己封闭起来，刻意将"我"与他人对立起来、孤立起来，甚至攻击人家、厌恶人家，这是一种没有同情心的状态。

程俊：对，刚才您还提到文化的个性化和共性化的关系，其实也是大和小的融合关系。深想下去，对"我们"这一概念的思考，是一个心智的改善过程，是化解社会冲突的思维方式，我们从这方面着手研究的意义很大。我们提出的生活品质，是物质生活发展到一定程度后的必然要求；而对"我们"的思考，则是一个从文化、价值观、心智上重新思考、化解社会冲突和矛盾的很好的切入点，其中有很多文章可以做。

王伟础：物质生活丰富到一定程度后，一定需要也一定会思考这些问题，这是人之为人的自然追求。

程俊：由今天讨论的话题，我想到了"生态系统"这个概念。我一直从事文化实践活动，在企业的运作中一直在思考：企业该如何走下去。我是一个有理想的人，有自己坚守的愿景，总希望把好的东西带给他人。有记者曾采访我：你要做什么样的作品？我说，要做感动心灵的作品。因为只有真正感动心灵的东西，才能影响一个人的行为，其内在的文化也才能被接受。我们的政府或社会群体在做文化相关的产品、活动时，经常会思考亮点，因为亮点容易被人关注，而对系统则思考得较少。亮点在某一时候因集聚力量而闪光，被人关注，犹如沙漠中的花朵，但它并不真正起作用，真正的文化一定存在于生活中。

＊更好是一种发展

王伟础：你所讲的实际上也是一个文化的传播方式问题。文化传播不一定是思想教育、课堂讲授，有时候通过娱乐八卦的方式也能传递一种文化。因为大众的接受能力有限，所以我们一定要把复杂的东西用简单的方式进行表述和传递，否则百姓搞不清楚所谓的理念、概念。为什么"生活品质之城"能引起共鸣？因为百姓根据自己不同的理解，可以对"让我们生活得更好"作不同程度的、不同角度的具体解释。在百姓心里"让我们生活得更好"可能就是今天能够多喝一点酒、品尝一道菜那么简单。

胡征宇："更好"，在不同群体中可以有与之相对应的不同理解，"更好"是一种比较中的选择、一种理解中的感受。

程俊：就是没吃饱的要吃饱，吃饱的要吃好，吃好的要有更高的精神追求。"让我们生活得更好"有两个关键词，一是"我们"，一是"更好"。我们要对"更好"进行解释，并使之逐渐标准化。

胡征宇：是的，我们要让"更好"在不同群体、不同阶段、不同范围的内涵逐渐清晰化，也就是要形成可感受、可比较、建设性的各类标准体系。

* 文化与经济的融合

程俊：对于文化生态性的建设，国民美学基础的建立、普通百姓文化理念的提升非常重要。如果我们没有一开始就在国民幼小的心灵中种下一颗美学的种子，今后"精神的病"就很难治愈。我们在教育人们如何去赚钱生存时，不能忘了精神层面的成长，比如文化教育、美学教育、艺术教育等。比如，一个德国的司机，下了班后换上礼服去买票听交响乐，他不会因为自己是个司机就拒绝高雅音乐，因为他的心灵中从小就种下了美学的种子、艺术的种子。从我的文化经营实践看，事实上，高雅音乐市场很难做，因为需要很长的时间，是几代人的积累。如果人们从小就在心灵中种下了美学的种子，社会上就会形成一个美学文化的支撑群体，这样才会有市场的繁荣、企业的发展。讲到企业文化，我一直认为真正的传播是去做，不是要做"灯塔"，不要做谈判，而要做一个实践者。我们今天评判一个文化产品成功与否，往往看它是否赚钱。当然赚钱生存非常重要，但除此之外，它能否起到引导人们生活方式、提升人们的精神层次的作用也非常重要。我认为一个好的文化产业一定是把精神的提升与市场的经营有效地结合起来。

胡征宇：怎样处理好文化和经济的关系，这个非常重要。过去经常讲的"文化搭台，经济唱戏"，这就把文化与经济分开了，文化往往是外壳、是包装。但真正的文化是以"文"来"化"，将文化作为经济的内涵，这才是文化与经济的融合。如果只是空对空地谈文化，而在实际经济运作中没有文化内涵，这样的模式一定是有问题的。

王伟础：这就是"文化经营"与"经营文化"的区别。文化经营就是披着文化的皮去做经营，是表象性的；我们真正要做的是经营文化，把文化当做特色商品去经营。

程俊：今天我们在树标杆时，往往偏重于考虑经济效益，这是有误导性的。我在企业经营实践中也一直在思考文化与经济的关系，我始终认为，文化不能被过度工具化。当下，我们讲到"文化产业"时，往往将"文化"和"产业"分开来，如果文化仅仅是为了产业，那文化就是工具。我并不是说把文化做大不对，而是要看清楚其真正的意义。一种文化的经济成功是否能作为所有文化的标杆和示范？如果是的话，这样的导向是有问题的。真正的文化一定是不能被工具化的，也一定是有其神圣性的。

* "我们"与文化产业的生态性

苏健：程总说得对，我很受启发。其实"我们"这个词似乎大家天天在讲，没什么特别的，但通过今天我们的讨论就会发现，这是一个非常重要的概念。刚才讲到一个"生态化"的概念，我对"生态化"有三方面的理解：第一，从"我们"的内涵来看，存在着"我"和"我们"的关系，体现的是"我们"中的我。第二，"我"在"我们"中是主动的，如果"我"没有主动性，没有自己的观点，其实就在"我们"之外。第三，"我们"的观点和理念在"我们"中产生共鸣和认同，从而使"我"自觉、积极地相互关联、相互协调，"我们"中的每一个个体的"我"都要从自身出发为"我们"而努力。这样才能从理念上来解释"我们"，也更符合"生态化"的概念。

在我看来，作为"我们"，有一个共同的价值观和共同的理念是"我们"的存在基础，在"我们"中体现"我"的价值，从而实现"我们"的价值。今天交流的主题，正是通过每一个"我"的努力为"我们"实现"让我们生活得更好"这个理念。我们既是这个理念的实践者，也应是这个理念的传播者。我们要让这个理念惠及更多人，不断提高自己的生活品质，改善我们的生存状态。

项辉：是的，当前确实有许多因为共同的兴趣爱好或文化价值观而聚合起来的社会团体，共同研究、讨论、学习、交流、实践和提升某个主题的"文化"，并在这个过程中实现自身、团体的价值。其实这个过程也是文化让人们实现更好生活的过程。

苏健："我们"是个群体，可以是有某种信仰的组织，还可以是为某个目标服务的机构，也可以是为共同理想而奋斗的团队。总之是为实现共同的理念和目标汇聚在一起的。"我们"中的每个人都有其不同的特点或特长，并以这些特点或特长服务于这个理念和目标，也就是为"我们"服务，从而使每个个体的长处和特点最大化。

王伟础：这就是一个"生态化"的概念。正如草可以肥土，土又可以育草，使草长得更茂盛；泥土培育出绿叶和红花，花瓣和落叶又化作春泥让土壤更肥沃，根茎长得更强壮，从而让叶更绿、花更红。文化在"我们"中的产生、传播、发展也遵循着和自然界一样的规律，是一条相互支撑、相互吸收、共同发展的生态链。只要一个环节缺失了，整个循环链条就断了。所以，"我"和"我们"不可分离，是一个统一体。

苏健：在这个过程中自然而然地需要各种分工和合作，从文化创业这个角度更能体现出来。就像刚才程总讲的，我们到底是只把文化作为一种赢利工具，还是为了发展我们的文化、提升我们的精神追求。所以，我们提出的"让我们生活得更好"的理念，从文化创业的角度来说，它是想通过文化使更多的人在精神层面得到熏陶。

程俊：其实说白了就是让大家活得更好、更丰富。像100岁的杨绛先生就活得非常丰富和充实。她说想要用剩下的时间来洗净自己100年来所受到的污染。其实文化人从事的工作不管是为了经济效益还是为了文化本身，最终都是为了得到幸福的生活。文化与经济是密不可分的，两者一个都不能少，但最好要有前后顺序。

孙丽平：其实这是一个落脚点的问题。有些人的根就在文化上面，有的人则落脚在经济上面。我们做文化，还是要落脚于心灵的深处。按照程俊的说法，其实经济只是一个途径，只是一个支撑、一个手段，文化才是落脚点。从"我"到"我们"是一个心智的成长和成熟过程。我们人与人之间有很多的交往，俗话说，"物以类聚，人以群分"，虽然人与人是不一样的，他们在交往过程中也会存在着各种碰撞和交锋，但要做成一件事，方方面面的条件都要把握好。我觉得今天的讨论我很受启发，特别是对于理解"我"与"我们"的关系问题。

* "我们"的资源整合与困境突破

李远健：我从文化创业如何实现对"我们"的支撑角度，来谈一些看法。我先举个例子，前段时间杭州北部新天地综合体中有一个2万平方米的工业遗存项目，是世界著名设计师设计的艺术展览中心，我们想在那里做一个艺术综合体项目。但最后项目没谈成，原因是政府相关的文化政策没法落实。现在杭州的艺术品收藏市场有六七家，但做得好的基本没有。杭州的画廊也有不少，真正有品牌的也只有三四家。浙江是个文化大省，杭州也是个文化强市，但与杭州如此多的文化艺术资源相比相关的政策是不匹配的。杭州人都很喜欢文化艺术，很多人都想去经营文化艺术，但经营好的人不多。所以，我在想，能否创设一个平台，让各种文化艺术资源在这个平台上实现"我们"相互支撑、特色互补。比如杭州可以在国务院颁布的第一批历史文化名城的基础上做个城市艺术联盟平台，通过"网络带项目"，实现城市之间的文化艺术资源互补。通过联盟我们可以开展一系列活动，进行广泛的文化交流。这可能是一条实体化的路子。杭州也可以通过这些大型的活动来进行城市品牌的推广，来建立一个可持续发展的项目。从目前杭州在全省的文化地位看，这也可能是一个途径和方向，真正把杭州建设成文化艺术强市。

胡征宇：这是文化艺术产业发展的一个好点子。其实真正有深度的文化还有很广阔的资源整合空间。传统企业垂直体制统一经营模式下，如果简单地以扩大规模的经营思路来经营文化，文化的内涵会被稀释，文化特色一定会被减弱，最后会沦为单纯工业的概念。文化的个性和企业的规模是有一定矛盾的，关键是形成既保持个性又互相协作配合的经营结构，也就是形成"我们"的网络状、生态型经营模式。

程俊：深度和规模是很难协调结合得很好的。现在的文化产业，媒体是做得最好的。媒体自己做演出、做画廊、做展览，所涉及的资源都是充分投入的，因为它们掌握的是垄断性的媒体传播资源，它们可以自己宣传自己的，如果有企业想合作，就需要花费较大的代价。

席挺军：我前年就碰到过媒体资源垄断的问题。所以我们现在就通过"我们"的联动，增加我们项目的实际参与者，建立各种活动团体，实行线下的互动和交流，来达到新闻传播的目的。

王伟础：我也碰到过这个问题，所以我一直在提倡做好活动，以做大活动来带动媒体的宣传。除了自己做活动媒体外，我们也可以通过一些新媒体来宣传，如微博等。

程俊：我们面对媒体资源不足的时候，主要是通过做大自己的网络，增加博客等新的媒体来实现传播。

席挺军：前面几位专家已经高度地概括了"我们"这个概念。我也谈谈自己的看法。我最早是在网群内部刊物上看到"我们"这个概念的。当时，这个词对我很有冲击力，因为我看到它已经从概念的层次落实到网群的每一项工作中。就我的理解，以前网群内部讲的"我们"是把网群作为一个小社会的"我们"的概念。所有网群内部的机构成员都是在"我们"的范围内开展工作，大家相互合作、相互支持，形成一个小的社会的概念。我认为，在现代社会，这是一个非常好的架构和模式。可以把这个概念扩大，放到价值观的高度去讨论，作为一个社会和行业发展的主要课题来考虑。现在社会中的年轻人很少关注"大家"与"我们"。年轻人苦一点、累一点就受不了，他们往往以自我为中心，我们和他们讲我们当年的艰苦经历，他们也无法理解。所以，我认为"我们"这个概念的提出有很多东西值得去讨论，"我们"既融合了"我"、"你"，同时又超越了"我"、"你"，应该把个人事业发展、单位工作开展放在"我们"的视野和平台上，共同创造发展的前景。

苏健：讨论"我们"的概念，判断它涵盖的范围，从根本上讲取决于理念涵盖的范围。"让我们生活得更好"的理念，能更大程度地体现和满足人们的期望，通过讨论"我们"的概念，让更多的人了解"让我们生活得更好"的理念，支持"让我们生活得更好"的理念，把"让我们生活得更好"的理念融入个人的理想、事业、工作之中，成为"我们"中"我"的一员。这是讨论"我们"概念的价值所在。

席挺军：今天的讨论有两个议题，一个是对"我们"的概念理解和互动，另一个是怎样把"我们"的精神融入文化创业的历程中去。我举个例子，杭州市文化娱乐品牌促进会的建立，历经了一年多时间，我们作为这个事业的执行者，认为这个平台非常好。比如我们现在组织了"百名意大利画家画杭州"的活动，这样大的活动光靠一家企业、一个部门来主导，是很吃力的。但有了"我们"，我们的参与面就变得很广，参与运作的各方资源就很丰富，就能够把这个项目做得更好，影响也更广。从这个角度来看，文化娱乐品牌促进会就很好地诠释了"我们"这个理念，也体现了前面说的"生态化"的概念。实践证明，这个生态系统是有效的。

王伟础：文化的"生态化"发展体现了一种"我中有你，你中有我"的需求。"我"必须放到"我们"的环境中，才能有发展的空间，体现出个体的价值。同时"我们"必须吸纳和包容"我"，才能获得源源不断的养分和活力，从千千万万的小"我"中提炼、升华出共同的目标、价值观和信仰，并最终成为一股强大的社会推动力。

席挺军：那么，文化创业者应怎样通过文化价值、文化特色的提升来传播文化、经营企业？我也举个例子来说明。我们恒庐美术馆，运作十余年来，一直在探索"我"怎么看这个社会，"我"怎么融入这个社会成为"我们"。我们恒庐美术馆在把握这个度的时候，听从了一些老先生（恒庐五老）的建议。他们要求我们这些行业新来者要修炼好内功，培养好文化素养，不要去做一些短期内发光的事情，这对长远的发展是不利的，要做出自己的特点。所以我们在运作上一直坚持做一些学术性、公益性的项目，比如我们坚持了9年的恒庐讲堂和定期开展的公益性展览，在展览中保持一定的档次和层次，这就突出了"我们"的特点。这样坚持下来，产生了好的效果，也有力地推进了艺术品交易的发展。

王伟础：从企业层面到政府层面，在我们所做的很多不同层面的文化活动中也体现了把"小我"的特色创造融入"大我"中去，同时又把"大我"的价值观和精神内涵渗透到"小我"中来，实现"我"和"我们"的互相融合和互相推升发展。比如，我们曾经为市政集团、省交通集团、中萃食品等大型企业策划重大纪念活动时，没有把这些活动局限在"企业自己的活动"的狭隘范围内，而是把它扩展为一次企业与社会互动的机会、单个企业与相关行业交流的机会。从这一思想出发，策划了许多企业文化建设与社会主旋律充分结合的活动形式。借助活动平台，将企业发展与社会发展贴得更紧，推动企业社会责任意识的树立和社会形象的提升。不仅扩展了企业纪念活动的内涵和外延，也提升了活动的层次和境界，使企业活动能够往上走。换一个角度，我们在 2010 年为富阳市策划举办 2010 中国富阳富春江运动节时，意识到要将这样的"官办活动"往下走，要充分放到百姓中去。于是牢牢立足于富阳本地，不请大腕明星、不一味去追求潮流，充分调动富阳当地相关团体、企业、各大社区的力量，完成了所有活动和表演。这种源自同一个理念、同一个目标的力量是巨大的，最终证明只有让无数"小我"融入"大我"，发挥"小我"的特色和创造性，才能真正办好属于城市自己的有影响力的特色活动。

席挺军：从整体上看，虽然杭州是艺术品的重镇，但我们还缺少几样东西。一是缺少上档次、成规模的艺术品集聚区，二是艺术品和金融没有真正挂起钩来，三是杭州还缺乏品牌性的艺术品。这几个方面对我们杭州艺术品的发展有很大的影响。但现在银行业已开始关注这方面的内容。比如民生银行就在和我们合作发行浙江省第一只艺术品基金。如果我们这只基金能够成功的话，在全国也是很领先的。还有阿里巴巴淘宝拍卖，现在也在找我们，要做一些艺术品方面的拍卖，要做一批高档拍卖品。其实这就是我们在文化艺术品市场中，既不失"我"的立场，同时又通过"我们"获得整合创新发展的运营之道。这两个例子归根结底都体现了我们前面讨论的"我们"的理念。就像我们文化娱乐品牌促进会就起到了这个载体的作用。两年多时间我认为这个载体能够承载"我们"这个概念，并且还是非常有效的。

胡征宇：我们可以把文化娱乐品牌促进会和恒庐美术馆作为"我们"实践的重点案例，来探讨如何实现"虚"（理念）和"实"（项目载体）的结合。

席挺军：我觉得我们的运作还是有效的。在做事情的过程中，能够实现行业的优势互补，体现了"我们"的价值，又对社会有了贡献。小"我"也有了，大"我们"也有了。

苏健：席馆长举的例子说明，文化创业真正的生命力就在于把自己的特色或优势很好地发挥出来。回过头看恒庐美术馆这几年的文化经营之所以成功，得益于它自身特色的发挥。不论是其文化特色，还是其资源特色，都很适合开展这一系列文化活动。这又恰恰体现了"我们"群体中作为个体的"我"的价值。"我"的个体生命力越强，那"我们"的生命力也就越强。但目前，很多人只是把文化当做简单的商品，只要觉得有利可图，就盲目地一哄而上，结果是做足了经营，做没了文化，失去了自身的特色，最终导致无法持续发展。所以，立足自身特色，发挥优势，是文化企业生命力的根本，这是我的第一个感受。我的另一个感受是，只有把自己的个性特色充分地展示、张扬，才能对个体的"我"和"我们"产生极大的提升。此外，所有的文化都是历史人文的体现，所有的文化都是人类发展的多样化表达，所有的文明都是人类智慧和人类发展的结晶。我们要通过我们现在所有的活动，来倡导、传递、培育我们的文化理念。这次我们去澳大利亚考察，在墨尔本博物馆里，很多艺术品并不熟悉，有的甚至完全不了解，但面对它们的时候，会给你一种震撼，这种震撼来自哪里，或许我说不清、道不明，但确实受其影响，激动不已。

程俊：这是一种艺术灵魂与人的心灵的对话和关照，它超越了知识，超越了理论，直达你的内心。

苏健：所以，我们从事文化传播的机构，要让更多人了解我们所创作的文化，从而有效地传递到更多的社会个体。事实上，我们在做的许多工作，已经逐步地影响着越来越多人，对人们的文化和精神层面需求给予了一些满足和提升，或许是心灵的愉悦，或许是事理的明了，人们从中慢慢地接受"我们"的概念，自然而然地靠近"我们"、融入"我们"。

李远健：刚才提到的恒庐美术馆的例子，我的一个感受是，艺术品市场的发展要按照它的规律办事，比如要重视练内功。从经营的角度看，就是要亏得起3年、5年，尤其是做艺术品。所以，我们要很好地总结恒庐美术馆成功的经验。之前，我们曾想成立一个杭州艺术网，或是艺术杭州网的一个艺术品资源平台。在这个平台上，究竟要选择什么内容，选择什么企业参与？我从今天的讨论中也明确了这一点，我们要选择那些能凸显"我们"价值的，能按艺术品经营规律办事的企业，比如恒庐美术馆等。这就是我们要重点推荐的内容。具体可以按内容、按品牌公司来分类，以品牌公司带行业，从中找到"我们"的结合点，这一点至关重要。现在很多人乐于经营文化，但真正能够经营好的不多。就杭州看来，想经营文化，但最后对经营文化失去信心的人可能是越来越多。关键是部分文化企业没有找到"我们"的共同价值，没有形成整体的共建、共享的事业导向。从杭州建设"生活品质之城"的角度来说，这也是不应该出现的现象，与杭州历史文化名城的地位也不符。所以我们一定要反思这些问题，关键是要让政府部门、文化企业认识到艺术品发展的客观规律，不能急功近利。

* 营造精彩的生活方式

庞颖："我们"是一种产业优势的互补、文化特色的融合，"我们"的提出是对我们文化创业成功的经验总结、理念提升。我经营茶馆这么多年，越来越意识到，文化实际上就是生活方式，是一种生活的体验和沉淀。如果不能成为人的生活方式，文化就失去了存在的根基和土壤。比如喝茶，很多人尤其是年轻人都已经不再喝茶了，都喝咖啡和饮料，那么茶文化的传承就无所依附了。其实现在我们也感觉到，相对于生活在嘈杂城市高楼中的人，生活在美丽乡村中的人越来越显得有智慧，他们懂得运用日月星辰运行规律、二十四节气进行农耕，获得生活资料的同时，享受自然、享受人生。这就是中国人的天人合一。如果上天赋予你美好的事物，但你却不知道享受，不去真诚地感受和体验，生活将是苍白乏味的，文化更是无从表现。杭州是一座有着深厚文化积淀的城市，是一座优雅的城市，是一座能让人找到生活灵性的城市。如果我们能理解大自然，怡情山水，体验杭州之美、西湖之美，这方山水才能滋养我们，融入我们的生活，我们才能感受西湖文化，传承文化，进而创造文化。

程俊：是的。我想起 2010 年和一个代表团参加一个台湾论坛，当我方介绍完杭州的文化创意园区情况后，时任台北市副市长的李永平说道，虽然我们没有很好的条件、很多的地和钱可以创办很多文创产业的园区，但我们台北 200 多万人口中，每天有 100 多个文化团体活跃在大街小巷，我们的文化不是在圈圈里而是在百姓的日常生活里。所以我认为，真正要看一个社会的文化，一定要看其生活，而不是看哪个领导、哪个明星在做什么，真正的文化存在于生活里，甚至有些东西虽然是娱乐性的内容，它也是一种文化。

庞颖：所以说，文化更多层面上讲是一种生命体验，若是将文化仅仅当做经营的工具，那是悲哀的，但我们并不反对经营文化，我们也要谈如何进行文化创业，宋城也好，印象西湖也好，用不同方式展示了西湖的美和杭州的文化，都能感动观众。在我看来都是很好的文化经营模式，因为每个人的生活方式不同，价值观也不同，对生活、文化的理解也不同。我想文化就具有这种力量，它不需要语言，超越国界。也许他并不知道梁祝是谁，也读不懂苏东坡的诗词，但在这种场景下，他读懂了浪漫，体验到了西湖山水那种浸人骨髓的风情，并因此而感动。所以，我们说，杭州就是这样一座风雅的城市，她有风俗的一面，但她同时也有很雅致的一面。如果我们每一个从事文化经营的人，能够把这座城市读懂，自己先把城市和文化体验明白了，我们才能真正把文化与我们的经营对象、我们的顾客来分享。所以，对生活的热爱、对文化的真诚，正是我们要与他人分享的一种"我们"的文化价值观。

胡征宇：对的。文化的经营不是一种单向的推销，而是一种文化的交流和分享。在交流、分享中，顾客既是消费者、接受者，又是参与者、创造者。

庞颖：很多人到和茶馆来，都说，你们杭州人真是太会享受生活了，听到的是鸟叫虫鸣，闻到的是香甜的空气，吃到的是杭州家里菜，喝到的是香郁的西湖龙井。在杭州让人感受到了一种全新的城市生活方式，感受到一种自然与生活融合在一起的生活形态。杭州为什么在浙江省能成为历史人文方面的"老大"？因为她有厚重的人文底蕴。而这种人文现象就是一种生活方式的集结。任何一个地方，如果能把自然和人文的东西结合起来，就是一个核心竞争力，就是自己独特的特色和个性。为什么阿曼在全球自然与人文结合得很好的地方开自己的酒店？这就是它的聪明之处，当地的这些文化都不是阿曼的，但它居然能在每一个国家开成功。因为它读懂了那里的自然风情，也读懂了当地的人文情趣。我认为这就是一种至高的智慧。从这个层面讲，文化就是你读懂了大自然，读懂了当地的一种生活方式，并把它们集结起来。

王伟础：吸纳、包容、整合、创造、再分享的过程，体现了一种创新的智慧和分享的胸怀。在这种创新和分享的过程中，"我们"因"我"的融入有了新的内容，"我"因"我们"获得再一次提升和传播的机会。所以我们的文化、我们的城市文化不是孤立的、封闭的自我发展，而是许多必要因子和特殊因子、本土因子和外来因子、历史因子和时代因子不断集结融合发展的结果，最终才能形成城市独有的文化氛围和社会风貌。

庞颖：所以，在杭州这座城市，大家发挥各自的特色，形成"我们"

的特色互补、相互关联和彼此支撑，具备很好的条件。只要把生活的方方面面，把不同特色的文化融合起来，形成"我们"的整体特色，呈现、营造一种精彩的生活方式，就一定能吸引全世界的人到杭州来。我有一次帮别人做明式婚礼的茶会，在一个明式婚礼情景下，在一个古村落中，演奏者穿着中国明代的衣服，拉响小提琴，流淌出来的那种浪漫能够打动每一个人。不管是西方音乐还是中国传统音乐，都是能够融合在一起的，好的东西就一定能打动别人。

王伟础：它不是一种纯粹的单项经营，而是让文化背景与当地特色等形成互补、关联和支撑。

胡征宇：它是将龙井茶、佛教文化、山水文化等几个方面融合起来形成整体特色，这就是"我们"的特色互补。

庞颖：其实在和茶馆经营拓展过程中，我们也有失败的案例，到现在我们终于明白，做文化实际上就是做人们的生活方式。我们在阿曼的茶馆就是在一个山村里，做成了一种家里的味道，就能打动别人。据我的研究，30岁以下的年轻人会追求味觉、口感，但30岁以上的人所追求的用杭州话来说就是"落胃"。那什么东西最"落胃"呢，就是家里的东西，就是妈妈的饭菜，而这些就进入了文化的范畴。

* "我们"的文化创业环境

林晔："我们"本身蕴涵着一种文化价值观。当前，我们正处于一个价值观不断嬗变和多元化的时代，究竟应该有怎样的底线和边界，确实困惑了许多人。我感觉改革开放三十多年来，人们价值观的变化不亚于经济社会领域的巨变。我曾经思考过这样几个问题：一是想了解我们目前的价值观究竟是怎样的，能否客观地描述出来；二是我们这个时代应该具有怎样的价值观，以及我们的价值观如何体现杭州的特色；三是我们的价值观如何与好的社会管理、好的社会治理方式结合起来。另一方面看，我们还需要把"我们"价值观与"文化"产业发展结合起来。那么什么是文化呢？从广义上说，文化是多元的，我认为相对他人而言，所谓文化就是"我"的生活态度的一种表达和追求。我们每一个人都是平等的，我们每个人都需要有尊严，需要被理解。所以，我们的文化在表达过程中，体现出来的也是个性化和多元化的。而个性化的基础就是相互的宽容、相互的理解。所以，在"我们"的概念中，文化是多元的。反过来说，正因为有多元文化的客观存在，我们也才会希望这些多元文化在相互宽容的基础上能有更多的相互支撑和共同创业追求。如果脱离"我们"的支撑，唯我独尊，硬生生地构建一个单一的强势文化，肯定不久就会被淘汰。

项辉：是的。从社会化的过程来看，每个人一生必然在各种"我们"的关系中承担不同角色，如在"我们家庭"中承担的儿子、丈夫、爸爸的角色，在"我们单位"中承担职员的角色，在"我们班级"中承担学生、同学的角色……在这些角色中，没有哪个角色是可以丢弃的，只有每个人把这些角色都扮演好，才能营造和谐融洽的"我们"关系。那么，文化也是如此，我们应该尊重、保护、发展各种文化的多样性、多元性，才能更好地推动文化的和谐发展。

林晔：另外，从地域角度看，文化又离不开文脉传承与地方特色，事实上所有的文化都是具有特色的。所以我们在发展、推动"我们"文化的时候，尤其是把创业看做传播文化的一种手段和工具、把产品作为文化呈现载体的时候，我们应该更多地考虑如何在创业的过程中把杭州这座城市的人文特征更好地体现出来。因为，具有传承性和地域特色的文化更容易成为商品被市场所接受的影响因子。

孙丽平：我认为品牌文化是指我们这么多年来逐步形成的文化积淀以及价值观取向。价值观取向很重要，品牌价值观取向决定一个企业、一个项目能走多远。品牌文化不同于企业文化，它是企业外在的一种传播，将其品牌的理念有效地传递给消费者及相关对象，并占领他们的心灵。这点苹果公司做得非常成功，它是口碑式营销策略。我们知道口碑式营销是一种非常快捷而又廉价的方式，它的成功有五点要素值得借鉴：一是开发出

236

独一无二的产品价值，二是塑造正确的产品形象，三是选择合适的目标群体，四是激发消费者对产品的兴趣和购买欲，五是保持口碑传播的热度。归根结底，任何一种成功都并非出于偶然，苹果公司口碑传播的成功也是一样，是精心策划的营销活动所带来的成果。

林晔：那么，文化创业如何着眼于"我们"，实现相互的关联和支撑？正如前面大家提到的，在我们做文化经营的时候，要避免文化被滥用和粗暴复制，导致产品与服务的文化属性被稀释消散。我觉得这就需要在排除不良殖民文化和伪文化的前提下，在文脉传承的基础上，不断有新的或多样的文化元素融入，也需要一批被特色文化所化育的"我们"，来实现文化与创业的自然关联。比如我们网群现在正在推进的美食品牌联盟，在我看来，就是要构建一个跨界参与的、真正的社会复合主体，其目的就是要整合多种文化、科技、媒体资源，把餐饮美食做得更加符合杭州的品质导向，更加有文化的含量，更有利于提升行业品牌的价值，让杭州的美食产业发展走向一条高品质、有内涵的、可持续的发展道路。

何方：从另一个层面看，美食品牌联盟的构建，实际上就是一种基于"我们"价值观的文化创业，它以美食文化为底色，融合了山水文化、丝绸文化、茶文化、演艺文化等要素，是杭州多种特色文化产业相互交融、整体发展的具体展现。

林晔：从这个角度来说，我们在考虑构建一个有文化含量的整体创业环境的时候，不能仅仅依靠出台一系列促进文化创意产业发展的政策和扶持措施，还需要一些更具体的、以特色文化渗入为导向的产业组织形式创新。平时大家讨论比较多的是一种狭义的文化产业概念。比如画廊，它实际上是一种文化产品的传统业态，具有强烈的文化属性。因为艺术不适宜大规模复制，这种传统文化产业发展的核心推动力本应取决于艺术创造者的文化个性和基于美感的创新与表达能力。但是我们杭州纯艺术品市场往往存在过度的商业化、过度的炒作、真赝难辨、信誉透支等现象，更多的是体现了艺术品的投资、投机属性。既然是投资品，那么就需要懂投资、懂产业经营的人来操作。如果是纯粹文化人来做，难免会出现市场的大起大落。另外，我们看到，杭州一些按现代产业组织方式推进的文创产业就发展得相当好，如动漫、网游等。此外，文化正日益成为现代制造业的核心生产力，以往制造业的发展主要是依靠技术创新在推进，是基于对客观世界认识的提升而导致产品的改进。而现在很多产品的创新则是由我们内心的审美需求和内在自我完善的动机推动的，文化、艺术正越来越多地融入制造业，使美感与科技一起成为创新动力。比如 iPhone 手机，它不仅具有美感，还有时尚的内涵、宗教的元素，能满足人的潜在内心需求，拥有很高的文化含量，它卖 4000 多元，我看其中 3000 多元卖的都是文化。

胡征宇：它的营销手段也是文化的、生活的，是一种文化的经营方式，也是一种基于人的生活方式的营销。

林晔：所以，现在文化在我们的制造业和服务业中、在现实生活中渗透得越来越多，在生活的方方面面都有文化。比如说李总的第六空间，经营的是家具，也是一个美感很强的企业，要满足和引导人们更有品质的追求。杭州有一些小酒吧、小茶馆、小会馆等，很具有美感，而且都能体现"精致和谐"的人文精神。

何方：这恰恰也说明，正确地看待文化，是我们更好地进行文化创业的前提。犹太哲学家马丁·布伯说，人与外界有两种关系模型，一种是"我—你"，一种是"我—它"。在"我—你"关系模型中，我们都是主体，我与你、你们是一种主体间性，我们相互对话、相互映现、相互融合、相互丰富、相互成就，达到精神上的满足和充盈。而在"我—它"关系模型中，它是工具、是手段、是桥梁，我对它是一种利用、占有。所以，对于一个人来说，"我—你"、"我—它"两种关系模式都要建立。如果只有"我—你"，你活不下去；如果只有"我—它"，那你就不是人了。就像我们面对一杯茶，如果我们渴了，喝一杯白开水，那就是"我—它"关系；如果我们来到和茶馆品茶，那可能就是"我—你"的关系。一杯龙井给我们更多的是精神的愉悦和享受，用庞总的话说就是体验到生活文化的芬芳。同样，对于文化，我们既有"我—你"的关照，要与文化对话。或者用李总的话讲，就是要尊重艺术品的规律。同时也要学会更好地经营文化，更好地开展文化创业。

项辉：其实，我认为文化创业的过程就是一个形成文化价值共同体的过程。作为创业者来说，首先要设计、创作出消费者都认同的文化产品，同时也要通过产品提升培养消费者的鉴赏力和品位。通过塑造"企业—顾客"的价值共同体，不仅传递了我们的价值观，也做大做强了我们的事业和产业。

何方：更重要的是一种"我们"的实践，即如何在坚持自身文化价值、艺术规律的前提下，实现互动融合、优势互补、合作共赢。庞总的和茶馆是一个很好的案例，多样文化融合形成了和茶馆丰富独特的文化形象，吸引着众多的顾客前来消费。此外，前面提到的美食品牌联盟，也是一批来自企业、部门、高校、媒体的人士在美食行业进行的互相交流融合、协作创新。今后，我们还将整合联动丝绸、演艺、动漫、疗休等杭州的特色产业，形成杭州特色行业品牌联盟，实现整体品牌效应。品牌联盟的建立有助于推动杭州各行各业的"我们"的创作走向整体、走向自觉。事实上，文化与文化之间的对话、产业与产业之间的交流，会产生很多新的经济增长点，从中大家看到自己行业的发展前景，激发多种创新思维，形成最大的品牌效应。

项辉："我们"交流与创作是一个系列座谈会，我们希望通过系列座谈的方式、创作的方式，把我们这个小群体一直在倡导的"让我们生活得更好"的理念，以更好的载体和方式，与整个城市的精神串联起来、嫁接起来。在"我们"的创作上，也希望在座的专家能把虚的理念交流与实的项目运作结合起来，与我们共享。

胡征宇：刚刚项辉讲了，我们是一个系列座谈会。文化是情感性的，文化需要表达和表现。我们要把个性特色的表现与我们的创业、经济发展、文化内涵相融合。刚刚大家谈得都很好，这就是一种"我们"之间的交流。我们的交流，不仅是思想沟通，也会产生合作成果。从企业的角度来说，要发挥各自优势，相互支撑，相得益彰，形成一种集群效应。刚才大家讲了一些具体的项目内容，如文化创意交流网络平台建设等。今后我们要进一步把虚和实结合起来。比如设计一些具体的项目载体，以具体的项目载体来加深对"我们"理念的理解，从而在整个城市中，进行"我们"价值的构建、"我们"文化的倡导、"我们"创作的推进，推动城市的各行各业都能参与到"我们"的相互支撑、融合发展中来。

参与人员：

胡征宇（杭州市发展研究中心主任）

王伟础（杭州市城市品牌促进会常务副秘书长）

程　俊（杭州品质文化机构总经理、杭州红星文化大厦总经理）

何　方（杭州生活品质调查中心主任）

苏　健（杭州市城市品牌促进会行业事务总协调）

项　辉（杭州市发展研究中心文化建设处副处长）

孙丽平（杭州创业研究与交流中心理事长）

李远健（杭州发展研究会副秘书长、第六空间副总经理）

席挺军（杭州市文娱品牌促进会常务副会长、恒庐美术馆馆长）

庞　颖（杭州茶楼业协会副会长，和顺堂茶文化推广机构总经理）

林　晔（杭州发展研究会秘书长、杭州科技信息研究院院长）

附　录

让我们生活得更好

——2011 "生活与发展" 国际会议主旨材料

在杭州,在这座文化悠久、经济繁荣、环境优美的城市,我们,来自学术界、企业界、媒体界、党政界等不同职业、不同行业的人士,提出"让我们生活得更好"。

"我们"是"我"与"你"、"你们"的主动关联,延伸开来,是主体与客体、个体与群体、自我与他人、个人与社会的主动关联。我们,既注重表现个性和自我,又注重发展群体与社会,个体是群体性的个体,群体是个性化的群体,互为渗透,彼此嵌入。我们可以关联到我们个人、我们社会、我们行业、我们社区、我们单位、我们家庭等,形成嵌入式、复合型、网络化的主体结构。

生活,是"生存"和"活力"的和谐创新。既有整体发展,又有个性表现;既有新颖变化,又有持续稳定;既有文化创新,又有经济统筹。生活倡导丰富多样,在和谐中的丰富多样;生活需要持续稳定,富有创新的持续稳定。在生活的和谐创新中,形成我们的文化生活、经济生活、个人生活、社会生活、创业生活、家庭生活、社区生活、政治生活等,构成有机、互动、生态的存在方式。

更好,是"快乐"与"充实"的自觉肯定。包含着感受与理解的互相肯定、情感与理性的彼此交融、价值与氛围的双向渗透、美丽与真实的交相辉映。在更好中有快乐、有美丽，是充实的快乐、真实的美丽；在更好中有充实、有真实，是快乐的充实、美丽的真实。更好包含着更快乐、更健康、更舒适、更安全、更新颖、更有序、更时尚等，形成我们可参照、建设性、过程中的目标导向。

杭州市民主促民生、民主促发展的实践与思考

杭州市发展研究中心

　　党的"十七大"报告指出，人民民主是社会主义的生命。发展社会主义民主政治是我们党始终不渝的奋斗目标。改革开放和发展社会主义市场经济的伟大实践，使我国经济、政治、文化、社会生活等各个领域都发生了深刻变化，突出表现是社会经济成分和经济利益多样化、社会生活方式多样化、社会组织形式多样化、就业岗位和就业方式多样化日趋明显，社会创造活力进一步增强，同时对社会主义民主建设提出了新的要求。如何丰富民主理念内涵，构建民主参与平台，拓宽民主参与渠道，创新民主参与方式，以民主解决民生问题，以民主推进经济社会发展，已成为当前城市发展面临的重大课题。

　　人民当家作主是社会主义民主政治的本质和核心。民主从主要方式看，包含参与民主、协商民主和选举民主等；从运行程序看，可分为直接民主和间接民主；从基本内涵看，又可分为实质民主和形式民主。本文主要讨论的是参与民主、协商民主，其本质就是一种直接民主、实质民主。倡导参与民主、协商民主，就是要让人民群众能以最为直接的方式，参与到身边事务的管理中，实现自己的民主权利，维护自身的利益。因此，参与民主、协商民主，就是人民群众最直接、最现实、最基本的民主，是直接民主和实质民主。从这个意义上讲，民主就在我们身边，就在我们生活之中。

杭州是一座"生活品质之城"。生活是一个很普通很平常的词,但又蕴涵了丰富而深刻的内涵。从根本上说,生活就是人的生存和发展的活动,是一种生命力和创造力。生活既包括日常生活,又包括工作创业。在杭州,市民的民主意识、深厚的民主文化、多样的民主参与方式等民主因素,无不渗透在人们日常生活的方方面面。从这个意义上讲,民主本身就是一种生活方式、一种创业路径。这正是本文研究的切入点与着力点。

一 民主是时代呼唤、人民要求

(一)构建民主参与平台,是调动社会各界主动性、积极性、创造性的重要途径

人民群众是历史创造者,只有充分尊重人民的主体地位,发挥人民的首创精神,才能使全社会的创造能量充分释放、创新成果不断涌现、创业活动蓬勃开展,才能推进经济社会持续健康发展。构建民主参与平台,切实落实人民群众的知情权、参与权、表达权、监督权,就能使社会各界的诉求得到充分表达,各方利益得到有效维护,就能充分激发人们的主人翁意识,调动社会各界主动性、积极性和创造性,使人们满腔热情地投入到经济、文化、政治、环境和社会建设之中。各级党委、政府就能最大限度地集民智、汇民力,调动一切可以调动的资源与力量,推进经济社会又好又快发展。

(二)构建民主参与平台,是实现社会公共治理的必然要求

随着市场经济体制改革的深入,在公共治理中,政府不再是治理公共事务的唯一主体。各社会组织、企业组织乃至个人都可以成为公共治理的主体。与传统的公共行政相比,公共治理不再是自上而下、依靠政府的权力、通过行政强制对公共事务进行单一化管理。由党政界、知识界、行业

界、媒体界等不同社会主体，通过互动的、民主的方式，共同治理公共事务的管理模式，是一种强调各主体彼此参与互动、协调配合的新型治理模式。构建民主参与平台，有利于政府、市民和社会组织在治理公共事务时，发挥出不同的特殊作用，形成党政界、知识界、行业界、媒体界"四界联动"，做到治理效率的最大化、方式的最优化。

（三）构建民主参与平台，是维护社会和谐稳定的重要保障

社会和谐稳定是人民群众的共同心愿，是改革发展的重要前提。和谐社会要靠人民群众共同建设，稳定的局面要靠人民群众共同维护。由于社会主体多样分层，容易造成彼此间不了解、不理解、不协作，甚至造成矛盾和冲突，不利于社会和谐发展。搭建民主参与平台，扩大公民有序政治参与，确保公民参与民主决策、民主管理、民主监督，有利于市民和社会各界交流各自的价值取向、观点看法、利益诉求，化解不同群体之间的对立，有效增进相互理解，最大限度地激发社会创造活力，最大限度地增加和谐因素，最大限度地减少对立冲突，形成民主团结、生动活泼、安定和谐的政治局面。

（四）构建民主参与平台，是培育社会组织的积极探索

党的"十七大"报告强调，要重视组织的建设与管理。社会组织具有提供服务、交流沟通、规范行为的积极作用。当前我国正处于社会转型期，社会结构深刻变动，社会阶层越分越细，社会主体日趋多样，这给社会发展带来巨大活力的同时，也使得社会关系更加复杂，社会发展和社会治理任务更加艰巨。在社会发展和治理领域，需要积极发挥社会组织的联系协调、创新创业、知识服务等功能。构建民主参与平台，有利于在不同行业、不同领域培育反映各阶层自身利益诉求、有着共同发展要求的具有中国特色的社会组织；有利于各类社会组织更多地承担社会公共事务，参与不同领域社会发展、治理与服务，降低政府的社会管理成本；有利于充

分发挥社会组织在社会治理中政府难以替代的特殊作用。

（五）构建民主参与平台，是推进经济转型升级的必由之路

当前，经济发展面临资源、环境的双重约束，转型升级势在必行，迫在眉睫。党的"十七大"报告指出，加快转变经济发展方式，推动产业结构优化升级，这是关系到国民经济全局的紧迫而重大的战略任务。以知识、科技、艺术等文化元素来提升经济发展档次，是我国推进经济转型升级、转变经济发展方式的关键所在，是经济实现从资源依赖型、投资拉动型向人才支撑型、创新驱动型转变的必由之路。构建知识界、文化界、科技界专家与经济界、产业界、企业界的民主参与互动平台，有利于科研院所、大专院校的知识成果、文化能量、人才资源向行业和经济领域释放，促进文化与经济的融合，形成产、学、研一体化的经济发展格局，以高科技、高知识引领产业可持续发展，打造品质产品、品质企业、品质产业和品质城市。

（六）构建民主参与平台，是推进服务型政府建设的内在要求

提供公共服务是政府的主要职能，是现代化政府的显著特征。党的"十七大"指出，要加强行政管理体制改革，建设服务型政府。构建民主参与平台，让人民群众参与社会治理，发挥人民群众在政府公共服务和社会治理中的监督、评价和导向作用，体现了以人为本、以民为先，体现了人民当家作主。因此，构建民主参与平台，有利于政府转换职能、转变作风，使政府能以群众呼声为第一信号，以群众利益为第一追求，以群众满意为第一标准，把群众关注的热点、难点问题，作为政府服务的重点，推进政府职能从主要依靠行政手段、强制方式管理社会，转到亲民型管理、服务型管理上，"寓管理于服务之中"，打造服务型、亲民型政府，为人民群众提供方便、快捷、优质、高效的公共服务。

（七）构建民主参与平台，是增强社会主义公民意识的重要载体

民主法治、自由平等、公平正义，是人类社会的美好追求，是政治建设、政治发展的重要价值和目标。党的"十七大"指出，要加强公民意识教育，树立社会主义民主法制、自由平等、公平正义理念。民主参与、民主协商是人们群众最直接、最现实、最基本的民主，是群众"身边的民主"，事关人民群众的切身利益，事关人民群众的创业发展。广大人民群众通过这种日常生活中的民主，逐渐学会用民主的方式、按民主的程序表达自己的意愿和诉求，学会在不同的利益相关方之间进行沟通协调和民主协商，学会在维护自己的合法权益的同时尊重他人的合法权益，树立服从多数和保护少数的观念，学会对政府工作的监督，不断增强民主意识和民主行为能力。

（八）构建民主参与平台，是加强党的执政能力建设的应有之义

党的十七届四中全会指出：党内民主是党的生命，集中统一是党的力量保证。发扬党内民主，必须大兴密切联系群众之风，大兴求真务实之风，虚心向群众学习，热心为群众服务，诚心受群众监督，做到察实情、出实招、办实事。构建民主参与平台，能让党员干部走进基层，走进群众，关注民生，了解民意，集中民智，珍惜民力，有助于党委政府在涉及经济社会发展全局的重大事项决策过程中，让人民群众与专家学者共同参与重大事项，尤其是关乎民生问题决策的讨论，为重大事项的科学决策提供智力支撑，推进党委政府决策的民主化和科学化水平，不断提高党员干部发现问题、认识问题、研究问题和解决问题的能力。

二　民主是一种生活方式

民主不仅仅是政治制度，也是一种生活方式。民主不仅表现为选举等

政治行为，更表现为人们对日常生活的主导与参与。衣食住行、生老病死，是民生中最日常、最基本的问题，也是人们最关心、最关注的问题。这些直接关乎老百姓切身利益的事，只能由老百姓自己来作主。同样，党委、政府为老百姓做事，必须坚持以人为本、以民为先，努力实现好、维护好、发展好最广大人民的根本利益，才能真正做到"发展为人民，发展靠人民，发展成果由人民共享，发展成效让人民检验"。近年来，杭州在实施民生工程中，坚持问情于民、问需于民、问计于民、问绩于民，"干不干"让百姓定，"干什么"让百姓选，"怎么干"让百姓提，"干得好与坏"让百姓评，切实落实人民群众的知情权、参与权、选择权、监督权，做到"大家的事大家来办，杭州的事杭州老百姓来办"。主要体现在如下方面。

（一）公共项目中的民主参与和协商

城市公共项目牵涉到人们日常生活的方方面面。在公共项目建设过程中推进民主参与和协商，不仅可以顺利推进各类项目的实施，而且能够强化人们的民主参与和协商意识。杭州在实施各类城市公共项目过程中，坚持"人民城市人民建，建好城市为人民"理念，积极动员市民以主人翁的姿态参与到公共项目建设中来，为城市发展贡献自己的力量。例如城市建设"红楼问计"。凡是城市重大工程建设项目在实施前，都要在红楼进行公示设计方案，市民以投票方式表达自己的意见和建议，作为工程实施单位的整改依据。杭州西湖综合保护、西溪综合保护、运河综合保护、中山路综合保护与有机更新等重大项目都按照这种方式操作，取得了很好的社会效益。几年来，到红楼去参观城建方案公示展览，提出意见建议，已经成为很多热心市民日常生活的"保留节目"。再如城市品牌公众评选。2006年，市委、市政府在全国范围内开展了杭州城市品牌的公开征集活动。活动共收到近2000人的应征稿，城市品牌推荐数达4620个，推荐者来自20多个省市。来自艺术界、文化界、社会学、旅游、城市规划、传播学等相关领域的专家组成城市品牌评审专家组，经过三轮评审，产生 10 个候选城市品牌。这 10 个候选城市品牌又通过《杭州日报》、杭州网等媒体，接受市民公开投票。"生活品质之城"最终被确定为杭州城市品牌。公共项目的方案公示和公开征集活动，已成为市委、市政府与百姓交流的重要渠道，也成为杭州市民与相关专家行使民主权利、参与民主生活的重要平台。

（二）社会生活中的民主参与和协商

社会生活中的民主直接关系到老百姓的生活品质。在社会公共生活中，必须反映公众意志，体现公众利益，运用民主的机制。对涉及老百姓切身利益的问题，不由领导拍板，不靠行政强制，而是通过发扬民主特别是基层民主的方法来解决。例如解决"光复路改厕风波"。光复路 148 号老房子里的 3 户居民因对改造后厕所如何分配有不同意见，一直僵持不下。为了这个问题，区、街道、社区组织召开了不下 30 次的民主协商会。报纸、电视、广播、网络等媒体主动搭建市民参与民主协商的平台，向广大市民征求解决方案。近两万名热心市民通过媒体进行投票，形成三种解决方案供 3 户居民选择。在此基础上，3 户人家通过民主协商，终于签下了分厕协议，事情得以圆满解决。再如杭州"停车新政"制定。为了解决停车难和乱停车造成的城市交通拥堵这一突出问题，市委、市政府通过媒体广泛征求市民意见，发放了 9000 份调查问卷，派调查员走访了 8000 户市民家庭，1.8 万多户家庭通过交互数字电视调查系统，以按遥控器的方式进行了投票，在兼顾各方路权和停车权的基础上，最终按照多数人的意见实施"停车新政"。

（三）社区生活中的民主参与和协商

社区是城市最基本的单位，社区和谐、邻里和睦是社会和谐的基础。社区生活，尤其是邻里生活中怎样体现民主？怎样让社区成员共同参与社区建设，建立和谐社区？近年来，杭州也作了一些初步的探索与尝试。例如开设"社区网站论坛"。在杭州不少社区都建有自己的社区网站，居民可以通过社区网了解社区的各类信息，并与社区居委会进行交流和互动。社区网建设较早、运作较好的德加社区，还成立了专门的社区网站论坛，居委会每天都要花一定时间上社区网浏览信息，通过上论坛与居民交流，收集大家对社区工作的意见，及时掌握工作中的问题并立即整改，社区网论坛已成为居民与社区干部交流的平台。再如杭州下城区首创的社区"和事佬"调解机制，是由社区内的离退休老同志和楼宇、单元居民自治小组长担当"和事佬"，对日常生活中邻里间的小纠纷、社区里的小矛盾，依托群众自己的力量和智慧来化解，建设和谐社区。"和事佬"常在小区走一走，常到楼道看一看，常进家庭听一听，看到陋习说一说，碰到纠纷劝一劝，遇到困难帮一帮，化解了大量家庭矛盾、邻里纠纷，使邻里更加和睦，社区更加安宁，处处体现出民主和谐的氛围。"和事佬"已成为基层社区民主建设的典型。

三 民主是一种创业路径

民主既是一种生活方式，也是一种创业方式。健全的民主生活，是企业、行业、城市保持旺盛生命力、创造力的基本前提与根本保障。只有发扬民主，畅通民主渠道，妥善处理好员工与企业、个人与社会、百姓与政府的关系，兼顾不同利益群体诉求，人们才能以主人翁的姿态，在不同企业、不同行业、不同领域的工作中，积极主动地奉献自己的智慧和力量，才能真正使一切劳动、知识、技术、管理和资本的活力竞相迸发，让一切创造社会财富的源泉充分涌流，不断增强全社会的创造活力。近年来，杭州探索出了"和谐创业"发展模式。"和谐创业"就是通过构建不同层面的民主参与平台，促进生活与创业、文化与经济、政府与民间、个人创业与整体发展、对外开放与内生创新的和谐，进而推动城市的协调发展、和谐发展、科学发展。"和谐创业"的实质是一种民主创业、协同创业。它通过构建创业相关方民主参与平台，激发不同人群的创造活力，使创业相关方各尽所能、各得其所而又和谐相处，使一切有利于社会进步的创造愿望得到尊重、创造活动得到支持、创造才能得到发挥、创造成果得到肯定，这是最生动、最现实、最具活力的民主。

（一）城市发展中的民主决策

推进民主决策、科学决策是社会主义民主建设的必然要求，是实现城市经济社会又好又快发展的重要前提。近年来，杭州大力推行党务公开、政务公开，在制定城市重大发展战略、建设重大工程的过程中，不但广泛征求广大市民群众意见，更注重吸纳大专院校、科研院所专家学者们的意见，有效推进了城市发展理念、发展思路、发展战略和发展举措的创新。例如，杭州市委、市政府建立了由国内高等院校、研究机构、文化团体的专家组成的决策咨询委员会。市决咨委成立后，先后参与了城市经济社会发展重大项目和重要政策的咨询论证，对事关杭州发展全局的前瞻性、综合性问题开展重点课题咨询研究，为杭州发展中的难点、热点问题积极建言献策，做了大量卓有成效的工作，有力推进了党委政府决策的科学化、民主化。再如健全民主决策机制。在事关百姓民生的重大决策中，坚持党务公开、政务公开，市委全委会、常委会邀请基层党代表列席，政府重大会议邀请人大代表、政协委员、市民代表列席，广泛征求党代表、人大代表、政协委员、市民代表的意见建议。特别是在重大事项、民生工程中邀请市民参与决策，公开听取各方意见。

（二）行业发展中的专家介入

文化人创业是杭州"和谐创业"发展模式最鲜明的特征之一。文化人创业，除了直接创办企业参与创业外，更多的是以专家身份参与创业。专家的介入，一方面促进了文化（知识、艺术、科技）与经济融合，在提升行业档次、推进产业发展中发挥了巨大的能动作用，另一方面也为知识价值的实现找到了载体。近年来，杭州坚持"四个尊重"方针，通过搭建社会各界之间的民主参与平台，促进知识界、文化界、科技界专家介入企业创业与行业发展，既形成了行业中知识文化界与企业界民主参与、民主协商的机制，又有效提升了行业文化内涵和产业科技含量。例如茶行业联盟，通过成立杭州市"倡导茶为国饮，打造杭为茶都"战略合作促进委员会，整合在杭 8 家"国字号"茶研究机构（中国国际茶文化研究会、中国茶叶学会、中国农业科学院茶叶研究所、中华全国供销合作总社杭州茶叶研究院、国家茶叶质量监督检验中心、农业部茶叶质量监督检验测试中心、中国茶叶博物馆、浙江大学茶学系）以及茶企业，辐射茶楼业协会、茶生产基地、茶文化村、茶馆，共同致力于发展茶产业，弘扬茶文化，推动茶旅游，使杭州获得"中国茶都"称号。在这个可以让茶界各方资源充分涌现与汇集的促进会内，专家学者发挥自身潜能和智慧，体现知识价值。像茶人王旭烽就以专家的身份深度参与到打造"中国茶都"的活动中，以文化人的身份参与到行业创业中。由于各界的参与，特别是茶文化人士的介入，有效拉长了茶产业链，形成了从研究、种植、采摘、制作到消费的产业链，提升了茶行业的文化品位与文化内涵。

（三）企业发展中的民主参与

企业发展是城市发展的基础，企业民主建设是城市基层民主建设的重要组成部分。无论是国有企业，还是民营企业，在企业内只有听民意、集民智、聚民力，才能维护企业员工的利益，激发员工积极性和创造性，最终维护企业整体利益。例如达利（中国）有限公司，为了营造良好的企业人文环境，推动企业的民主管理，专门开通了企业员工发表意见、参与企业管理的"网上 BBS 互动平台"。在 BBS 上，员工能有针对性地选择关心的话题进行讨论，畅谈工作、生活的感悟和心得，互换对企业管理的建议，而企业领导也会时刻关注 BBS 内容，针对反映出来的问题、意见和建议，在企业管理的实践中加以改进，确保了员工说话有地方，说话有人听，问题有人解决，营造出民主、公平、进步的企业文化氛围。

四　民主是一种制度设计

民主作为一种生活方式、一种创业路径，需要通过主体架构的创新来实现，通过制度的安排来保证。近年来，杭州围绕发扬民主、改善民生、推进发展，着力推进主体架构创新、体制机制创新，使共建共享"生活品质之城"落到实处。

（一）建立社会复合主体架构

主体架构是各方民主参与的依托，决定着民主参与的广度和深度，影响着民主参与的积极性和有效性。社会复合主体是杭州在民主参与主体架构上的一个探索和创新。社会复合主体是指以推进社会性项目建设、知识创业、事业发展为目的，社会效益与经营运作相统一的，由党政界、学术界、行业界、媒体界等不同身份人员共同参与、主动关联而形成的多层架构、网状联结、功能融合、优势互补的新型社会主体。社会复合主体通过具体的创业活动和事业发展把参与各方联系在一起，使各方以主人翁的姿态介入其中，从而把社会不同群体的外在制约转化为内在关联，把社会不同方面的被动介入转化为主动参与、自觉互动，在创业中协商，以协商推进创业，把创业发展与协商民生有机地统一起来。多方参与、主动关联、民主协商是社会复合主体最显著的特征。例如丝绸与女装行业联盟，通过建立杭州市"弘扬丝绸之府，打造女装之都"战略合作促进委员会，集聚杭州市有关部门、中国丝绸协会、中国美术学院、中国丝绸信息中心、浙江理工大学、丝绸杂志社、市丝绸协会、市服装协会、杭派女装商会、市服装设计师协会等国家、省、市相关机构，以及丝绸女装界知名企业；在这一战略合作框架下，再形成院校、研究机构、协会、研发中心、生产基地、销售基地、展示中心、特色街区等多元主体纵横交错、条块互渗、主动关联、优势互补的网络状结构，有效地整合了产业、文化、旅游、会展、科研、信息、教育等资源，形成了振兴"丝绸之府"、打造"女装之都"的平台。在这个平台上，不同主体之间通过经常性的交流、协商与合作，把外部协调变为内部协调，把结果协调变为过程协调，通过信息和情感的交流，促进了相互理解，增强了相互信任，营造了良好的创业氛围，既降低了各类主体的协调成本和运作成本，又提高了各方参与的主动性、积极性和创造性。再如杭州城市品牌网群，由来自党政界、知识界、媒体界、行业界人士组成，围绕推进城市品牌与行业品牌、企业品牌互动，集城市品牌的研讨、宣传、推广于一体，搭建了一个整合多方资源的平台。城市品牌网群成立后，通过民主协商、民众参与，构建多方互动平台，有效推进了城市品牌、城市标志、城市标志雕塑征集评选活动，连续多年开展了生活品质主题点评、生活品质行业点评、生活品质市民体验、生活品质国际交流、生活品质全国论坛和生活品质展览展示等一系列活动，为打造"生活品质之城"城市品牌发挥了不可替代的作用。

（二）建立民生工程的民主参与机制

一是民生工程的信息公开制度。工程实施前，建设主管部门和建设单位通过入户调查、听证会、民情恳谈会、现场答疑会、新闻发布会等形式，广泛征求人民群众特别是工程沿线街道、社区（单位）的意见和建议。二是民生工程的现场监督制度。工程实施前，施工单位必须张贴安民告示，便于群众了解工程情况，监督现场施工。施工过程中，主管部门组织专家、义务监督员、志愿者、居民代表等，对项目质量、施工安全情况进行检查监督。三是民生工程的验收评估制度。工程竣工前，应通过发放居民意见征求表和在现场设置咨询服务台以及组织专家、市民代表参与评估等方式征求社会各界意见，对收集到的意见必须落实整改。市民意见未整改和市民不满意的工程不得进入工程验收程序。四是民生工程的共建机制。工程实施过程中，建设主管部门、施工单位必须开展与工程沿线街道、社区（单位）的共建活动，主动上门听取沿线街道、社区（单位）的意见和建议，做到"工程建设进一程，社区困难带一把"。

（三）建立党政机关群众评议制度

建立市直单位综合考评制度，让群众来评价、检验党委政府的工作业绩，是杭州构建民主参与平台的又一制度创新。市直单位综合考评制度是一项社会评价、目标考核和领导考评"三位一体"的党政机关综合考评制度。评价工作发动社会各界参与，让市民代表、党代表、人大代表、政协委员、省直机关、老干部、专家学者、行风评议代表、区县干部、基层干部、企业代表、外来务工人员代表等担任评委，对市直单位的服务态度和工作效率、办事公正和廉洁自律、工作实效和社会影响进行评价。这一群众民主评议制度的建立，疏通了民情民意渠道，提高了公民有序参与度，赢得了百姓的一致拥护，已成为杭州以民主促民生、以民主促发展的有效制度。

（四）建立民主民生互动平台

实施"民主民生"战略，需要建立党政、市民、媒体"三位一体"的以民主促民生工作机制，以更好地落实"四问四权"，拓宽民主参与渠道，创新民主参与方式，健全民主参与制度，保证人民群众当家作主。作为建立"三位一体"民主促民生工作机制的重要探索，2011 年，市委办公厅（市委政研室）建立了民主民生互动平台，根据市民群众关注的热点、难点、焦点问题，选择了近 20 个民生问题作为突破口，与基层社区、街区、园区、行业、重大工程等单位，建立了民主民生互动平台。选择 100 多个民生问题联系点，每个联系点联系一批代表人物，形成了覆盖面广、典型突出、综合性强的"以民主促民生"联系网络。通过这一民主民生互动平台，一是把市委、市政府的重大决策、重要政策、重点工作等及时传达到基层，并听取基层意见；二是针对社会各界关于民生方面的问题，通过与当地单位、当事人交流沟通，及时帮助解决；三是对涉及面较广的重大民生问题，通过召开座谈会、讨论会和实地走访，提出意见、建议供市委、市政府决策。这一民主民生互动平台的搭建，得到了基层单位和老百姓的认可。特别是"杭网议事厅"、"市民之家"、"律师进社区"等民主民生互动载体的推出，实现了民主民生平台"线上"与"线下"的结合，进一步拓宽了杭州百姓的民主参与渠道。

加强社会沟通参与　促进社会和谐稳定

——杭州社会管理创新探索

杭州市发展研究中心

　　杭州是浙江省省会、长三角中心城市之一，民营经济发达，人文积淀丰厚，有"钱塘自古繁华"之誉。2010年经济总量居全国省会城市第二位、全国大中城市第八位。近年来，杭州市深入贯彻落实科学发展观，围绕全面建设小康社会的总目标，以建设学习型、创新型、生态型城市为中心，在保持经济持续快速发展的同时，努力进行社会管理创新，提高社会管理科学化水平。发挥群众参与社会管理的基础作用，以广泛的社会沟通参与促进民生，推动发展，最大限度激发社会活力，最大限度增加和谐因素，最大限度减少不和谐因素，实现了经济、政治、文化、社会和生态建设的协调发展，使社会既充满蓬勃活力又保持了和谐稳定。

　　30多年的改革开放，我国经济、政治、文化、社会生活等各个领域都呈现社会经济成分和经济利益多样化、社会生活方式多样化、社会组织形式多样化、就业岗位和就业方式多样化的趋势，社会创造活力进一步增强，但同时社会的稳定和协调发展也面临新的挑战。社会沟通参与是保持社会稳定与协调的内在机制。如何建立沟通参与机制，拓宽沟通参与渠道，创新沟通参与方式，发挥人民群众的积极性、主动性和创造性，已经成为当前社会管理的重大课题。杭州近年来努力扩大社会沟通参与，完善党委领导、政府负责、社会协同、公众参与的社会管理格局，并体现出以下特点：一是主导性。党政主要搭建沟通交流平台，建立沟通交流机制，发挥主导作用；知识界、行业界、媒体界发挥知识引导、情绪疏导的作用。以各种人民群众乐于接受的方式，引导人民群众有序参与，进行党的路线、方针、政策的宣传和贯彻。二是互动性。党政界、知识界、行业界、媒体界和广大市民之间进行各种形式的沟通、协商、协调。在沟通中增进了解和理解，化解社会矛盾，消除社会隔阂和负面情绪；在互动中掌握发展趋势，整合社会资源，凝心聚力谋发展。三是功能性。党委、政府通过沟通参与把为民服务的"触角"延伸，寓管理于服务之中，实现管理与服务的有机统一，在沟通参与中解决人民群众最关心、最直接、最现实的利益问题，促进社会公平正义，保持社会良好秩序。四是开放性。树立多方参与、共同治理的理念，坚持党委领导、政府负责，发挥好社会力量在社会管理中的协同、自律、他律、互律作用，充分调动人民群众的积极性、主动性、创造性，形成社会管理合力。

一　促进社会公共沟通参与，发挥人民群众参与
社会管理的基础作用

　　人民群众是历史的创造者。只有尊重人民主体地位，发挥人民首创精神，切实落实人民群众的知情权、参与权、选择权、监督权，才能激发人民群众的主人翁意识，使其满腔热情地投入到建设和发展中，真正做到凝民心、汇民智、聚民力，合心合力合拍推动经济社会又好又快发展。社会公共沟通参与机制从各个领域和层次扩大人民群众有序参与，以解决人民群众最关心、最直接、最现实的利益问题为核心，让人民群众参与到公共政策的决策、制定、实施和监督中去，从而增进了政府、社会、公众之间的相互理解，化解了对立冲突，协调了社会关系，解决了社会问题，最大限度地激发社会活力，增加和谐因素。

（一）运用媒体搭建社会沟通参与平台

近年来，杭州在全国率先运用电视、报纸、广播、网络等媒体形式，搭建了"我们圆桌会"、"杭网议事厅"、"民情热线"、"市民议事广场"、"民生议事厅"、"民意晒场"等一系列媒体类的社会交流沟通平台。这些社会交流沟通平台并不是只有媒体一家唱"独角戏"，而是通过充分发挥党政界、知识界、行业企业界、媒体界"四界联动"优势来构建。2010 年12 月，杭州市民主民生电视互动平台——"我们圆桌会"正式开播。"我们圆桌会"是由杭州市委办公厅、市政府办公厅、市委宣传部、市文广集团、杭报集团、杭州发展研究中心主办，杭州电视台具体承办的一档交流谈话类电视栏目，周一至周五晚上黄金时段在杭州电视台综合频道播出。"我们圆桌会"以"我们、交流、理解"为主题词，以"提出问题—讨论问题—提出建议"为线索，通过党政界、知识界、行业企业界、媒体界"四界联动"，实现"汇聚民智、交流沟通、推动发展、促进和谐、提升素质"的功能目标。栏目的基本形式是主持人与 4 ~ 5 名党政部门人士、专家学者、普通市民围坐在圆桌前，就社会关注的热点话题和现象进行交流讨论。党政部门的参与，使其在政策调研、发布和执行等不同阶段都能直接听取社会各方面的意见建议，有利于推进党务、政务公开，推进决策的民主化、科学化，促进相关工作的开展；专家的参与，使分析讨论更具理性，同时，知识也通过媒体平台得到更广泛的传播；行业企业通过媒体平台积极介入城市治理与社会事业，提升了社会责任感，实现自身目标和社会价值的统一；媒体的参与，为社会各界讨论公共问题提供了公开的交流沟通平台，扩大了传播效应，强化了传播效果。如关于杭州交通"两难"问题的节目，邀请了交通、交警、运管等职能部门负责人，公交集团、出租车公司等企业负责人，浙江大学交通规划专家以及市民代表，从城市布局、公共交通、治堵措施、交通意识和行为等维度连续展开深入讨论。节目播出后，社会各界反响强烈，专题视频点击量达到 2.5 万余次，观众和市民通过节目热线电话、电子邮件、报名参加和跟帖留言等渠道和形式,积极参与讨论,纷纷发表建议,很多意见、建议被相关部门采纳。

"杭网议事厅"则是国内首个由党委、政府和媒体联办,兼顾"办事"和"议事"的网络民主民生互动平台,也是国内网站同类栏目(频道)中,首个网上有频道、网下有实体专门演播室,直接进驻政府为民服务机构的互动平台。议事厅由杭州市委办公厅、市政府办公厅、市委宣传部、杭报集团主办,杭州新闻门户网"杭州网"承办,主要功能是反映民情、分析民情、引导民情、解疑释惑、排忧解难和服务决策。网络平台下设"红楼问计、热点热议、网上服务台、民生恳谈、新闻发布会"等十余个栏目。其中"热点热议"、"民生恳谈"等栏目均要求部门和县区"一把手"参加节目,栏目开通一年来举办了40余场视频互动恳谈会,杭州13个区县市"一把手"全部上线与网民沟通交流。通过面对面的在线交流,了解了真实民意,在沟通中取得理解、达成共识。这种媒体互动交流的方式,有利于社会各界之间的互相理解,有利于发挥群众智慧解决民生问题,有利于引导社会心态,实现正确舆论引导与通达社情民意的统一,营造平和、理性、和谐的社会氛围。

(二) 建立群众利益沟通协调机制

近年来,杭州在城市建设和管理过程中,探索并建立了党政、市民、媒体"三位一体"的以民主促民生工作机制,并逐步引入城市发展各个领域,使社会沟通制度化、规范化,形成科学有效的利益协调和权益保障机制。市委出台了《关于重大工程民主参与的决定》,坚持"问情于民、问需于民、问计于民、问绩于民",落实到背街小巷改善、庭院改善、危旧房改善、老小区物业改善、公共自行车停车点设置等民生工程以及西湖综保、西溪综保、运河综保等城市建设重大工程中去。杭州人对城市建设的民主参与有一个形象的说法,就是"红楼问计"。这些年来,杭州所有重大工程的规划设计方案均在杭州城市建设陈列馆("红楼")进行公示。市民以投票方式表达自己的意见，逐步形成了重大工程"方案公示—群众选择—专家讨论—政府决策—群众监督"的民主参与机制，取得了很好的社会效益。到红楼去参观城建方案公示展览，提出意见建议，已经成为很多热心市民日常生活的"保留节目"。2009年底，杭州依托杭州网建立了"杭网议事厅"，把"红楼问计"搬到了网上，开展网上"红楼问计"，进一步拓宽了城市建设民主沟通参与的通道，实现了群众参与城市建设的主体权利。

庭院改善工程是一项重要的民生工程，针对杭州众多老旧小区和庭院，进行彻底的改造改善，是一件提升城市困难人群生活品质的好事和实事。但是在工程改造之初，在小区住户之间也产生了很多矛盾和问题。对此，杭州采取了"四问四权"的办法，充分发动群众参与，用群众之间的沟通、交流和协商解决矛盾和问题。工程实施过程中，一是"问情于民"，"改不改"让百姓定。工程立项前，对庭院内的所有居民进行入户书面调查，2/3以上的住户有改善要求的庭院方可列入改善计划。通过建立全覆盖调查制度、多数人同意可以更改设计方案制度、解决居民意见分歧票决三项制度，保障了住户对改善工程拥有民主决策的权利。二是"问需于民"，"改什么"让百姓选。对列入改善计划的项目，通过设置社区公告栏、开通热线电话、发放居民需求调查表等形式，让居民选择改善内容。每个庭院具体如何实施，都要听取老百姓的意见。三是"问计于民"，"怎么改"让百姓提。在改善庭院的主要出入口设置工程公示牌，在每个单元门口张贴改善公告，将管理人员联系方式等内容告知，及时收集百姓对工程的要求；组织专家、义务监督员、青年志愿者检查改善工程，听取他们对工程的意见；建立市、区、街道信访处置三级工作网络，每条意见层层溯源、层层落实，定期汇总分类，研究解决复杂问题，实现落实一个意见，带动一类问题解决。四是"问绩于民"，"改得好与坏"让百姓评。市委发出《关于深入开展"问绩于民活动"的通知》，要求城区在老百姓提出的意见、建议没有处理好之前，不得轻易拆除立面整治脚手架；同时再次征求百姓意见，对收集到的意见一一对应落实整改并反馈。对没有开展"问绩于民回头看"活动、市民意见未整改和市民不满意的工程不得进入工程验收程序。由于采取了"四问四权"的沟通参与方式，工程进展非常顺利，得到了广大市民的高度支持和认可，市民满意率达到95%。庭院改善工程生动地说明，由于民生工程不是普惠的，在推进过程中必然会有一些受益程度的差别，必然产生各种各样的人民内部矛盾。这些人民内部矛盾，特别是由于群众切身利益引发的人民内部矛盾，靠行政强制手段是绝对解决不了的，必须要通过沟通参与和民主协商的办法来进行利益协调。

（三）建立群众诉求表达和权益保障机制

民意如水，宜疏不宜堵。杭州注重疏通群众表达诉求、反映问题和回应诉求的各种渠道，为群众解决实际困难和问题。2000年起在全国率先开通"12345"市长公开电话、96666效能监督电话，开展"满意不满意单位"评选，向社会公开征集办实事项目，成立征集人民意见办公室等，形成了科学有效的诉求表达和权益保障机制。以"满意不满意单位"评选为例，这项工作的最大特点，就是让人民群众来评价市直部门的工作。评选活动每年举行一次，由党代表、人大代表、政协委员、省直机关、老干部、专家学者、行风评议代表、区县干部、基层干部、社区代表、企业代表、市民代表、"新杭州人"代表等担当评委，对市直单位的服务态度和工作效率、办事公正和廉洁自律、工作实效和社会影响进行评价。该评选为发现并解决群众诉求提供了一种有效的工作机制。根据对评选中收集到的意见、建议的统计和整理，杭州市在全国率先系统地提出了破解事关人民群众最关心、最直接、最现实的"七难/（7＋X）"问题的工作目标，这些问题全部是与人民群众切身利益紧密相关的民生问题。在梳理分析社会评价意见的基础上，2008年杭州市还首次向社会公开发布了《社会评价意见报告》，列出每个单位的年度整改重点，在《杭州日报》、政府门户网站上公布，同时将上一年度重点整改目标的完成情况向社会公示，接受社会各界检验。各责任单位都要根据分解的社会评价意见，逐条落实整改目标，并纳入年度目标考核。杭州市通过综合考评形成的"评价—整改—反馈—再评价—再整改—再反馈"工作机制，将涉及面广、群众反映突出的热点难点问题列为重点整改目标，有效推动了"七难"问题的解决，促进了政府绩效的持续改进。据统计，2000～2007年，全社会共有104560人次参加了社会评价活动，共征集到49872条（梳理后的数据）意见和建议，这些意见得到政府的积极回应和有效解决，广大群众和企业成为最大的受益者。市委、市政府把解决"七难"问题作为各项工作的重中之重，而在解决"七难"问题过程中，又衍生出更多整合社会资源、扩大公众参与的开放性平台。例如开展"春风行动"，重点发展民办高等教育，将环卫作业推向市场、引入竞争机制、建立各界参与的清洁杭州监督委员会等政策和措施，都是在"破七难"基础上衍生出来的新平台。"满意不满意单位"评选，不仅由过去的体制内的循环转变为体制外的循环，由过去的封闭式的评判转变为开放式的评判，而且为在全社会范围内发动群众力量解决民生问题提供了最有效的制度和平台，从而把"让人民评判"的外压力转化为"让人民参与"、"让人民满意"的内动力。

二　促进基层社区沟通参与，加强和完善基层社会的管理和服务体系

社区是城市的"细胞"，是市民生活的基本场所，是党委、政府工作的第一线，也是加强社会管理的基础平台。加强、完善社区管理和服务，需要基层党政部门加强与社区群众之间的沟通互动，培养社区群众的参与协商精神，鼓励社区群众参与到社区公共事务中来，实现"大家的事大家来办"。要让人民群众从身边的社区事务出发，从最直接、最现实、最基本的利益要求出发，使沟通参与成为一种日常生活。在广泛参与中协商互动，解决问题，理顺情绪，化解矛盾，夯实基础工作，增强社区自治和服

务功能，健全新型社区管理和服务体制。

（一）搭建基层社区民情沟通平台

杭州在街道、社区层面构建了很多民情沟通平台和参与载体。如江干区凯旋街道社区党建综合体、上城区湖滨街道"湖滨晴雨工作室"、下沙白杨街道邻里社区的外来务工人员和大专院校学生共建组织、西湖区德加社区网站等，力求在多种形式的沟通交流中，解决问题，化解矛盾，理顺情绪，形成创业和发展的合力。以"湖滨晴雨"为例。"湖滨晴雨工作室"依托湖滨街道成立，初衷主要是为了满足基层社区群众关注热点、反映意见、表达心声的需求。政府相关部门则在这里传达政意、服务民生。后来逐渐增加了政策解读、社会心态疏导等功能。工作室在街道层面建立了"民情气象台"，在东平巷社区建立了"民情气象站"，12名专家学者以及政府有关部门领导担任"民情预报员"，36名湖滨街道社区居民、人大代表和"新杭州人"担任民情观察员，《杭州日报》、杭州网及有关媒体参与宣传、互动。工作室定期围绕市民关心的热点、难点问题，拟定议题和要点，邀请部门领导解疑释惑。对即将出台的重大决策以及事关民生的政策，及时听取和征集社区内各界人士的意见建议。工作室的成立，让社区中关心发展、关注民生、有参与意愿的职工、居民群众找到了抒发意愿的渠道，也让政府与群众实现了信息的有效对接，形成科学有效的诉求表达和利益协调机制，发挥了收集民情、引导民意、化解矛盾、疏导心态的功能。

再如德加社区网上"道德评判庭"。从2002年开始，德加社区依托社区网站，充分发动社区居民共同参与化解邻里纠纷，在全国开了先河。居民只要点击德加社区网站论坛，"道德评判庭"就赫然入目。在这里，居民们对身边不文明、不道德的行为进行评判和辩论。通过典型事例的反映和讨论，不少冲突和纠纷的苗头，就在居民们网上的反复讨论、自我教育中得以化解，有效避免了多起社区邻里间的冲突事件，维护了基层稳定，实现了社区群众的自我管理和服务，推进了和谐社区建设。

（二）建立基层社区矛盾调处机制

杭州以人民群众的参与沟通为主要方式，注重从源头化解矛盾问题，不断增强社会管理的前瞻性、主动性和有效性。2009 年，杭州在全国率先推出"律师进社区"活动，在上城、下城、江干、拱墅、西湖、杭州高新开发区（滨江）六个城区全面展开。这项活动建立了以律师和法学专家为主体、律师协会牵头负责、司法行政部门指导协调、街道社区支持配合、媒体宣传联动的党政界、行业界、学界、媒体界"四位一体"的互动平台，工作内容主要包括为社区居民和社区居委会提供法律咨询，帮助困难居民依法获得法律援助，协助人民调解委员会开展工作；定期在社区开展法制宣传活动；对社区工作者进行法律知识培训，提高基层干部依法办事的能力和水平；协助起草、修改和审核社区的居民公约、规章制度、法律文书，参与重大项目或合同的谈判、签约活动，协助社区居委会或居民处理其他涉法事务；调查了解基层化解矛盾纠纷的好做法、好经验，以及工作中存在的问题，倾听社区居民群众的民生诉求，了解社区民情民意，为党委、政府决策提供依据。从 2010 年起，"律师进社区"活动在杭州各城区全面推开，成为健全和完善社区服务的重大举措。

近年来，杭州还充分发掘来自民间社会的力量，引导建立了"和事佬"协会，使基层的矛盾在基层得到有效化解。"和事佬"协会是建在社区内的民间调解组织，由社区具有相关工作经验、纠纷调解能力和一定威望的居民担当协会会员。"和事佬"们分工负责、分片包干、分头落实，将纠纷调解、普法宣传、居民联络工作拓展到社区每一幢居民楼、每一个楼道。通过"和事佬"平时在群众间细致的沟通、交流工作，力求群众内部的矛盾、居民的生活诉求、社区住户反映的问题能够在第一时间被收集、处理和解决，努力做到矛盾纠纷化解不出楼道。杭州市的 2924 个社区（村）均设立了"和事佬"协会，组建了一支 2 万多名的"和事佬"队

伍，2009 年共化解基层矛盾纠纷 12000 余件，协助、参与人民调解组织并
调解纠纷 10981 件，有效发挥了"和事佬"、"身边人掺和身边事，草根力
量化解民间矛盾"的优势，促进了基层民主自治，维护了基层社会和谐稳
定。2010 年 1 月 1 日，有关部门和电视台又推出了《和事佬》栏目，让
"和事佬"拥有了主流媒体展示平台。而另外一个电视栏目《钱塘老娘舅》
也发挥了民间智慧的力量。这个栏目从民间寻找了热心公正、敢于直言、
年纪大多在 50 岁以上的"老娘舅"，他们凭借着对乡情民风的了解，用最
质朴、真实的市井语言，运用传统的文化、礼仪，甚至是长辈的角色，为
老百姓调解纠纷，化解矛盾。这种政府支持、媒体引导、百姓参与的民间
调解电视栏目为许多问题的破解找到了新途径，倡导了一种人人和谐的社
会氛围，传播了"以和为贵"的传统文化理念。

（三）形成基层社区文化参与机制

杭州充分利用丰富多彩和健康向上的社区文化活动，加强社区群众之
间的沟通交流，使他们在活动中了解理解、相识相知、加深情感、增进和
谐，形成了一种有杭州特色的社区文化参与机制。近年来通过开展国学进
社区、科教文化进社区、邻居节、传统文化节庆、文化大舞台系列活动、
社区群众文化艺术节、外来务工者文化艺术节、职工文化艺术节、青年文
化艺术节等群众性文化活动，以及普遍建立社区网站和社区学习平台等，
切实加强了群众之间的沟通和交流，形成了人们之间情感的纽带，为化解
基层社会矛盾、促进基层社会和谐奠定了坚实基础。以"邻居节"为例，
2003 年发轫于青年路社区的"邻里情、一家亲、社区和"邻居节，树立了
全体居民参与、共建幸福家园的典范。从 2003 年至今，青年路社区的邻居
节已举办了七届，并在全市得到了推广，形成了邻里金刀厨艺比赛、家务
大比拼等一大批特色节目，让住在钢筋混凝土高楼里的居民感受到了浓浓
的"邻里情"。邻里金刀厨艺比赛的项目有家常菜烹制、面食制作、食材
雕刻等，比赛结束后还举行邻里大会餐。邻里家务大比拼节目推出几种家

务活，让邻居进行比赛交流。居民们不仅在邻居节上学到了家务小窍门，相互之间平常上门拜访请教的也增多了，邻里之间的情谊也更浓了，有的甚至还结上了"邻里对子"。有了这种邻里间的情感沟通和交流，出现一些矛盾问题就比较容易解决，社区群众从中学会了沟通参与的方法和技巧，社区的活力也得到了明显增强。

三　建立行业企业沟通参与机制，努力激发全社会创业和发展活力

行业、企业的健康发展是城市保持旺盛生命力、创造力的基本前提。实现行业、企业的健康发展，必须拓宽行业、企业沟通渠道，建立行业、企业沟通机制，处理好员工与企业、个人与社会、百姓与政府的关系，兼顾不同利益群体诉求，激发不同社会群体的创新创业活力，让一切劳动、知识、技术、管理和资本的活力竞相迸发，让一切创造社会财富的源泉充分涌流。行业沟通机制整合了党政界、知识界、媒体界资源，以文化提升经济为核心，建立起行业、企业与员工、政府、社会之间的深度沟通和合作信任，促进了生活与创业、文化与经济、政府与民间、个人创业与整体发展、对外开放与内生创新的和谐，推动了城市的科学发展。

（一）建立社会资源行业整合机制

近年来，杭州通过党政界、知识界、媒体界、行业界的联动和市民参与，整合社会资源，促进行业沟通，以点评引领行业发展趋势，以标准引导产业转型升级，形成了行业共同治理的良好局面。例如行业点评活动，是由杭州生活品质研讨组群、行业点评协调组、"九大生活"行业点评组共同组织开展，由党政界、知识界、行业界、媒体界的相关人士组成。杭州生活品质研讨组群负责开展生活品质研究与评价、交流与展示、宣传与推广，既是主题点评的主办方，又是行业点评的指导者；行业点评协调组

由一些事业单位和机构的工作人员组成，主要负责与杭州生活品质研讨组群、"九大生活"行业点评组的联络、沟通和协调工作；"九大生活"行业点评组由相关领域权威专家、行业主管部门、行业领军人物、媒体人士组成，具体开展行业研究与行业点评活动。在活动中，点评组吸纳社会各界参与，建立起开放融合的平台，建立起对行业发展现状的正确认知和趋势把握，挖掘出行业人物、区块、活动、现象背后的文化内涵，指出创业路径和发展方向。同时，行业点评还设置了一系列市民参与的互动载体，把政策元素、文化元素、市场元素和行业、企业发展有机结合起来，把市委、市政府的发展理念融入行业、企业的发展之中，实现了行业品牌和竞争力的提升。2010年以来，杭州在行业点评的基础上，进一步延伸开展了行业（区块）品质评价标准调查发布工作，这项工作由杭州发展研究会、杭州生活品质研究与评价中心、杭州发展研究中心相关人员，以及相关行业协会、院校研究团队、媒体等共同组织开展。杭州发展研究会负责指导和推进工作，杭州发展研究中心有关人员负责各方的联络、沟通和协调，杭州生活品质研究与评价中心会同行业协会、专家团队、相关媒体等具体开展标准制定和发布工作。目前，已经推出了杭州市疗休养行业品质评价标准、杭州市茶楼行业品质评价标准、杭州市女装行业品质评价标准、杭州市最美乡镇品质评价标准等标准系列。通过行业标准的调查发布，政府职能部门和行业、企业之间实现了深度互动，形成了合作治理，较好地推动了产业转型升级。

（二）建立文化提升经济参与机制

文化人创业是杭州经济社会发展最鲜明的特征之一。文化人创业，除了直接创办企业参与创业外，更多的是以专家身份参与创业。专家的介入，一方面对促进文化与经济融合，提升行业档次，推进产业发展起着巨大作用，另一方面为实现知识价值提供了载体。近年来，杭州落实"四个尊重"方针，鼓励文化人参与创业，既形成了知识界、文化界、科技界与企业界民主参与、民主协商的机制，又有效提升了行业文化内涵和企业科技含量。例如，市委、市政府建立了茶行业联盟，通过成立"茶为国饮、杭为茶都"战略合作促进委员会，整合了在杭8家"国字号"茶研究机构，即中国国际茶文化研究会、中国茶叶学会、中国农业科学院茶叶研究所、中华全国供销合作总社杭州茶叶研究院、国家茶叶质量监督检验中心、农业部茶叶质量监督检验测试中心、中国茶叶博物馆、浙江大学茶学系，充分发挥了专家学者的智慧。正因为茶文化人士的介入，有效拉长了茶产业链，发展了茶产业，弘扬了茶文化，推动了茶旅游，提升了茶行业的文化品位与竞争能力，使杭州获得了"中国茶都"称号。

（三）建立企业、职工、社会利益共享机制

近年来，杭州在落实企业社会责任方面，创造了国内三个"第一"：第一份中国民营企业社会责任报告由西子联合控股有限公司在杭州发布，第一部企业社会责任标准体系——《HM3000 中国企业社会责任标准体系》由浙江华盟文化传播有限公司制定，第一部企业自行制定的 HL8000 社会责任标准和评估体系由杭州的华立集团向社会公布。2009 年，市委、市政府出台《中共杭州市委、杭州市人民政府关于加强企业社会责任建设的意见》，率先在全国城市中推出《杭州市企业社会责任评价体系》、《杭州市企业社会责任评估办法》，并在社会公众中开展"最佳社会责任奖"企业评选表彰活动，为企业履行社会责任营造良好的社会氛围。在落实企业社会责任过程中，政府、工会、企业和社会多方参与，沟通交流，形成了企业、职工、社会的利益共享机制。企业社会责任对内体现为和谐的劳动关系。以浙江传化集团为例，传化人的深切体会是，"只有好心情才能制造出好产品"，"只有紧紧依靠员工，企业才能获得持续健康的发展"。企业通过稳定提升劳动收入、平等提供发展机会、优化工作环境、加强党组织建设等举措，构建和谐劳动关系，有效提升了企业发展水平。最近 5 年以来，这家企业的利润年均增长率为 12.74%，职工工资的年均增长率则达

到 17.8%。2008 年、2009 年受金融危机影响，企业不仅郑重承诺"不裁员、不减薪"，甚至还进行了大力度的加薪，极大地稳定了职工队伍，为企业的可持续发展奠定了坚实基础。2010 年 10 月，习近平副主席专门对传化集团的做法作出重要批示，"传化经验"受到社会各方的普遍关注与赞许。企业社会责任对外体现出企业诚信。阿里巴巴创始人马云明确提出"企业的社会责任应内生于企业的核心价值及商业模式"，强调建设"开放、分享、责任、全球化"的 21 世纪新商业文明，并努力使之付诸企业实践。2007 年，阿里巴巴率先发布了互联网行业社会责任报告，并立足于该行业发展实际，推出一系列有效举措，落实企业的诚信经营。如通过打造"诚信通"、"支付宝"等，为电子商务及网络购物的诚信交易保驾护航；通过发布中国电子商务市场诚信报告，向社会公布电子商务的诚信状况，引导电子商务市场在诚信的前提下安全健康发展；断然关闭阿里巴巴"出口通"的 1000 多家不诚信企业，并定期向社会公布不诚信企业的详细信息，净化互联网行业的诚信经营环境；发起"诚信中国年"活动，着力打造电子商务诚信体系。2011 年 2 月，阿里巴巴 B2B 上市公司的首席执行官和首席运营官因 2010 年 1000 多名客户存在欺诈行为而引咎辞职，成为轰动一时的新闻。阿里巴巴及其创始人马云为坚持社会诚信而"壮士断腕"，得到社会的普遍赞誉。

四 发展综合性社会组织，完善社会管理格局，形成社会管理合力

完善社会管理格局，必须在实践中建立起社会参与的主体架构。主体架构是社会的依托，决定着民主参与的广度和深度，影响着民主参与的积极性和有效性。综合性社会组织把各类社会组织纳入党委和政府主导的社会组织体系的主体架构。杭州专门出台了有关培育和发展综合性社会组织的政策意见，在促进政府服务创新、统筹协调行业治理、推进和谐社区建设等各个领域，组建了一大批综合性社会组织，将社会不同方面的被动介

入转化为主动参与，把事业发展与参与协商有机地统一起来，从而壮大了党政主导下的社会力量，初步形成了"党委领导、政府参与、社会协同、公众参与"的社会管理格局。

（一）社会公共项目综合性组织

近年来，杭州在实施西湖综合保护、西溪湿地综合保护、良渚遗址综合保护、市区河道综合保护等一系列重大社会公共项目时，通过培育综合性社会组织，搭建起了社会参与的组织平台和主体架构。这些组织既是项目建设的协调管理者，又是开发经营者。以西湖综合保护组织为例。西湖综合保护是一项错综复杂、任务艰巨、万人关注的综合性工程，涉及保护、建设、经营、管理、研究五个方面，单靠政府一家之力明显不够。西湖综合保护组织成立以后，采取了社会各界共同参与、功能互补的运作机制，形成了公共项目科学推进的合力。其中，西湖综合保护工程指挥部负责对各部门工作的协调管理，杭州西湖风景名胜区管委会负责区域的规划和管理，西湖学研究会和西湖学研究院侧重于开展研究和提供咨询，西湖博物馆组织展示展览，各施工单位承担建设项目；专家学者积极参与了项目施工方案的评审和论证，在推进工程科学民主决策中发挥了举足轻重的作用。各种功能串联整合，使得这一庞大的社会系统工程有了一个统分结合、互为支撑的事业链、项目链，丰富和充实了西湖综合保护工程的内涵和功能，实现了生态效益、环境效益、经济效益和社会效益的最大化。

（二）行业治理综合性社会组织

近年来，杭州先后培育了丝绸女装产业联盟、城市品牌网群、西泠印社、茶行业联盟、婴童行业联盟、文娱品牌促进会等一大批行业类的综合型社会组织。其中，丝绸女装产业联盟是杭州最早组建的行业类综合型社会组织。2005 年，为最大程度地整合丝绸与女装社会资源，统筹协调丝绸女装行业发展，市委、市政府推动成立了全国第一家丝绸女装产业联盟。

该联盟的成员有商务部领导、市委市政府相关领导和有关部门负责人等来自党政界的代表，有来自中国美术学院、浙江理工大学、中国丝绸博物馆等知识界的代表，有来自中国丝绸协会、杭派女装商会、杭州市服装设计师协会以及达利、汉帛等行业企业界的代表，还有杭报集团、《丝绸》杂志、中国女装网等媒体界的代表。联盟以市领导领衔的"杭州市丝绸女装产业发展领导小组"为核心，制定丝绸行业规划和标准，完善行业政策，调解行业纠纷，整合行业资源，引导各方力量在行业发展中发挥协同、自治、自律、他律、互律作用。这个由大专院校、研究机构、行业协会、研发中心、生产基地、销售基地、展示中心、特色街区等多元主体组成的纵横交错、优势互补的网络结构，有效整合了与产业相关的文化、旅游、会展、科研、信息、教育等资源，形成了振兴"丝绸之府"、打造"女装之都"的平台。在这个平台上，不同主体之间通过经常性的交流、协商与合作，把外部协调变为内部协调，把结果协调变为过程协调，通过信息和情感的交流，促进了相互理解，增强了相互信任，营造了良好的创业氛围，既降低了各类主体的协调成本和运作成本，又提高了各方参与的积极性和创造性，在丝绸、女装行业实现了产业与文化的有机融合、政府与企业的协同互动、市内与市外的优势互补。联盟成立以来，先后举办了杭州丝绸女装万里行、中国丝绸日、中国国际女装展、中国国际丝绸博览会等重大活动，推动并参与实施了市委、市政府的"中国杰出女装设计师"发现计划，推动了世界一流丝绸女装产业基地、中国纺织服装信息商务中心等重大项目的实施，共同提升了杭州丝绸女装行业的潜力和竞争力。

（三）市校合作综合性社会组织

知识分子是社会的中坚力量和创新源泉。杭州市在建设综合性社会组织过程中，十分注重与知识界的合作联动，逐渐形成了城市和高校全方位、多层次、宽领域的合作架构。比如建立了杭州市与浙江大学战略合作联盟、杭州市与中国美院战略合作联盟。这种综合性社会组织充分整合知识界的科技、文化、人才资源优势,积极引导专家学者发挥专业技能来协助、参与社会管理,成为市校发展共赢的载体。以杭州市与浙江大学战略合作联盟为例:杭州市和浙江大学战略合作促进委员会成为杭州市委、市政府与浙江大学长期、稳定战略合作的总平台,委员会下设办公室以及发展战略和规划、科技和创业、人才和教育、建设和后勤、新农村建设、发展现代服务业、医疗卫生7个专门工作组,覆盖城市公共治理的多个领域,为城市科学发展提供智力支撑。在战略合作促进委员会框架下,催生了"杭州市和浙江大学合作共建和谐杭州示范区"、"浙江大学国家大学科技园"、"浙江大学城市学院"、"浙江大学亚太休闲教育研究中心"等一大批重点市校合作项目和组织。其中,"和谐杭州示范区"是杭州市和浙江大学名城—名校强强联合、合力打造社会治理模范区域的重要载体。双方通过合作共建,在西溪湿地综合保护工程、市区河道综合整治与保护开发工程、和谐发展杭州论坛等杭州市重大事务中发挥了名校专家的"智库"和"外脑"作用,打造了具有一流自然与人文生态,具有促进智力集聚、研发集约、知识创新、人才创业的良好人居环境,引领着整个城市的经济社会发展。

(四) 社区治理综合性社会组织

近年来,杭州通过在社区中组建综合性社会组织,引导社会力量参与社区治理与公共服务,打造了新型社区治理架构,在完善社区服务体系、夯实基层组织建设、化解基层社会矛盾、强化社区自治功能等方面,发挥了重要作用,对创新社区治理方式提供了新的经验。比如,杭州市探索的社区党组织、社区居委会、社区公共服务工作站"三位一体"的社区管理新体制,是杭州在社区体制创新方面的一个新突破,形成了资源整合、功能融合、专业分工、优势互补的社区管理服务新格局。"三位一体"机制在社区党组织、社区居委会、社区公共服务工作站三套机构之间实行交叉任职、分工负责。一方面,三套机构实行交叉任职,社区公共服务工作站站长由社区党组织书记兼任，副站长由社区居委会主任兼任；书记、主任"一肩挑"的社区，副站长由社区党组织副书记或社区居委会副主任兼任。社区党组织、社区居委会的每一位成员和每一位社区专职工作人员都成了社区公共服务工作站工作人员，他们既是社会工作者，又是社会管理者。另一方面，三套机构又实行分工负责。社区党组织负责社区党建工作，对社区各类组织实行领导；社区居委会负责履行社区自治组织功能；社区公共服务工作站承担社区公共服务和社会管理职能。"三位一体"模式充分体现了党的领导、依法办事、精干高效的特点，不仅有利于增强社区党组织的领导核心地位，防止社区居委会边缘化，又最大限度地整合了社区资源，避免了机构重复设置和社区资源浪费，从而有利于形成推进社区建设的强大合力，实现政府管理服务与基层群众自治的有效衔接和良性互动，从而把社区建设成为党组织领导核心作用明显、基层政权建设强化、民主自治水平提高、公共服务能力加强、社区管理机制完善、各种社会群体和谐相处的社会生活共同体。"三位一体"的社区管理体制还和基层人民调解委员会，以及职能部门在社区的各类服务机构结合起来，形成了社区管理和服务的综合体。

杭州在社会管理创新实践中，从自身实际出发，正确处理发挥传统优势与创新发展的关系，通过广泛的社会沟通参与，形成了科学有效的群众利益协调机制、诉求表达机制、矛盾调处机制以及权益保障机制，统筹协调各方面利益关系，提高了社会管理的科学化水平，充分调动了人民群众的积极性、主动性和创造性，促进了社会公平正义，维护了社会和谐稳定，激发了社会创造性的活力，实现了城市的科学发展。

我们圆桌会

  "我们圆桌会"是杭州电视台的一档交流谈话类节目，也是一个有杭州特色的民主民生互动传播平台。它坚持以知识与价值引领社会发展，以民主促民生，体现了人文关怀和城市情怀。自 2010 年 12 月 20 日在杭州电视台综合频道正式开播以来，共制播节目 460 期，受到了社会广泛关注。该节目由杭州市委办公厅、市政府办公厅、市委宣传部、市发展研究中心、市文广集团等单位主办，杭州电视台综合频道创办，体现党政、市民、媒体"三位一体"和党政、院校、企业、媒体"四界联动"的理念。栏目在每周一到周五晚八点黄金时段播出，基本形式是主持人加上 4 ~ 6 位包括党政干部、专家学者、普通市民在内的嘉宾围坐在圆桌前，就社会关注的热点话题和焦点现象进行交流讨论。

  圆桌会的形式，体现了一种平等协商的理念。不管是官员、老百姓还是专家，都是"我们"中的一员，围坐在圆桌前，没有身份标签，没有高低顺序，不分等级地位，"我们"的人格是平等的，话语权是一样的。通过"圆桌会"，传播一种平等、协商、理性和建设性讨论社会问题的价值观，有利于社会各界寻求共识，化解分歧，疏导情绪，增进理解，促进和谐。

  我们圆桌会充分发挥社会复合主体的优势，党政主导，媒体运作，专家解读，公众参与，整合多方资源，提升栏目的影响力。其中职能部门是一个重要的互动主体，他们在栏目中与社会各界对话，宣导社会管理政策和行为，与市民形成共识。据统计，已经累计有 200 多名党政官员（包括市领导和 35 名局级领导）在节目中亮相，每期都有公务员在圆桌上与公众面对面交流。他们把群众呼声当成第一信号，接受合理建议，解读政策意见。还有 360 多名普通百姓通过圆桌会向党政部门提出建议和意见，其中"蔬菜直通车""公交车接驳地铁方案""交通拥堵治理"等建议，已被相关职能部门接受并出台相应政策。

在这档节目中，各方面的嘉宾都发挥了重要作用。专家学者的参与，使交流讨论更具指导性、权威性，使知识通过媒体平台得到更广泛的传播；行业和企业人士通过媒体平台积极介入城市治理与社会事业，提升了社会责任感，增进了互相了解和信任，实现了自身目标和社会价值的统一；媒体的参与为社会各界讨论公共问题提供了交流沟通平台，扩大了传播效应，提高了传播效果；市民代表就其关注的热点提出问题，表达民生诉求，表现了公共参与的积极性，可谓"党政主导"提高引导力，"专家支持"增强说服力，"媒体运作"提升传播力，"社会参与"扩大影响力。这种"四界联动"，增强了社会信任，推动了社会进步，传播了正确的价值观。"我们圆桌会"联动社会各界，连通千家万户，电视里的小圆桌真正变成了一张"城市的大圆桌"。

"杭网议事厅"

"杭网议事厅"是杭州首个民主民生网络互动平台，是由党政主导、媒体搭台、专家释惑、百姓参与的网络公共服务复合主体。议事厅由市委办公厅、市政府办公厅、市委宣传部和杭报集团主办，杭州网承办，为广大网民进行政策解读、解疑释惑、排忧解难、民生服务，既具有鲜明的公共导向，又具有鲜活的生活气息。

"杭网议事厅"的架构，采取了党政界、知识界、媒体界、行业界"四界"联动模式，打造了党政、市民、媒体"三位一体"的互动平台，引导公众有序参与，努力实现"大家的事大家办，杭州的事杭州人办"。议事厅最大的特色是线上与线下并重，议事与办事并重。网上有频道、网下有实体——专门演播室，并常驻政府为民办事服务的"市民之家"。有关部门在线上直接听取基层声音，热心为民排忧解难。议事厅设置了"网上服务"办事栏目，该栏目由市信访局（"12345"市长专线电话）授权开设"工作站"，与96345便民服务中心联网，百姓可以方便地咨询、求助、投诉、举报，只需要点点鼠标，就能够得到相关部门的解答和帮助。议事厅还举办了各类线下为民服务活动，如与"杭网义工""市民之家"合作，开办了"外来务工子女免费夏令营"，教"小候鸟"们学习传统国学、文明礼仪、安全知识、音乐舞蹈，引导他们参与社会实践活动，受到了广泛欢迎。

议事厅注重引导市民和专家参与公共议题，在讨论和协商中形成共识，为政府的科学民主决策提供民智。例如议事厅的"问计于民"栏目，下设"红楼问计""新政问策""网民好建议"三个子栏目。"网民好建议"栏目与市人民建议征集办公室合办，广泛征集网民对于公共政策的建议；"新政问策"栏目在有关重大民生问题的新政出台前后，通过课题调研、调查问卷、政策展示、网络投票等形式，了解民意，听取意见，为市委、市政府科学决策提供参考依据；"红楼问计"栏目则就城市重大建设项目征求公众意见。

截至 2011 年 12 月底，"杭网议事厅"频道总点击量达 4769 万，网民意见建议留言 12000 多条，收到信访件 4911 件，办结率 99.14%。2011 年 1 月在第六届中国公共服务评价国际研讨会上，"杭网议事厅"获首届中国倾听民意政府奖——"倾听民意广纳百言奖"。

律师进社区暨网络律师团

　　律师进社区和网络律师团是在加强与创新社会管理、建设"法治杭州"的背景下创建的社会复合主体，包括线下"律师进社区"和线上"网络律师团"两条工作线。2009年，杭州在全国率先推出"律师进社区"活动，在上城、下城、江干、拱墅、西湖、杭州高新开发区（滨江）六个城区展开。这项活动以律师和法学专家为服务主体、律师协会牵头组织、司法行政部门指导协调、街道社区支持配合、高校法学专家积极参与、新闻媒体宣传联动，是党政界、行业界、知识界、媒体界"四界联动"的重大法制公共服务项目。到2011年9月份，已深入全市主城区600个社区，实现了每周有律师到社区"坐堂"提供法律咨询服务、每季有法律服务讲座，将专业法律服务资源配置到了基层。

　　在"律师进社区"复合主体中，大家围绕建设"法治杭州"的共识，积极参与、主动关联，形成合力。党政界发挥引导、协调和服务作用，成立了"律师进社区"工作指导协调小组，机构设置在律师协会。制定律师进社区的补贴政策（2012年为8000元/人·年），进行考核激励。律师协会和律师是日常运行的主角。市律协组织律师事务所与社区挂钩结对，签订服务协议，由律师事务所向结对社区派驻律师。律师为社区居民和社区居委会提供法律咨询，帮助困难群众获得法律援助，开展法制宣传，协助参与社区有关项目谈判和制度建设等。截至2012年6月底，社区律师到社区服务58312人次，解答法律咨询55625人次，化解矛盾纠纷5429起，促进了基层社会的和谐。广大律师以自身的专业优势服务群众，传播法治精神，在这个过程中，得到了社会尊重和赞誉，提升了律师的社会形象。

2010 年 12 月，杭州"网络律师团"成立。30 名知名律师事务所的负责人在杭州生活品质网站直接为广大网民提供法律咨询服务，与"律师进社区"工作共同构建了覆盖城乡、全天候运营的"杭州统筹城乡法律服务平台"。网上公共法制服务开办以来，已接受并回复网络咨询 33763 余条，并形成了跨越省份的辐射力，很多中西部地区网民也来寻求咨询服务。

律师进社区暨网络律师团实现了参与各方的"多赢"：居民得到了便捷免费的法律服务，社区更加和谐；律师协会扩大了社会影响，树立了良好的职业形象；轮值律师锻炼了职业素养，积累了专业技能和人脉资源；法科学生开阔了视野，积累了法律服务实践经验；司法部门推进了法律援助工作，更好地履行了职责。最大的受益者是社会本身，整合了社会资源，增进了社会信任，增强了社会团结和社会和谐。

"湖滨晴雨"

2009 年，为更好地发挥街道、社区在反映民意、服务民生方面的作用，杭州上城区在整合"社情民意信息直报点""社会舆情信息直报点""草根质监站""和事佬"等单项平台资源的基础上，建立了国内第一个街道（社区）民主民生互动平台——"湖滨晴雨"工作室。工作室聘请 12 名高校学者、市区两级党政机关人员担任"民情预报员"，聘请 36 名湖滨地区的党代表、人大代表、政协委员以及辖区单位负责人、社区居民担任"民情观察员"，构建"三位一体"的民主民生复合架构。采取虚实结合、上下结合、专兼结合的方式，开展问计于民、收集民意、排忧解难等工作。

"湖滨晴雨"工作室在街道层面设立"民情气象台"，由街道党工委书记兼任台长，配备 1 名具有实践经验的专职人员；6 个社区的"民情气象站"由社区党委书记或副书记兼任站长。他们的主要工作是收集、综合和反映民情民意、传递政府相关政策、负责民众需求和问题协调。社区居民通过"问计于民"渠道，积极参与工作室组织的各种交谈、恳谈、讨论等活动，并就民主民生问题建言献策。《杭州日报》《都市快报》、杭州网以及杭州电视台等多家媒体都与"湖滨晴雨"工作室建立了联动机制，就社区民众关心的热点和民生问题，开设动态专栏进行跟踪报道。辖区内 1400 多家企业也参与民情观察、信息交流、协商恳谈，主动承担社会责任。

"湖滨晴雨"工作室为社区居民参与协商社区事务提供了基层的公共平台，促进了社区意见、信息的及时搜集和有效传达，激发了居民参与热情和创新激情。很多关于社区设施建设、环境卫生、老年人服务等方面的"金点子"被政府决策采纳，使群众真正成为社区治理的参与者与和谐社区的建设者。

丝绸与女装行业联盟

　　杭州自古就是"丝绸之府"。新世纪以来，杭州丝绸女装行业得到复兴，这得益于深厚的地域文化、丰富的科教资源、雄厚的产业基础、强劲的市场辐射、响亮的会展品牌、发达的女装产业六大资源，更得益于以丝绸与女装行业联盟为框架的社会合作平台。

　　丝绸与女装行业联盟以丝绸女装行业协会为主导，整合了党政界、知识界、行业界、媒体界"四界"力量，有商务部领导、杭州市委市政府相关领导和有关部门负责人等，有中国美术学院、浙江理工大学、中国丝绸博物馆等知识界的代表，有杭州丝绸行业协会、杭州丝绸文化与品牌研究中心、杭派女装商会、杭州市服装设计师协会以及达利、汉帛等行业领军企业的代表，还有《丝绸与女装》杂志、《丝绸》杂志、中国女装网等媒体界的代表。

　　在战略合作框架下，联盟通过发挥政府主导力、企业主体力、市场配置力、协会推动力"四力合一"，形成了院校、研究机构、协会、研发中心、生产基地、销售基地、展示中心、特色街区等多元主体纵横交错、条块互渗、主动关联、优势互补的网络状结构，整合了产业、文化、旅游、会展、科研、信息、教育等资源，全力振兴"丝绸之府"、打造"女装之都"。在联盟框架中，党政界、知识界、行业界、媒体界的参与主体围绕活动和项目合作，加强交流、协商，把外部协调变为内部协调，把结果协调变为过程协调。通过信息和情感的交流，相互理解，增强信任，营造了良好的创业氛围。联盟运行体制降低了各类主体的协调成本和运作成本，提高了各方参与的积极性和创造性，实现了产业与文化的有机融合、政府与企业的协同互动、市内与市外的优势互补。

通过丝绸与女装行业联盟的运作，杭州丝绸与女装行业得以重振雄风。目前杭州女装企业已逾2000家，拥有自主品牌350多个，中国国际丝绸博览会、杭州丝绸女装万里行、中国杰出女装设计师发现计划、国际丝绸论坛等系列活动已成为杭州丝绸女装行业发展的标志性活动，"中国女装看杭州"已经成为不争的事实。

茶行业联盟

作为"中国茶都",杭州有丰富的茶资源,有西湖龙井等优质名茶,有国内最高水准的茶研究机构,有千余家茶楼茶馆,有国内规模最大的茶饮料企业。为进一步打响"杭为茶都"品牌,杭州市形成"政府主导、专家支撑、行业企业参与、媒体联动"的新模式,构筑了党政界、知识界、行业企业界、媒体界共同参与,多层次、多成分、综合性的创新协作体系。

2004年,杭州市与中国国际茶文化研究会、中国茶叶学会、中国农业科学院茶叶研究所、中华全国供销合作总社杭州茶叶研究院、国家茶叶质量监督检验中心、农业部茶叶质量监督检验测试中心、中国茶叶博物馆、浙江大学茶学系8家在杭"国字号"茶研究单位共同成立了"茶为国饮、杭为茶都"战略合作促进委员会。2005年10月杭州市成立了"杭为茶都"工作协调委员会,下设办公室和茶产业、茶文化、茶旅游、茶活动4个工作组,并将"茶为国饮、杭为茶都"战略合作促进委员会作为其专门机构。这标志着茶行业战略联盟的初步形成。茶联盟在实际工作和各类活动中又与其他"国字号"和省市涉茶单位、区县(市)相关茶机构、社会协会组织、茶生产经营企业、茶农广泛联系,相互促进,形成体系开放的大联盟组织。

在这个可以让茶界各方资源充分涌现与汇集的联盟指导下,政府、"国字号"机构、行业企业、新闻媒体、专家学者各司其职,群策群力,陆续举办全民饮茶日、西湖国际茶文化博览会等系列活动，尤其是已经连续举办两届的全民饮茶日，得到包括港、澳、台、京杭大运河沿线城市在内的全国30余座城市的积极响应。在充分展现杭州富有文化底蕴、历史传承与创新的茶文化的同时，也再次证明茶行业联盟"在合作中共赢，在互利中发展"的多赢激励模式的有效性。

市民体验日暨常态化体验活动

市民体验日活动是杭州城市品牌网群的标志性活动，是长三角地区最具影响力的集"休闲、文化、创业"于一体的大型城市生活文化体验盛事。自2008年创办以来，已连续举办5年，参与市民累计达774.6万人次，成为展示和传播杭州城市形象的"金橱窗"。

市民体验日秉持"让我们生活得更好"理念，汇聚党政、院校、媒体、行业等社会各界的力量，联动城市人文历史、公共服务、科技生态、休闲运动、健康美食、文化娱乐等领域的品牌、机构、单位和企业，5年来共推出了400个"最具品质体验点"和40个"金城标体验点"，以深入互动、角色体验、免费服务的方式开展活动，成为"城市风采、市民节日"。它为市民寻找本年度最具品质的节庆活动、景点、街区、社区、园区、广场、博物馆、品牌企业，接待市民免费体验，引领市民生活品位的提升，寻找创新创业的灵感源泉；它深入挖掘城市文化的各个角落，努力打造城市文化地标，绘制城市文化地图；它为体验点单位提供从学术理论、实践操作到服务策略的专业化服务，满足社会不同领域、不同层次的创业需求，使生活与创业通过大众感性的体验交流融合在一起。

从2010年开始，市民体验日在集中体验的基础上，增加了常态化体验活动，将集中的体验活动延展至每月，由学者、艺术家、企业家、传媒人、专业人士等精英团体参与体验活动，同时展开研讨交流、摄影、文学创作等配套活动。常态化体验给体验点单位、广大市民及社会各界提供了长期的、互动的、宽松的生活创业交流体验和事业创新平台。众多体验点相继推出了一系列包括体验、演绎、论坛等形式多样的活动，参与者各显其才，在常态化体验的生活氛围中挖掘素材，进行研讨、交流、创作等活动，发掘创新创业的灵感源泉。在形成一系列体验交流成果的同时，也为体验点单位提供了新的品牌推广途径和平台，搭建了体验点与体验者之间沟通的桥梁，实现了相互学习交流、提升品牌品质、共同创新创业的生活价值。

生活品质行业点评

　　生活品质行业点评是网群联动行业和专家，在与市民生活息息相关的领域开展的标志性活动，通过参与、提炼、交流、点评、发布等发现价值、传播品牌，引领发展，创造美好生活。活动一般在每年的 2～5 月进行。在 3 个月的时间里，休闲生活、舒适生活、平安生活、健康生活、便利生活、文娱生活、美丽生活、数字生活、学习生活、美食生活"十大生活"点评交流发布活动高潮迭起，吸引着媒体的版面和时段，成为杭城春天生活的一道风景。

　　系列活动的操作主体是杭州生活品质研讨组群、"九大生活行业点评组"、行业点评协调组等党政界、知识界、行业界、媒体界人员共同参与、主动关联而形成的复合主体，承担着组织推荐、专家评选、市民投票、人物采访、区块走访、召开发布会等各环节工作。杭州生活品质研讨组群是行业点评活动的主办方与指导者，调研确定行业点评活动的主题和理念，对"十大生活"行业的研究和点评方案进行审核指导，培育活动整体品牌。"九大生活行业点评组"吸纳社会各界专家尤其是行业专家参与，整合相关方的资源优势，实现政府引导力和社会创造力的结合。由专家主持对特定行业现状的调查、座谈研讨交流，提出与杭州城市品牌相呼应、提升行业品质的思路、目标和举措，为行业点评提供理念支撑。挖掘人物、区块、活动、现象背后的行业气质、文化内涵、创业氛围，推荐、点评、发布本行业年度代表。行业点评协调组由生活品质研究评价中心和城市品牌促进会议人员组成，负责活动的联络协调工作。

　　行业点评活动具有开放性，特色行业、企业通过报名、自荐、研讨、交流等各种方式参与，在业内形成了较大影响力，促进了行业信息和资源整合。媒体的全方位参与和宣传报道，在活动的策划、推荐、点评、发布等环节发挥了重要作用。各行业点评组都吸收媒体人士参与，建立媒体合作关系，提升活动整体影响力。行业点评与市民生活有着深度关联，广大市民、游客积极参与点评、推荐和投票，参观考察入选点，参加现场发布活动，为扩大活动影响、传播城市发展理念、提升市民生活方式，起到了良好的促进作用。

生活现象总点评交流发布

　　杭州市年度生活现象总点评交流发布会，是杭州每年生活文化的一次集中展示、体验和引领。发布活动把感性描述与理性概括结合起来，把生活现象发布与社会心态引导结合起来，促进城市发展理念和"我们的价值观"的有效传播。

　　此活动由知识界、党政界、媒体界、行业界的杭州生活现象专家研讨组群组织，于每年5～6月举行发布会，邀请来自社会各界的数百位嘉宾出席，交流杭州"休闲、文化、创业"三位一体的发展特色。发布会之前，先组织相关评选活动，由各界人士和市民评选产生年度十大生活现象以及由其串联起来的人物、区块、活动，通过发布会的形式集中点评发布。几年来，这些源自杭州百姓真实生活、体现城市发展趋势的入选现象、人物、区块和活动，全面展示了杭州时尚与传统、生活与艺术、经济与文化、物产与意境相统一，生活与创业和谐相融的品质生活画卷。

　　交流发布会有参观考察和交流发布两个环节。在感性的参观考察中，触摸到的是生活的脉搏；在理性的对话中，激发出的是对生活的思考。在充满仪式感的交流发布会现场，整个活动分为若干板块推进。每个板块都贯穿揭晓、宣读、互动交流、颁奖等流程，活动对每位揭晓嘉宾和颁奖嘉宾都精心选择，充分考虑他们与揭晓或授予的年度现象、人物、区块和活动的匹配度，最大限度地烘托彼此肯定的氛围。发布会现场高潮迭起。精彩的点评语挖掘和诠释了深蕴其中的核心价值，主持人声情并茂的宣读，使平凡的生命显出厚重，使朴实的事件承载深刻，让与会嘉宾感受精神世界的激荡。在精彩的交流环节，台上台下互动如一，不同界别的相关方欢聚一堂，互动交流，分享着生动的故事和理性的智慧。

2004年以来，生活现象总点评交流发布会已连续举办8届。发布会倡导的价值导向和搭建的交流平台，受到大家专注，并成为共同的价值观和城市主流生活创业理念展示与传播的重大契机。

公民导向的杭州综合考评

2000 年，杭州市在全国率先推出了"满意单位和不满意单位"评选活动，用社会评价来促进市直机关转变作风，创新服务，优化发展环境。2005 年下半年，又将"满意单位和不满意单位"评选（社会评价）与市直单位和区、县（市）目标责任制考核相结合，并增加领导考评、创新创优（特色创新）考评，形成"四位一体"的综合考评与公民导向的政府绩效评估模式。

社会评价中按比例随机抽取各界代表，对市直单位和区、县（市）进行满意度评价。2011 年，共抽取市民、企业代表、市党代表、市人大代表、市政协委员、专家学者等 9 个层面的人员代表约 1.5 万名，对市直单位进行满意度评价。抽取区、县（市）所在地 5 个层面的人员代表对区、县（市）党委政府在经济建设、社会管理、公共服务、依法行政和自身建设等方面的工作业绩和社会效果进行满意度测评。综合考评把落实群众意见的整改作为党政机关的常态化工作，不断提高人们群众对党政机关的工作满意度。

目标考核根据市直单位和区、县（市）的不同情况分别开展。市直单位的目标考核，主要是通过对市直单位职能工作目标及领导班子和党风廉政建设等共性工作目标进行考核完成。区、县（市）的目标考核，包括发展指标和工作目标两部分。发展指标按经济建设、社会管理和公共服务、发展潜力三大类设置了 34 项指标；工作目标着重于考核市委、市政府确定的年度重点工作任务和地区年度重大工作目标完成情况，以及领导班子、党风廉政建设、社会评价意见整改等情况。

创新创优（特色创新）考核作为综合考评加分项目，由市直各单位、各区、县（市）自愿报名，市考评办组织核验，专家进行绩效评估，对创新创优项目进行考评。领导考评是由市四套班子的领导和法、检两长对市直单位的总体工作实绩进行评价，对区、县（市）领导班子的领导力、执行力、协作力、创新力和总体工作业绩进行综合评定。在综合考评的过程中，市考评办还在"中国杭州"政府门户网站和杭州考评网上，同步开展"网上评议"。群众通过"网上评议"提出的意见建议，经过梳理汇总后，一并纳入社会评价意见整改范围。此外，还开通社会评价专线电话，开设电子信箱，接受社会投诉、咨询和建议。

杭州综合考评坚持公民导向，突出注重绩效，建构了民主、科学、规范的政府绩效考评体系，对于加强服务型政府建设、深化公共治理改革创新，发挥了重要作用。这项工作促使机关干部"眼睛向下"，切实解决人民最关心、最直接、最现实的问题，人民群众对于机关的满意度持续提高。

图书在版编目（CIP）数据

生活时空中的"我们"：2011（杭州）生活与发展国际会议、
生活品质全国论坛文集／杭州市发展研究中心编.—北京：社会
科学文献出版社，2013.7
ISBN 978 - 7 - 5097 - 3356 - 1

Ⅰ.①生… Ⅱ.①杭… Ⅲ.①社会生活 - 文集 Ⅳ.①C913 - 53

中国版本图书馆 CIP 数据核字（2013）第 067792 号

生活时空中的"我们"

——2011（杭州）生活与发展国际会议、生活品质全国论坛文集

编　　者／杭州市发展研究中心

出 版 人／谢寿光
出 版 者／社会科学文献出版社
地　　址／北京市西城区北三环中路甲 29 号院 3 号楼华龙大厦
邮政编码／100029

责任部门／经济与管理出版中心（010）59367226　　　责任编辑／蔡莎莎
电子信箱／caijingbu@ ssap. cn　　　　　　　　　　　责任校对／李　腊
项目统筹／恽　薇　　　　　　　　　　　　　　　　　责任印制／岳　阳
经　　销／社会科学文献出版社市场营销中心（010）59367081　59367089
读者服务／读者服务中心（010）59367028

印　　装／三河市尚艺印装有限公司
开　　本／787mm×1092mm　1/16　　　　　　　　　印　　张／19
版　　次／2013 年 7 月第 1 版　　　　　　　　　　　字　　数／268 千字
印　　次／2013 年 7 月第 1 次印刷
书　　号／ISBN 978 - 7 - 5097 - 3356 - 1
定　　价／65. 00 元